ESCOLHA A TERRA

Jornada de Iniciação da Humanidade
Através da Ruptura e Colapso para
Uma Comunidade Planetária Madura

Duane Elgin

Prefácio por Francis Weller
Traduzido por Fernando Bergel Lipp e Gabrielly Rossi

Projeto do livro e infográficos: Birgit Wick, www.WickDesignStudio.com
Fotógrafa da capa: Karen Preuss

Gráfico p. 56: Emily Calvanese

Fonte: Georgia e Avenir Next

Primeira edição em inglês: março de 2020

Segunda edição em inglês: janeiro de 2022

Traduzido por Fernando Bergel Lipp e Gabrielly Rossi: novembro 2023

ISBN (Portuguese paperback): 979-8-9896738-0-3

ISBN (Portuguese ePub): 979-8-9896738-1-0

Depoimentos sobre *Escolha a Terra*

"A obra-prima de Duane Elgin é a mais poderosa e abrangente chamada para o despertar da Terra... um livro apaixonante, eloquente e sábio."
—Alexander Schieffer, professor e coautor do livro *Integral Development*.

"Eu nunca havia lido antes um livro de um 'homem branco americano' sobre a crise climática global que me tocasse e enriquecesse tão intensamente."
—Rama Mani, PhD, coordenadora e organizadora do World Future Council.

"*Escolha a Terra* oferece uma visão ousada e esperançosa da próxima etapa 'holística' da civilização humana."
—Bruce Lipton, PhD, biólogo, palestrante e autor de *Biology of Belief*.

"Nós temos uma terceira opção: respeitar os limites ecológicos e regenerar a Terra, para o bem-estar de todos."
—Vandana Shiva, ativista ambiental, acadêmica e autora de *Earth Democracy*.

"Duane Elgin fez o trabalho árduo que nenhum de nós jamais quis fazer. A leitura de *Escolha a Terra* vai mudar você para sempre."
—Sandy Wiggins, construção sustentável, empresa consciente e economia ecológica.

"Seu excelente livro está muito alinhado com nossas preocupações e prioridades. Meus calorosos agradecimentos pessoais."
—Antonio Guterres, secretário-geral das Nações Unidas.

"*Escolha a Terra* descreve o único caminho possível pra o futuro: um caminho turbulento de iniciação à maturidade plena, como membros do mundo vivo."
—Eric Utne, fundador da revista Utne Reader, autor de *Far Out Man*.

"Este é um dos livros mais importantes para o momento atual e, provavelmente, o documento mais importante sobre os perigos da mudança climática. Todos os políticos e diretores-executivos precisam ler este livro."
—Christian de Quincey, filósofo, professor e autor da *Radical Nature*.

"A sabedoria geral de Duane Elgin em *Escolha a Terra* é vital neste momento, no qual crises complexas e interconectadas exigem soluções com interconexões coerentes. Um livro importante e pioneiro."

—Kurt Johnson, PhD, biólogo, líder interespiritual, professor e autor.

"Toda a vida na Terra tem uma dívida de gratidão com Duane, por despertar-nos para a urgência e possibilidades regenerativas de *Escolha a Terra*."

—John Fullerton, ex-diretor de operações da JP Morgan e fundador do Capital Institute.

Indice

PREFÁCIO

No limiar – sofrimento, iniciação e transformação

por Francis Weller

"Em um tempo de escuridão, a visão começa a enxergar."

— Theodore Roethke

stamos vivendo tempos turbulentos neste lindo planeta. Toda ideia de segurança está desmoronando, à medida que nos damos conta de como nossas vidas estão ligadas umas as outras: florestas de algas, nascimento de geleiras, incêndios, elevação do nível do mar, refugiados e sonhos ansiosos de jovens por toda a parte. O desequilíbrio que agita o mundo parece uma agitação contínua nas áreas mais frágeis de nossas vidas psíquicas.

Pouquíssimas coisas parecem estáveis. É como um pesadelo. Talvez tenhamos alcançado o limiar inicial necessário para despertar-nos. Independentemente do que está acontecendo, muito será exigido de nós, se quisermos atravessar as corredeiras desta passagem estreita. Não sabemos o que nos espera a frente, mas uma coisa é certa: é *o momento para gestos corajosos*. É hora de acordar e, humildemente, tomar nosso lugar neste deslumbrante planeta. O futuro está falando implacavelmente através de nós.

James Hillman, o brilhante psicólogo arquetípico, escreveu: "O mundo e os deuses estão mortos ou vivos, conforme a condição de nossas almas."[1] Em outras palavras, a vitalidade do mundo vivo e gratificante, bem como nosso encontro com o sagrado, dependem de nossas almas estarem totalmente vivas! Uma alma que está desperta fica conectada ao mundo vivo, tanto com sua beleza, fascínio e admiração, quanto com sua tristeza, aflição e lágrimas. Devido à condição do mundo e nossas vidas grandiosas, devemos fazer uma pausa e perguntar: *"qual é a condição de nossas almas"*? De todos os relatos recebidos, destacam-se condições como desesperada, vazia, faminta, carente e de luto. Na linguagem de algumas culturas tradicionais, nosso tempo seria diagnosticado como um período de *perda da alma*. Perder a alma é não sentir admiração, alegria e paixão. É sentir-se isolado das relações de energia com o mundo vivo, deixando o indivíduo perdido em um mundo morto. A intimidade de longa data com os múltiplos aspectos da Terra, miríade de criaturas, profusão de cores e fragrâncias espantosas, seria esquecida. No lugar disto, estamos em uma luta desenfreada por poder e ganho material. Essa é a realidade dominante para grande parte da cultura branca, tecnológica e capitalista. A perda da alma nos deixa arrasados e vazios, sempre querendo mais: mais poder, bens materiais, riqueza e controle. Esquecemos o que realmente satisfaz a alma.

Passei quase quatro décadas acompanhando as respostas da alma, especialmente através de diferentes sofrimento. Em minha prática como psicoterapeuta e em muitos seminários, tenho visto a ampla variedade de arrependimentos que carregamos em nossos corações. Traumas precoces, mortes, divórcios, suicídios de familiares ou amigos queridos, vícios, doenças, entre outros tantos... o "tamanho do problema" torna-se dolorosamente claro. Cada vez mais, ouço nos lamentos dos indivíduos não o luto por suas perdas pessoais, mas pelo mundo mais amplo e natural, que está diminuindo a cada minuto. Eles estão abraçando em suas almas as tristezas do mundo. Contudo, isto me dá esperanças.

O enorme peso dessas tristezas pessoais e coletivas é suficiente para esmagar nossos corações, nos obrigando a se afastar e encontrar consolo na insensibilidade e distração. Porém, quando nos reunimos e compartilhamos estas histórias de tristezas, em momentos de consolação, algo começa a mudar. Quando nossas tristezas são demonstradas e aceitas em uma comunidade solidária, o sofrimento pode, surpreendentemente, se transformar em alegria e amor, sendo encorajado por tudo o que nos rodeia. Amor e perda estão eternamente entrelaçadas. Reconhecer nossa tristeza é libertar nosso amor para o mundo que espera.

Algo *está* se agitando nas profundezas da história. Nossa negação coletiva parece estar se rompendo. Não podemos mais negar que o mundo está mudando radicalmente. Sentimos em nosso íntimo a ruptura ocorrendo e, com isso, nossos corações se sentem pesados com sofrimento. Talvez sejam nossas tristezas compartilhadas, agitadas pelo nosso amor por este planeta singular e insubstituível, que acabarão por despertar nosso compromisso comunitário de responder ao descaso desenfreado com este mundo. Robin Wall Kimmerer escreve: "Se o sofrimento pode ser uma porta para o amor, então que todos nós choremos pelo mundo que estamos destruindo, para podermos desejá-lo novamente em sua plenitude."[2]

A longa escuridão

Escolha a Terra de Duane Elgin é um livro desafiador, que nos convida a fazer o trabalho pesado de agirmos de modo diferente no período de ruptura, perplexidade, caos e perda que se aproxima. Ele nos convida a participar da transição mais difícil que a humanidade já teve que fazer, respondendo a um convite que esperávamos nunca receber. Sua chegada declara que o planeta já mudou de maneira radical e irreversível, cabendo agora a nós respondermos. No entanto, escondido dentro desse limiar sinistro, estão as sementes da possível maturação da humanidade em uma comunidade planetária. Este livro deixa claro que a passagem será longa, e trabalharemos estas mudanças evolutivas por décadas, talvez durante as próximas gerações. Então, caro leitor, persista, mesmo que seja difícil. Mesmo que seu coração sofra incontáveis vezes. Como disse a acadêmica e filósofa budista da ecologia Joanna Macy: "O coração que se abre para aceitação pode abrigar todo o universo."

Elgin não oferece instruções para corrigir o que está acontecendo, não incentiva o retorno a um passado melhor e tampouco sugere rendição à ruína. Ele reconhece plenamente que devemos *atravessar* este tempo de iniciação coletiva para tomarmos nosso lugar como adultos responsáveis, colaborando na criação de uma comunidade saudável e vibrante de todos os seres. Esta é uma leitura desafiadora. Muito será despertado à medida que você receber informações, cronologias e sofrimento de nossa história evolutiva. Continue lendo. O futuro não está definido, e cada um de nós é um elemento de peso na formação do que está por vir.

Este declínio nos leva a um local diferente. Neste terreno de sombras, encontramos uma paisagem familiar à alma: perda, sofrimento, morte, vulnerabilidade e medo. Este é um tempo de decadência, perda, término, desagregação e colapso. Este não é um momento de ascensão e crescimento. Não é um momento de confiança e facilidade. Estamos nos preparados para o pior — sendo "pior" a palavra-chave. *Da perspectiva da alma, pior é o esperado.* Estamos sendo escoltados para o vestíbulo da alma.

Estamos iniciando o que poderia ser chamado de *Longa Escuridão*. Não digo isto com desespero ou desânimo, mas com reconhecimento e valorização do trabalho necessário, o qual só pode ocorrer na escuridão. É o reino da alma: sussurros, sonhos, mistério, imaginação, morte e ancestrais. É um território importante, inevitável e necessário, oferecendo uma forma de amadurecimento da alma que, gradualmente, molda nossas vidas de forma mais intensa. Certos acontecimentos só podem ocorrer nesta caverna de escuridão. Pense nas cadeias naturais de raízes, micróbios, micélios e minerais, que possibilitam tudo o que vemos no mundo de hoje, ou nas inúmeras conexões em nosso próprio corpo, carregando sangue, nutrientes, oxigênio e pensamento para nossas vidas corpóreas. Tudo acontecendo na escuridão.

Coletivamente, não estamos familiarizados com o declínio como algo valioso e importante. A maioria de nós vive em uma cultura de ascensão. Adoramos que tudo se eleve... sempre para cima. Quando as coisas começam a piorar, podemos sentir pânico, incerteza e, até mesmo, temor. Como podemos enfrentar estes tempos imprevisíveis com coragem e fé? Coragem para manter nossos corações abertos e fé de que algo muito importante se esconde neste declínio. Como podemos ver a santidade, que está habitando nas trevas, novamente?

Para lembrar do sagrado na escuridão, devemos estar em harmonia com os costumes e caminhos da alma. Somos forçados a desenvolver outra maneira de ver, enquanto avançamos cada vez mais no desconhecido coletivo. Somos solicitados a lembrar os ensinamentos da alma, que nos permitirão navegar através da *Longa Escuridão*. Este é um momento para praticar a *escuta atenta*, que reconhece a sabedoria nos outros e na Terra sonhadora. Quando escutamos atentamente, começamos a descobrir o que deseja existir. Como Alexis Pauline Gumbs, feminista, escritora e poetisa afrodescendente, pergunta: "Como podemos ouvir através das espécies, da extinção e do dano?"[3]

Qualidades e disciplinas que precisamos praticar coletivamente incluem as seguintes:

- *Moderação*, que oferece um fôlego, pausa e momento de reflexão, permitindo que os assuntos sejam expostos. Ela permite que algo amadureça, antes de entrarmos em ação.

- *Humildade*, que honra nossa reciprocidade e nos aproxima da razão, um gesto que nos mantém cientes de nosso entrelaçamento com o mundo vivo.

- *Desconhecimento*, que nos lembra que vivemos em um mistério, um momento que está sempre em evolução, sem forma definida. Nós não sabemos o que vai acontecer, e essa verdade nos mantém humildes e vulneráveis. E, por fim...

- *Esquecimento*... que está encravado na verdade fundamental da inconstância. Cada um de nós está se preparando para nosso próprio desaparecimento, bem como testemunhando o mundo em constante mudança, e sendo continuamente lembrado disso.

Cada uma dessas nos ajuda a cultivar nossa presença no submundo da *Longa Escuridão*. Das habilidades que precisamos desenvolver nestes tempos incertos, a principal é nossa capacidade de sofrer. Até mesmo nossa confiança básica no futuro foi abalada, ao despertarmos para a crise climática emergente e o desgaste da sociedade. Como resultado, enfrentamos agora uma verdade essencial: estamos entrando em uma *iniciação difícil*.

Iniciações difíceis

A incerteza chegou em nossas casas, e encontrou seu lugar na vida de cada um de nós. O que antes era estável e previsível foi abalado, e começamos um declínio acentuado para o desconhecido, cercado de insegurança, medo e sofrimento. Muitos de meus clientes confessam que sua maior preocupação é a situação do mundo! Os sintomas não estão mais restritos as nossas realidades intrapsíquicas: histórias pessoais, cicatrizes e traumas. O paciente é agora o próprio planeta, manifestando sintomas de colapso, depressão, ansiedade, violência e dependência, todos eles sentidos em seu corpo planetário e afetando nossa base psíquica profunda e tudo ao redor.

As sementes não germinadas da iniciação estão escondidas dentro de nossa experiência de sofrimento compartilhado.

Todos os dias recebemos notícias: último relatório climático assustador, ataques a nossos semelhantes e outros seres, tragédias em todas as partes do mundo. Nosso psíquico é bombardeado. A magnitude do sofrimento e perda é difícil de ser compreendido, como indivíduos. Não estamos preparados para esse nível de trauma coletivo e persistente. Somos projetados para enfrentar os desafios e tristezas pessoas e em nossa comunidade local. Aprender a processar esta realidade emergente mais ampla requer o apoio da comunidade e de rituais, os quais podem nos ajudar a permanecer conectados com nossas almas e aceitar histórias que nos convidem a sonhar com o que é possível. Sem essas conexões intensas, continuaremos a confiar em estratégias de evasão e de esforço heroico para tentar evitar, inutilmente, os encontros dolorosos.

À medida que, lentamente, processamos o conteúdo de *Escolha a Terra*, chegamos à conclusão de que estamos realizando manobras acrobáticas em meio a uma *iniciação difícil*, com alterações radicais ocorrendo em nossas condições internas e externas: profundamente pessoal e, ao mesmo tempo, extremamente coletiva, ligando-nos uns aos outros. Todos os que encontramos — na mercearia, na fila do posto de gasolina ou passeando com seu cachorro — estão envolvidos neste local de separação, situado entre nosso mundo familiar e o mundo estranho e emergente. Segure firme!

O trabalho intenso das iniciações tradicionais tinha o objetivo de desconstruir uma antiga identidade. O processo foi desenvolvido para produzir intensidade e ardor suficientes para transformar a alma, e preparar os iniciados para ocuparem seus lugares no cuidado e manutenção do povo. *Nunca foi sobre o indivíduo*. Não era sobre aperfeiçoamento pessoal ou transformação em indivíduos melhores. *A iniciação era um ato de sacrifício em nome da comunidade maior, para a qual o iniciado era trazido e tornava-se comprometido com essa comunidade.* Eles estavam sendo preparados para assumir seu papel de manter a vitalidade e bem-estar do povoado, clã, momentos críticos, antepassados e continuidade com futuras gerações.

Estamos destinados a sermos radicalmente transformados por encontros de iniciação. Não queremos sair destes tempos de agitação da mesma forma, seja individual ou coletivamente. Neste momento da história, precisamos responder com *mudança radical*. Esse período de iniciação difícil foi ocasionado por múltiplas crises: instabilidade econômica, turbulências culturais e políticas, deslocamentos maciços de refugiados, injustiça racial e de gênero, escassez de alimentos e água, disponibilidade incerta de assistência médica e outras mais. Reforçando essas crises, está o colapso de nossos sistemas ecológicos. À medida que esta realidade se aproxima, e nossa suposta separação da natureza diminui, reconhecemos que nosso senso de quem somos está ligado aos recifes de corais, borboletas-monarcas, atum de barbatana azul e antigas florestas. Seu declínio é a nossa diminuição. Como escreve Elgin: "Colapso ecológico causa colapso do ego." A estrutura da Terra está se partindo, e, com ela, a ilusão da separação. Nossa iniciação difícil está provocando a morte de nossa identidade adolescente coletiva. É momento de amadurecer.

E agora? Como navegamos neste mar de incerteza? Como engajar o mundo na ausência de condições rotineiras? O medo pode nos agitar e ativar padrões estratégicos de sobrevivência. Isto é evidente no ressurgimento de comportamentos antigos: procura de um culpado, projeção, ódio e violência. Estes padrões podem permitir que alguns evitem temporariamente o declínio, mas estas estratégias não podem nos ajudar a superar esse limiar desconfortável para uma civilização planetária. Para isto, precisamos amplificar a capacidade adulta. Como é verdadeiro em qualquer iniciação genuína, ela requer uma maturidade do nosso ser e aceitar plenamente nossa identidade forte, ligada fortemente à alma. Devemos nos tornar imensos, capazes de acolher tudo o que chega às portas do coração.

Um aprendizado com tristeza

Nossa iniciação coletiva inevitavelmente nos fará enfrentarmos situações extremas de perda e sofrimento. Elgin deixa isso muito claro. A redução de espécies em andamento irá diminuir a biodiversidade da Terra em quantidade assombrosa nas próximas décadas. As mortes humanas se multiplicarão, à medida que as fontes de alimento e água desaparecerem e a violência regional aumentar, em função da dificuldade de acesso aos recursos. Disparidades econômicas irão ocasionar um grau incalculável de sofrimento para bilhões de indivíduos. *O sofrimento será a pauta principal em um futuro previsível.* Nossa capacidade de superar essa condição de perda depende de nossa capacidade de cultivar uma habilidade essencial. Temos de aceitar um *aprendizado com tristeza.*

Nosso aprendizado começa quando compreendemos que o sofrimento está sempre presente em nossas vidas. Essa é uma conclusão difícil, mas que oferece a oportunidade de abrir nosso coração para um amor mais intenso por nossa vida única, bem como pelo mundo confuso do qual fazemos parte. Começamos com o simples gesto de pegar os pedaços de sofrimento que estão espalhados no chão de nossa casa. Então, desenvolvemos nossa capacidade de manter a tristeza sob os cuidados do coração. Através desta conduta, aprendemos a acolher a presença disseminada e abrangente do sofrimento. E, então, convidamos uma, duas — ou algumas poucas pessoas confiáveis — para reunir-se e compartilharmos as constantes ondas de tristezas, à medida que elas nos atingem. "Nossa capacidade de amar e confortar é ampliada pelo sofrimento alheio, e nossa própria dor, grande demais para ser contida, encontra sua liberdade quando é observada em outros."[4]

O sofrimento é mais do que uma emoção: é também uma *faculdade essencial de ser humano*. É uma habilidade que deve ser desenvolvida, ou nos veremos à margem de nossas vidas, na esperança de escapar de encontros inevitáveis com perda. Através da exploração do sofrimento, amadurecemos como seres humanos. Sofrimento convida à avaliação séria e intensa do psíquico. Felizmente, possuímos a capacidade de transformar a tristeza em algo terapêutico para a nossa alma, bem como a do mundo.

Uma das práticas essenciais em nosso aprendizado é a habilidade de nos apoiarmos em momentos de sofrimento e trauma. Essa característica foi, em grande parte, perdida sob a pressão extrema do individualismo e exclusivismo, especialmente em culturas industriais ocidentais. Isso teve um impacto profundo na forma como processamos e transformamos nossos encontros pessoais com perdas e experiências emocionais intensas. Sem o ambiente familiar e seguro da comunidade, esses tempos podem penetrar em nossas vidas psíquicas, nos deixando destroçados, abalados, assustados e inseguros de nosso próximo passo.

Trauma é qualquer encontro, agudo ou prolongado, que ultrapasse a capacidade psicológica de processar a experiência.

Nesses momentos, o que nos confronta é muito intenso para ser suportado, absorvido ou compreendido. A carga emocional sobrecarrega nossa capacidade de dar sentido à experiência, e nos sentimos saturados e sozinhos. A ausência de um ambiente de apoio e suporte adequado gera experiências traumáticas. Em outras palavras: somente dor não é traumática, mas *dor não demonstrada é*. Este tempo de mudanças planetárias rápidas e dolorosas nos lembra que estamos juntos nele, e que podemos oferecer reciprocamente o espaço de suporte necessário para processarmos nossas tristezas comuns.

Mas e os traumas que nos impactam, provenientes do mundo mais vasto? Elgin propõe uma nova maneira de conceber o ambiente global. Ele apresenta o *Estresse Traumático Planetário Crônico*: "A diferença entre TEPT (transtorno de estresse pós-traumático) e ETPC é que, em vez de um episódio relativamente breve e limitado, o trauma é vitalício e de alcance planetário. Não há como escapar: o peso do trauma coletivo penetra em nosso psíquico e na alma da humanidade." Não há como escapar! Quer reconheçamos ou não os traumas mais amplos, nosso psíquico registra a perturbação. Como nós não percebemos? Nossas vidas, corpos e almas estão inteiramente entrelaçados com a beleza e tristezas do mundo. Elgin salienta que, sem controle, os traumas crônicos do planeta deixarão muitos de nós "profundamente feridos, tanto psicológica quanto socialmente". A capacidade de criar espaços suficientemente fortes para conter as intensas energias de nosso sofrimento básico é um elemento essencial em nosso aprendizado com ele.

Todo trauma traz consigo sofrimento. A perda é acomodada dentro do trauma, e os cenários traçados por Elgin para as próximas décadas estão repletos de trauma e tristeza.

Como devemos responder, quando a vida nos confronta com circunstâncias avassaladoras? Como podemos controlar tudo o que sentimos, quando a causa está muito além de nossa capacidade de controle? Como recalibrar nossa vida pessoal para a cura psíquica em tempos de trauma? Aqui estão algumas sugestões para cuidarmos de nossas almas durante tempos traumáticos. Devemos perguntar a nós mesmos: quem não está vivendo momentos como estes?

1. **Pratique solidariedade com você mesmo**. Solidariedade pessoal nos ajuda a manter nossa vulnerabilidade com bondade e ternura, nos permitindo permanecer calmos e receptivos. Tempos de grande incerteza exigem um nível de generosidade própria que ajude a compensar os efeitos do trauma, que muitas vezes podem envolver nosso corpo emocional. Esta deve ser nossa primeira e principal intenção: realizar tudo o que experimentamos com solidariedade, para oferecer um lugar seguro a nossos medos e sofrimentos.

2. **Aceite os sentimentos**. Nenhum desvio ou estratégia de evasão pode ajudar a resolver as emoções difíceis que vamos encontrar. É fundamental aceitar nosso sofrimento. Não só precisamos suportar momentos de dor e tristeza, na esperança de superá-los, como também devemos nos envolver ativamente, e senti-los plenamente. Esse movimento exige muita coragem. Entretanto, sem compaixão e apoio adequados, é difícil nos abrirmos para as emoções dolorosas que nos aguardam.

3. **Fique admirado com a beleza**. O trauma tem um impacto profundo em nossos sentimentos de vitalidade, muitas vezes gerando um estado de entorpecimento ou anestesia. Esse estado apático nos protege, por um tempo, de ter que enfrentar as emoções primitivas e arrebatadoras que geralmente acompanham o trauma, mas também reduz nosso fascinante envolvimento com tudo o que nos cerca. O fascínio pela beleza ajuda a abrir inteiramente o coração. Tristeza e beleza lado a lado. A alma tem uma necessidade fundamental de encontros com a beleza, fonte importante de nutrição, que renova continuamente nosso senso de vitalidade e admiração.

4. **Paciência**. A recuperação devido a um trauma leva tempo. A paciência ajuda a curar as partes vulneráveis da alma, que foram feridas pelo trauma. A cicatrização de ossos leva tempo.

Reparar a alma leva ainda mais tempo. Seja paciente com o seu processo. A sabedoria profunda da alma sabe o valor de ser paciente. Sair do ritmo agitado da cultura moderna é essencial para recuperarmos nosso lugar no mundo da alma. A paciência é uma disciplina, uma prática que tranquiliza almas feridas e vulneráveis, e nos ajuda a colher os benefícios de nossos esforços.

Um despertar gradual, um mundo emergente

Nosso longo aprendizado com a tristeza resulta em uma generosidade capaz de suportar tudo: perda e beleza, desespero e aspiração, medo e amor. *Nos tornamos extraordinários.* Nossa devoção constante a prosseguirmos, mesmo com uma carga pesada de sofrimento, lentamente torna o coração mais gentil, e sentimos expandir-se nossa conexão com o mundo mais amplo e senciente. Nosso tempo passado em dificuldades nos ajuda a desenvolver uma intimidade perceptível com a Terra e o cosmos. Chegamos em casa. Sentimos uma distância cada vez menor entre nós e outras pessoas. Nos tornamos receptivos, e sentimos uma afinidade crescente com a comunidade humana e outras criaturas. Um novo respeito pela vida emerge quando sentimos a presença viva da Terra, como um organismo inserido em um cosmos vivo.

Esta é a nossa experiência inicial de um possível futuro para a Terra. Uma humanidade mais madura está surgindo, mas ela é delicada, vulnerável e frágil. Estamos iniciando em nossa vida adulta, ainda não suficientemente desenvolvida para suportar tanta pressão. Os limiares são tênues, instáveis e imprevisíveis. Ao iniciarmos o que Elgin chama de "A Grande Transição", somos solicitados repetidamente a sermos humildes. Agora, o que a humanidade suportou durante a *Longa Escuridão* deve ser analisado com paciência. Nosso trabalho é proteger esta sensibilidade emergente e passá-la para as próximas gerações. Cada geração sucessiva pode fortalecer essa conscientização que está evoluindo, acrescentando seus próprios entendimentos, condutas, rituais, músicas, histórias, etc., até que ela se torne uma presença marcante, em concordância com o cosmos em evolução.

À medida que amadurecemos como espécie, iniciamos uma relação mais recíproca com a Terra. Somos chamados a fortalecer os valores e condutas que ajudam a sustentar este mundo maravilhoso. Valores como respeito, moderação, gratidão e coragem ajudam a fortalecer nossa capacidade de manter-se firme e garantir proteção do que amamos. Respeito e humildade nos lembram que nossas vidas se misturam com toda a vida existente. O que afeta um, afeta todos. Estamos aqui para participar da criação constante, e para oferecer nossa imaginação, afeto e devoção em defesa do mundo.

Elgin deixa claro a necessidade: precisamos desenvolver um grupo forte de adultos, cuja lealdade principal seja com o mundo que nos deu à vida e do qual dependemos. Devemos ser leais às bacias hidrográficas, rotas migratórias, comunidades marginalizadas e a alma do mundo. Precisamos sentir o alicerce de nossa vitalidade, bem como a realidade de nossa vida livre e exuberante. A iniciação fortalece a alma, utilizando sua essência oculta e oferecendo o auxílio que ofertamos a este mundo deslumbrante. Somos necessários!

A iniciação nos amadurece e nos prepara para uma maior participação no cuidado com o cosmos. Esse é o principal motivo de estarmos aqui como espécie. Nosso propósito cosmológico é manter o sonho de um mundo vivo. Há beleza, dignidade e grandeza nesse chamado. Está ficando cada vez mais claro que essa compreensão deve ser incorporada de modo firme no coração e alma das pessoas, nas próximas décadas. Em resumo, estamos sendo convidados a consagrar nossas vidas e demonstrar respeito em nossas ações. Essa é a primeira verdade que deve se estabelecer no íntimo de qualquer pessoa que se submeta a esta iniciação planetária. Além disso, a iniciação implica espiritualidade. Somos solicitados a distribuir nossos dons específicos com o mundo. A iniciação também alivia a pressão sobre a civilização, levando-nos a reconquistar a impetuosidade desta última. O controle sobre nosso lado psíquico domado diminui, e somos capazes de entrar em um mundo multicêntrico, no qual tudo possui alma e é uma forma de expressão. E uma última verdade que vem com a iniciação: somos convidados a construir um lugar para todos, que possa oferecer boas-vindas àqueles que se sentem invisíveis e desconectados.

Aqueles de nós com o privilégio da idade avançada devem encarar as gerações de jovens que virão, cujo futuro está seriamente comprometido devido a nossa negligência com o mundo. Vejo os rostos de milhões de pessoas, compreensivelmente perplexas, irritadas e de luto. Não sei o que dizer, exceto que eu os vejo. Reconheço sua tristeza, desespero, indignação e confusão. Sua confiança em qualquer futuro possível está sendo reduzida diariamente. O que vocês esperavam no seu íntimo — um futuro repleto de possibilidades — está reduzindo-se e desaparecendo, mesmo quando vocês os alcançam. Sinto a imensa tristeza em seus corações. Vejo isso sempre que estamos juntos. Está marcado em seu rosto e palavras. Sinto muito. Saibam que muitos estão fazendo tudo o que podem para encontrar um caminho através dessa passagem estreita, para oferecer-lhes um mundo digno de suas vidas.

Também vejo sua paixão e seu comprometimento em lutar por uma vida que tenha significado, beleza, pertencimento e alegria. Vejo seu desejo de criar uma cultura viva, compatível com as possibilidades e o ritmo da Terra. Observo sua criatividade e imaginação indomáveis, vendo coisas que minha geração sequer sonhou. Vocês são poderosos em meio ao seu sofrimento. Vocês foram incumbidos de carregar tanta coisa e tão cedo, que o impulso inicial pode ter acontecido antes que vocês estivessem prontos. Ou talvez não. Talvez vocês sejam aqueles capazes de encontrar um caminho para nossas almas através desta noite escura.

Uma nova humanidade, uma nova terra

É um privilégio estar vivo neste momento de nossa história coletiva. Somos nós que estamos passando, agora, por este limite. Somos nós que podemos escolher participar do processo de restauração da Terra e criação de uma cultura planetária viva. Somos nós que estamos vivendo em um momento de imensas possibilidades, quando podemos restaurar um pacto sagrado com o mundo vivo. Somos nós que podemos reagir a essas circunstâncias e participar da idealização de uma nova Terra. A Terra, entretanto, está profundamente ferida, e precisará de uma recuperação paciente. Participar do dever sagrado de recuperação é um aspecto profundo da nossa iniciação.

Todo ser humano vivo experimentará a iniciação difícil destes tempos. Ninguém estará livre dos efeitos deletérios do clima ou dos estresses e tensões que se abaterão sobre nossas vidas econômica, política e social.

A iniciação não é opcional. A pergunta persistente: escolheremos participar do processo de iniciação? Seremos capazes de enxergar além do interesse próprio, e sermos capazes de *pensar como uma comunidade planetária?* Seremos reconfigurados de maneiras significativas, de alguma forma. Se optarmos por aceitar os desafios deste limite, no agora, poderemos emergir amadurecidos e prontos para participar do que o geólogo Thomas Berry chamou de *o sonho da Terra.* As características deste novo caráter revelarão alguém *mais sintonizado com responsabilidades do que com direitos, mais consciente de múltiplos vínculos do que prerrogativas.* Seremos iniciados em um vasto mar de intimidades: povoado, constelações, carvalhos antigos e retorcidos, crianças com olhos arregalados, ancestrais e aroma da Terra.

A importância desta escolha não pode ser exagerada. Ao participar do difícil trabalho de mudança radical, somos estimulados, de maneira intensa, a levar auxílio essencial para o nosso mundo atormentado. Isto implica que aprendemos a viver dentro das possibilidades da Terra de nos sustentar.

"Escolha a Terra" significa escolher simplicidade, comunidade, reconciliação e participação. Estas são atitudes que todos nós podemos adotar neste momento. Podemos nos lembrar de nossas *principais satisfações*, os elementos essenciais de uma alma saudável. Esses elementos evoluíram ao longo de centenas de milhares de anos e moldaram nossa vida psíquica, gerando uma sensação de contentamento e satisfação. Quando esses requisitos são alcançados, não desejamos o aparelho mais moderno, o último modelo de carro ou a próxima forma de analgesia. Essencialmente, estamos livres do consumismo e do materialismo tóxicos. Vivemos simplesmente e simplesmente vivemos. Para nos sentirmos satisfeitos, precisamos do toque que confirma e acalma, para sermos acolhidos em momentos de tristeza e dor; também precisamos de diversão plena e refeições compartilhadas com outras pessoas, saboreadas lentamente em conversas sinceras; precisamos de noites escuras e estreladas, quando não são necessárias palavras; e, obviamente, precisamos dos prazeres da amizade e do riso espontâneo.

Precisamos viver de modo a nos conectarmos com o mundo invisível, em momentos decisivos, como: cruzar o limiar da iniciação, cuidar dos doentes vulneráveis ou celebrar nossa gratidão comunitária pelas bênçãos desta vida. Precisamos de uma conexão constante, íntima e agradável com o ritmo original da natureza; nossos corações e ouvidos precisam se deliciar com narração de histórias, dança e música. Desejamos a atenção de idosos engajados, e prosperaremos em uma comunidade baseada em um sistema de inclusão igualitária. É isto que realmente desejamos.

Estamos dispostos a descermos juntos na vasta escuridão deste tempo, e ver o que lá existe, no mistério, esperando por nossa atenção. Disse um poeta: "Tanto ainda não nasceu". Existem tantos desejando se expressarem. Uma jornada maior está à frente, na qual poderemos crescer em algo inimaginável, criando um novo ser, uma presença biocósmica.

Este é o momento em que podemos sonhar com o que pode ser. Muitos de nós não verão a outra margem da *Longa Escuridão,* mas alguns conseguirão. Como escreve Duane Elgin: "Agora me vejo plantando sementes de possibilidades, mas sem a expectativa de que viverei para vê-las florescerem em um novo verão, ou para aproveitar seus frutos na colheita de um outono distante. Minha abordagem agora é confiar na sabedoria da Terra e da família humana para proporcionar outra estação da vida." Essa é a bênção de um idoso. Vivemos para o que pode ser, sabendo que talvez nunca vejamos os resultados.

O único caminho de saída é através, e o único caminho através é trabalhando juntos. Isto é uma iniciação coletiva. Este é o período de gestação de uma possível comunidade planetária. Somos os parteiros, idosos e guias para nossa vida futura. É um bom momento para se estar vivo.

— Francis Weller
Bacia do Rio Russian
Região Biológica de Shasta

PARTE I

Nosso mundo em grande transição

Não herdamos a Terra de nossos ancestrais, nós a tomamos emprestada de nossos filhos.

— Sabedoria dos nativos norte-americanos

Iniciação e transformação da humanidade

Frequentemente esquecemos que somos a natureza.
A natureza não é algo separado de nós. Então,
quando dizemos que perdemos a conexão com a
natureza, nós a perdemos com nós mesmos.
—Andy Goldsworthy

Se você leu o prefácio marcante do meu bom amigo Francis Weller, então sabe que as pessoas da Terra entraram em um período de grande transição, um período de iniciação coletiva à medida que passamos por grandes tristezas para despertar novos potenciais. Estamos passando por um nascimento doloroso como espécie, conforme evoluímos para nossa maturidade coletiva. *Escolha a Terra* é destinado a seres humanos maduros e resilientes, que estejam prontos a se aprofundar e explorar nosso mundo, nesta transição sem precedentes.

Olhando para o futuro, tenho duas certezas: a primeira é que o futuro é extremamente incerto, porque muito depende das escolhas que fazemos agora, tando do ponto de vista individual quanto do coletivo; a segunda é que o mundo do passado não existe mais. Não podemos voltar ao "antigo normal", porque ele nunca foi "normal" — era estranho, com consumo exagerado, extinção de espécies, derretimento de calotas polares, oceanos moribundos, secas severas, incêndios gigantescos, alienação profunda, desigualdades extremas e muito mais. Uma grande perda e grande transição estão agora sobre nós. Não há como retroceder. Não há como repetirmos. Não podemos congelar novamente as calotas polares e recriar o clima agradável dos últimos dez mil anos. Não podemos reabastecer aquíferos esgotados. Não podemos restabelecer rapidamente a complexa ecologia do passado, e trazer milhares de espécies de animais e plantas de volta à vida. Não podemos interromper o aumento do nível do mar, mesmo suspendendo as emissões de CO_2 agora. Não podemos desfazer a sobrecarga criada pelo consumo excessivo e esgotamento dos recursos da Terra. Está em andamento uma iniciação significativa, que surpreenderá e transformará o nosso âmago. Grandes possibilidades e promessas nos chamam, levando nossa visão para além das tragédias criadas por nós mesmos.

Estamos construindo este ritual de passagem. Este não é o momento de hesitar e retroceder. Somos desafiados a nos unir e avançar com coragem, como se nossas vidas dependessem disto (e elas dependem). Ainda assim, muito hesitam. Podemos pensar que temos mais tempo, se assumirmos que o ritmo de alterações no passado é uma estimativa precisa da velocidade das mudanças dos próximos anos, mas esse não é o caso. Essa velocidade está se acelerando, à medida que tendências poderosas se reforçam mutuamente e convergem em uma imensa onda de mudanças, a qual está levando embora o mundo do passado. Não podemos mais extrapolar, com segurança, a velocidade que experimentamos no passado como uma referência para o futuro. Estamos sem tempo. Nossa própria existência depende de olharmos com uma nova visão para nosso mundo em profunda transição.

Também podemos hesitar por acharmos que novas tecnologias nos pouparão do desconforto de realizarmos mudanças radicais em nossas vidas. No entanto, as forças de mudança são tão intensas e poderosas que exigem toda a nossa engenhosidade tecnológica e *muito mais*. A tecnologia, por si só, não irá nos salvar. Os múltiplos desafios que enfrentamos exigem uma profunda mudança na maneira como nos relacionamos com tudo na vida: alimentos que ingerimos, transporte que utilizamos, níveis e padrões de consumo, trabalho que fazemos, moradias em que habitamos, educação que recebemos, maneira como tratamos pessoas de diferentes raças, gêneros, culturas e orientações sexuais. Somos chamados para reorganizar nossas vidas, tanto individual quanto coletivamente. A dimensão da mudança necessária em nossa época é quase inacreditável. Os editores da respeitada revista New Scientist fizeram esta avaliação da tarefa à frente:

> "Será, possivelmente, o maior projeto que a humanidade já desenvolveu, comparável ao somatório de diversos eventos: Guerras Mundiais, Programa Apollo (para levar um ser humano à Lua), guerra fria (com uma corrida armamentista nuclear), abolição da escravidão (que incluiu uma guerra civil), Projeto Manhattan, construção de ferrovias e implantação de saneamento e eletricidade. Em outras palavras, isso exigirá que utilizemos todos os esforços da engenhosidade humana na esperança de um futuro melhor, se não para nós mesmos, pelo menos para nossos descendentes."[5]

Mas como isso poderá ocorrer? Qual é o caminho realista para realizar uma mudança dessa magnitude? Esta é a jornada explorada neste livro.

Ainda assim, as pessoas me perguntam: por que olhar para o futuro? Por que pensar em um futuro sombrio e catastrófico? O futuro não pode cuidar dele mesmo? Por que não ser feliz, gentil e viver no agora? Não podemos prever o que acontecerá. Se vida tem tantas surpresas, como podemos prever o que está por vir? Será que imaginar o futuro não nos afasta de viver no aqui e agora? Somos seres insignificantes, que não podem alterar o que está acontecendo, então por que nos preocupar com o que não podemos mudar?

Por que devemos olhar para o futuro? O que pode ser obtido? Aqui está o motivo: vivemos agora em um mundo transparente e fortemente interdependente, ao qual nosso destino como indivíduo está diretamente ligado. Diante dessa realidade, eu encorajo as pessoas a olharem para frente e, com liberdade e criatividade, escolher conscientemente nosso futuro para:

1. Evitar a **extinção funcional** da humanidade e grande parte do restante da vida na Terra.

2. Evitar ser aprisionado na escuridão sem fim de um mundo **autoritário**.

3. Crescer e mudar, com maturidade e liberdade, para um mundo **transformador**.

Decidir não olhar para o futuro é uma escolha significativa. "Deixar o futuro cuidar dele mesmo" é a mentalidade de um estágio de vida adolescente. Nosso mundo está nos convidando a crescer e assumir a responsabilidade de entrar na vida adulta, além de cuidar do bem-estar de toda a vida. O futuro não é determinado, ele pode ser captado e moldado em nossa mente e intuição. Se o vermos, poderemos escolhê-lo. Se não olharmos para a frente, estaremos despreparados, e reagiremos de maneira superficial. Agindo sem vontade, seremos esmagados por avalanches de mudanças intensas.

Entendo como olhar para as mudanças profundas a nossa frente confronta nosso psíquico e alma. Nosso momento atual não é para pessoas de coração fraco. Não é o momento de se retrair e se afastar do mundo, mas sim viver a imensidão como cidadão do cosmos vivo, e escolher conscientemente nosso futuro de vida na Terra.

Comecei a explorar intensamente os desafios futuros há meio século, em 1972, quando trabalhava como membro sênior da Comissão Presidencial sobre o Crescimento Populacional e o Futuro Americano.[6] Nossa atribuição era olhar 30 anos à frente e considerar como e onde um número crescente de pessoas poderia viver. Na mesma época, foi publicado o livro que seria uma referência, *Limits to Growth*, e nossa comissão começou a explorar a redução da capacidade da ecologia mundial de lidar com o impacto que causávamos. Trabalhar na comissão presidencial revelou não apenas os limites de crescimento da economia de consumo de nossa nação, mas também os limites da capacidade de nosso governo de sequer considerar uma transição para um futuro sustentável.

Depois que a comissão concluiu seu projeto, comecei a trabalhar para o "grupo de pesquisa sobre cenários futuros", no laboratório de ideias do Stanford Research Institute (SRI). Uma história pessoal ilustra ainda mais a falta de resposta da burocracia governamental às principais ameaças em nosso futuro. A primeira vez que tomei conhecimento do aquecimento global como uma ameaça existencial à humanidade foi em 1976, enquanto trabalhava como cientista social sênior em um projeto de um ano para a National Science Foundation, no SRI International.[7] Eu fazia parte de uma pequena equipe que procurava desafios futuros inesperados, que pudessem nos eliminar e não estivessem sendo percebidos. Em apoio a este projeto, participei de uma reunião sobre mudança climática no Departamento de Energia em Washington, DC. Nesta reunião, fomos informados que, se as tendências atuais de aumento de CO_2 continuassem, em mais 40 a 50 anos teríamos sérios problemas relacionados ao aquecimento global do planeta. Apesar desse aviso sombrio, as autoridades em energia nos desencorajaram a incluir o aquecimento global em nosso relatório. Eles argumentaram que isso não seria uma crise nos próximos 50 anos, o que daria ao sistema político bastante tempo para montar uma solução. Além de não incluir o aquecimento global em nosso relatório, os funcionários do governo encarregados do trabalho decidiram que o relatório era muito controverso para o entendimento público e, portanto, não foi deixado com acesso fácil para políticos e público em geral.

Agora, quase meio século depois, podemos ver os resultados de décadas de atraso: como previmos, o mundo está sendo ameaçado por uma mudança climática drástica e pela governança instável das nações. Considerando o que houve, não espero que as instituições existentes (governo, empresas, mídia e área educacional) estejam prontas para enfrentar os desafios sem precedentes que temos pela frente. Como escrevi em outro relatório para o assessor de ciências do presidente, nossas burocracias imensas e altamente complexas não estão preparadas para responder com a velocidade e criatividade necessárias para enfrentar os desafios deste momento temeroso.[8] Por este motivo, coloco minha maior esperança que os povos da Terra se organizem do nível local ao global e, juntos, aprendam e escolham rapidamente nosso caminho para um futuro sustentável e com propósito.

Com base nessas experiências, deixei o grupo de pesquisa sobre cenários futuros do SRI, em 1977, e comecei a escrever um livro sobre o tema da *Simplicidade Voluntária*. Comecei com um semestre de meditação isolada, com a intenção de reunir tudo o que havia aprendido sobre os aspectos internos e externos de minha vida, e retornei ao mundo como uma pessoa plena. A meditação intensiva gerou uma nova percepção do futuro da humanidade, e a compreensão de que a década de 2020 seria o momento em que a humanidade teria de realizar uma guinada fundamental em nossa evolução como espécie.[9] Baseado nessa compreensão, desde 1978 venho escrevendo e falando sobre a década de 2020 como o momento fundamental, quando a humanidade enfrentará a necessidade de fazer uma escolha por um novo caminho para o futuro. Esta trágica década chegou.

Compreender a extensão, velocidade e intensidade da mudança de nosso mundo, que se encontra em uma transição sem precedentes, tem sido profundamente desafiador. A tristeza tem sido minha fiel companheira, e a aflição, minha professora. Eu me sinto abatido com a intensidade e imensidão do sofrimento que cresce no mundo, sabendo que esse tsunami de tristeza partirá nossos corações e, ao mesmo tempo, nos fortalecerá em direção a nossa humanidade mais elevada. Embora escrever tenha sido uma parte importante da jornada de minha vida, esse foi um desafio significativo, além do alcance das palavras. Minha mesa de trabalho transformou-se em um altar ao desespero, reconhecendo e aceitando tudo o que desaparecerá, à medida que a humanidade passe por essa grande transição.

Ao observar o panorama, repetidamente, procurando entender o que está acontecendo, sei que estou escrevendo este livro de uma perspectiva privilegiada: homem branco, membro de uma cultura e nação ocidental altamente industrializada. Embora minhas raízes sejam de uma pequena comunidade agrícola em Idaho, vivi a maior parte da minha vida adulta em um ambiente urbano e industrial moderno. No entanto, enquanto tento encontrar meu lugar em nosso mundo em intensa transição, me vejo voltando as minhas origens como fazendeiro. Agora me vejo plantando sementes de possibilidades, mas sem a expectativa de que viverei para vê-las germinarem em um novo verão, ou para participar da colheita de seus frutos em um outono distante. Minha abordagem agora é confiar na sabedoria da Terra e da família humana, para cultivarem outra estação da vida.

Estamos criando um ritual de passagem para nós mesmos como espécie. Mas que tipo de passagem e para onde? Será que o tamanho de nossa perda imaginada pode ser uma catalisadora para um ganho ainda não imaginado? Será que um novo tipo de ser humano, rico em vitalidade e potencial, pode emergir da fornalha das décadas superaquecidas em que entramos agora? Essas perguntas estão no centro deste livro.

Com sinceridade, *Escolha a Terra* explora o colapso e a transformação do mundo que construímos nos últimos dez mil anos. Aceitar a ruptura e queda de nosso mundo é o primeiro passo rumo a uma nova vida. É essencial que não deixemos de enfrentar o colapso, mas que aceitemos essa realidade como parte integrante de nossa iniciação à vida adulta como espécie. O sofrimento e tristeza que sentimos estão nos despertando para uma transformação profunda. Somos solicitados a deixar o passado para trás, já que o mundo, desgastado e desarticulado, está se desintegrando, e precisamos nos preparar para o declínio e colapso. Nas palavras de Marianne Williamson: "Algo muito bonito acontece com as pessoas quando seu mundo desmorona: humildade, nobreza e inteligência superior emergem exatamente no ponto em que nos ajoelhamos."

O ritual de passagem da humanidade nos levará a uma nova compreensão da realidade que habitamos, da nossa própria natureza como seres de dimensão terrena e cósmica, além da extraordinária jornada evolucionária na qual embarcamos. *Escolha a Terra* significa escolha a vida. A ruptura e colapso de nosso mundo envolvem a terrível realidade de que nossa espécie tem a capacidade de devastar a biosfera, nos tornando extintos funcionalmente. A ruptura também traz o potencial de atravessarmos por um período de grande iniciação, entrando em uma nova era de possibilidades. Juntos, podemos escolher um caminho que favoreça o bem-estar de todas as formas de vida. Juntos, conseguimos superar grandes perdas, sofrimento e tristeza, permitindo que nos ajoelhemos e, com humildade, nos encaminhemos para um caminho de grande transição.

É fundamental reconhecer onde estamos em nossa jornada evolucionária. Chegamos a um limiar crítico, do qual não podemos voltar atrás, precisando continuar em frente. Simplesmente se adaptar à situação em que nos encontramos é se render à estagnação evolucionária, bem como ao consequente desaparecimento funcional como espécie. Se nos recusarmos a passar por esses momentos difíceis e, assim, evoluirmos para nossa maturidade coletiva, deixaremos um legado de ruína para a Terra, garantindo nossa extinção funcional. Aja ou morra. *Não temos futuro sem a nossa maturidade.* Se *atravessarmos* da adolescência para o início da vida adulta, poderemos descobrir capacidades anda inexploradas de mudanças positivas. Por outro lado, podemos abandonar nosso avanço evolucionário, nos apegando a uma visão superficial e limitada da humanidade e de nossa jornada. Estamos confortáveis com a perspectiva de nosso legado como espécie ser algumas décadas de conforto de consumo para alguns poucos afortunados? Estamos confortáveis com a visão do *Homo sapiens* representar um ramo da vida que vacilou e fracassou, porque ficamos tão preocupados com as buscas materialistas que não conseguimos atingir a maturidade? Sabemos que somos melhores do que isto — portanto, não desanime!

Não podemos ir às alturas sem reconhecer as profundezas. Quando tudo parece perdido, quando não há mais nada a perder, podemos deixar o passado de lado e alcançar novos patamares e potenciais. Este é um momento de grandes escolhas para o nosso mundo. Somos chamados à grandeza como espécie, para alcançar nossa maturidade coletiva como comunidade planetária. Nada mais será como antes. Transformados por tristezas, podemos avançar para um novo mundo. Uma nova compreensão da identidade humana e de nossa jornada evolucionária nos leva adiante, nos atraindo a um futuro de imensas possibilidades. Um caminho de evolução crescente é tanto uma dádiva quanto uma escolha. Nosso momento de escolha coletiva tem consequências profundas, que serão levadas adiante por milhares de anos. Não há como evitar nosso ritual de passagem — *temos de passar por ele*. Nós criamos este momento, e podemos atravessá-lo de forma consciente, criativa e corajosa. A jornada que temos pela frente é tão crucial que vale a pena investir inteiramente nossas vidas para um resultado transformador. As adversidades são grandes, mas as recompensas são fantásticas.

Adaptação em um mundo transformador

Atualmente, enfrentamos desafios tão grandes que podemos nos sentir rapidamente sobrecarregados. Podemos nos fortalecer explorando ações significativas a serem tomadas em nossas vidas cotidianas.

1. **Escolha vitalidade:** escolha atividades que o façam se sentir vivo — caminhar na natureza, dançar, brincar, fazer música, cultivar relacionamentos, fazer arte e ter contato com animais. Construa um altar de agradecimento. Faça declarações e orações para as plantas, animais, lugares e pessoas. Seja um exemplo de gratidão e vitalidade para as pessoas mais jovens.

2. **Encoraje suas "aptidões verdadeiras":** cada um de nós tem "habilidades" e "aptidões verdadeiras".[10] Habilidades são atividades que executamos com destreza. Comumente, ganhamos a vida com nossas habilidades. Aptidões verdadeiras

expressam nossos talentos e habilidades naturais: atividades nas quais nos destacamos naturalmente. Desenvolver suas aptidões verdadeiras é um exercício para se tornar mais vivo e conectado com o mundo.

3. **Desenvolva sua consciência:** a qualidade de sua conscientização é extremamente importante para navegar em nosso mundo, o qual está em constante mudança. Pratique um despertar emocional e intelectual por meio de condutas como meditação, ioga, oração, diálogo ou outras atividades conscientes. Seja um participante cada vez mais consciente na vida.

4. **Esteja atualizado sobre a sua região:** conheça seu ecossistema local. Aprenda sobre árvores, flores, pássaros e outros animais que habitam os arredores. Conheça os alimentos cultivados em sua região. Explore e vivencie a natureza ao realizar uma caminhada. Encontre maneiras de apoiar regionalmente seus ecossistemas, bem como fazendas e empresas preocupadas com a natureza.

5. **Proteja e restaure a natureza:** realize pequenas ações para auxiliar na restauração da natureza e dos milagres da vida. Seja curioso e saiba como pode proteger o mundo natural ao seu redor. Como a natureza não pode falar por ela mesma, seja uma voz para as plantas, árvores e animais selvagens, bem como para sua preservação e restauração.

6. **Lamente as perdas:** construa um altar em sua casa, com imagens e objetos, para estar ciente do que estamos perdendo (árvores, flores, animais, estações do ano, lugares, etc.). Organize um ritual simples de lamentação com outras pessoas, e faça com que todos compartilhem o que estão lamentando (o que foi perdido ou esquecido) — falem com sinceridade, cantem músicas, leiam poesias e compartilhem arte.

7. **Pratique a reconciliação:** reconheça seus méritos, e explore o que isso significa com um grupo de amigos ou colegas de confiança. Leve admiração e solidariedade às divisões de gênero, raça, riqueza, religião e orientação sexual.

8. **Escolha a simplicidade:** compre menos, doe mais, coma menos, viaje menos de avião, reduza ou mude seu trajeto e compartilhe seus recursos com pessoas em necessidade. Cultive amizades significativas, compartilhe refeições simples, faça caminhadas na natureza, faça música, pratique arte, aprenda a dançar, desenvolva sua vida interior.

9. **Organize um grupo de estudo:** olhe o panorama, e observe o nosso mundo em um momento de transição sem precedentes. Utilize este livro e os materiais de estudo da página de *Escolha a Terra* (www.ChoosingEarth.org) para estudar com outras pessoas. Evite se precipitar na solução de problemas ou na busca de culpados, deixando bastante espaço para que os sentimentos sejam expressos. Explore maneiras de incorporar este conhecimento.

10. **Apoie outras pessoas:** incentive e auxilie indivíduos e comunidades diretamente afetados por mudanças climáticas, racismo, extinção de espécies, desigualdades e esgotamento de recursos. Faça de sua vida uma demonstração de cuidados, agindo para proteger a ecologia local. Voluntarie-se em entidades assistenciais diversas: refeições gratuitas, abrigo para pessoas carentes, horta ou agricultura sustentáveis.

11. **Encoraje comunicação:** seja uma voz para a Terra e futuro da humanidade. Contribua com boletins informativos, blogs, artigos, vídeos, podcasts e transmissões de rádio, para levar sua voz e opiniões sobre nosso futuro ameaçado. Ajude a despertar nossa criatividade social para as escolhas que temos quanto a amadurecimento, reconciliação, comunidade e simplicidade.

12. **Torne-se um ativista solidário:** junte-se a outras pessoas que trabalham buscando uma transformação profunda. Procure na internet organizações que compartilhem de seus interesses. Seja local ou globalmente, encontre uma comunidade que o apoie a mostrar suas verdadeiras aptidões ao mundo, neste momento crítico. Doe seu tempo, amor, talentos e recursos.

13. **Responsabilize as instituições:** responsabilizar publicamente as principais instituições (empresas, mídia, governo e área educacional) para reconhecerem e responderem aos desafios críticos que a Terra e futuro da humanidade enfrentam. Responsabilização pode ser um desafio: uma vez que todos nós estamos inseridos nessas instituições, também devemos nos responsabilizar.

Ações aparentemente pequenas em nossas vidas pessoais proporcionam uma base de apoio para nós mesmos, bem como um exemplo brilhante para os outros.

> *"Nunca duvide que um pequeno grupo de cidadãos consciente e comprometido possa mudar o mundo; na verdade, é a única coisa que já o mudou."*
> —Margaret Mead

Tanto o otimismo visionário quanto o realismo inabalável são importantes. Pesquisas mundiais mostram que a maioria das pessoas reconhece, até certo ponto, os grandes perigos e dificuldades que estão por vir. Uma pesquisa em 2021 explorou as opiniões de dez mil jovens, de 16 a 25 anos, em dez países ao redor do mundo, constatando uma profunda ansiedade em relação ao futuro.[11] Setenta e cinco por cento afirmaram que achavam o futuro assustador, enquanto mais da metade (56%) acreditavam que a humanidade estava condenada! Sessenta e seis por cento relataram estarem se sentindo tristes, assustados e ansiosos. Quase a mesma proporção afirmou que os governos estão traindo e falhando com os jovens. A maioria (83%) acha que a humanidade falhou em cuidar do planeta. Essa é uma avaliação impressionante de nossa condição. Jovens ao redor do mundo estão perdendo a segurança e confiança no mundo que está sendo deixado para eles. Uma profunda mudança na história humana já está presente para os jovens, que não se sentem mais em casa em nosso mundo em transformação.

Outra pesquisa mundial, em 2021, entrevistou mais de um milhão de pessoas, em cinquenta países. O *Peoples' Climate Vote* foi a maior pesquisa de opinião pública sobre mudança climática já realizada. De modo geral, essa grande pesquisa revelou que 59% afirmam que há uma emergência climática e o mundo deveria "fazer todo o necessário" para enfrentar essa crise global.[12] Atualmente, existe um amplo consenso de que o destino da Terra está em jogo.

Embora estejamos enfrentando uma emergência climática severa, os desafios que enfrentamos vão muito além do clima: toda a estrutura da vida está sob ataque. Uma extinção em massa está em andamento, impactando a vida animal e vegetal, tanto na terra quanto nos oceanos. A produtividade agrícola está caindo e a população humana está aumentando, sendo que esta disparidade está produzindo uma escassez generalizada de alimentos. Por sua vez, a fome força migrações populacionais em massa para locais com maior disponibilidade de recursos. O número esmagador de refugiados climáticos leva a conflitos civis, uma vez que países e governos não conseguem lidar com a situação. Plantas e animais estão sendo extintos, incapazes de acompanhar as mudanças no clima e ecossistemas. A Floresta Amazônica está sendo transformada em ecossistemas de pequenas árvores e arbustos.

Cerca de metade das pessoas na Terra vive com o equivalente a dois dólares, ou menos, por dia. O sofrimento desencadeado por este período de grande transição afeta desproporcionalmente os pobres, indígenas e pessoas não brancas. Desigualdades extremas de riqueza e bem-estar desencadeiam conflitos crescentes, à medida que os menos afortunados tentam sair da extrema pobreza. Além de uma crise climática, estamos em uma crise de todos os sistemas conectados da Terra. Toda a estrutura da vida está sendo despedaçada e profundamente danificada.

A comunidade da Terra foi alertada repetidamente sobre essas tendências alarmantes. A advertência mais nítida e categórica foi há décadas atrás. Em 1992, mais de 1.600 dos principais cientistas do mundo, incluindo muitos ganhadores do Prêmio Nobel de Ciências, assinaram um documento sem precedentes, intitulado *Warning to Humanity*.[13] Em sua declaração histórica, eles afirmaram que "os seres humanos e o mundo natural estão em uma rota de colisão(...) que pode alterar de tal forma o mundo vivo, que ele será incapaz de sustentar a vida da maneira que conhecemos". Este foi o aviso deles:

> "Nós, os membros da comunidade científica mundial, alertamos, por meio desta, toda a humanidade sobre o que está por vir. *Uma grande mudança em nosso gerenciamento da Terra e da vida nela existente é necessária, se quisermos evitar uma enorme miséria humana e que nosso lar neste planeta seja irremediavelmente danificado.*"[14] (destaque adicionado)

Ao reler essa conclusão, meus pensamentos retomam algumas palavras-chave em seu alerta, no qual os cientistas afirmam que, se grandes mudanças não forem feitas em nosso gerenciamento da Terra, o planeta será *"irremediavelmente danificado"*. Essas duas últimas palavras reverberam dentro de mim. O que significa "irremediavelmente danificado" para inúmeras gerações futuras? A Terra alterada, permanentemente prejudicada, ferida e danificada para sempre? O fracasso do planejamento e gerenciamento responsáveis será o nosso legado para as gerações futuras?

Mais de trinta anos se passaram desde que esse aviso franco foi emitido. Nossa resposta a essa terrível ameaça enfrentada pela humanidade tem sido dolorosamente lenta, podendo ser resumida em quatro palavras: *muito pouco, muito tarde*. Permitimos que tendências alarmantes avançassem, deixando-nos para trás. O ritmo de ruptura é muito mais rápido do que a velocidade de nossa resposta coletiva para restauração e cura. Estamos fora de sintonia com a realidade. A ecologia da Terra está se desintegrando há mais de meio século, e a ruptura progressiva está agora avançando rumo ao colapso. Estamos sendo dominados e sufocados. Devemos nos preparar para o colapso, bem como para avanço evolucionário.

Somos desafiados a despertarmos juntos e responder, com maturidade, a um mundo em grande transformação. Não é apenas a velocidade da mudança que é impressionante, mas também a magnitude e complexidade da mudança. Enfrentamos uma profusão de crises em aceleração: aumento da desestabilização climática, ampliação da escassez de água, declínio da produtividade agrícola, crescente desigualdade de riqueza e bem-estar, aumento do número de refugiados climáticos, extinção generalizada de espécies de plantas e animais, oceanos agonizantes poluídos com plásticos e burocracias de dimensões e complexidade avassaladoras em expansão. Nosso mundo está girando fora de nosso controle. Novas formas de viver e existir na Terra são fundamentais.

O colapso é inevitável.
Atravessar por ele é uma escolha.

Nós já fomos longe demais, e o movimento é incapaz de evitar a ruptura e colapso. Já passamos do limite: roubando das gerações futuras e prejudicando o bem-estar de todas as formas de vida. Podemos continuar agindo assim por pouco tempo. Se continuarmos a roubar do futuro, o colapso dos sistemas humanos e ecossistemas será nosso destino inevitável. No entanto, se assistirmos coletivamente o mundo de devastação que está crescendo exponencialmente, poderemos escolher juntos um futuro mais favorável para todas as formas de vida. A alternativa é a ruína devastadora e extinção funcional dos seres humanos na Terra.

Chegar a este nível de mudança é algo totalmente sem precedentes, e exigirá nada menos que uma revolução no esforço coletivo da humanidade. No entanto, mesmo essa descrição extraordinária não revela a intensidade de mudança de conduta que é essencial. Precisamos de uma transformação radical na produção e uso de energia, para evitar o desastroso aquecimento global. Os cientistas estimaram que a humanidade deveria interromper o aumento das emissões de combustíveis fósseis em 2020, reduzir pela metade até 2030, reduzir novamente pela metade até 2040 e zerar às emissões de carbono até 2050.[15] O *mundo inteiro* deve eliminar ou compensar a poluição por carbono até a metade do século. Isto significa que:

- Até 2050, nenhuma residência, empresa ou indústria será aquecida por gás ou óleo, e, caso seja, sua poluição por carbono deverá ser compensada.

- Nenhum veículo poderá ser abastecido por diesel ou gasolina.

- Todas as usinas de carvão e gás deverão ser fechadas.

- Mesmo que o mundo consiga gerar toda a sua eletricidade a partir de fontes com emissão zero, como energia renovável ou energia nuclear, a eletricidade representa menos de um terço do consumo atual de combustíveis fósseis. Portanto, outros usuários pesados de combustíveis fósseis como energia, especialmente aqueles que manufaturam aço e concreto, devem ser abastecidos por fontes renováveis.

Embora a reconstrução completa de toda a infraestrutura energética do mundo em poucas décadas seja vital para um futuro viável, ela está longe de ser suficiente. Além disso, é necessária uma transformação profunda em praticamente todos os aspectos da vida: alimentos que ingerimos, habilidades que desenvolvemos, trabalho que realizamos, casa e comunidades em que vivemos, mensagens da mídia que produzimos e recebemos, conversas do nível local para global que desenvolvemos, valores de igualdade econômica e justiça social que compartilhamos, liderança oferecida em diversas instituições (políticas, religiosas, mídia, sem fins lucrativos) e muito mais. *Construir uma sociedade, economia, cultura e consciência totalmente reconfiguradas é o único caminho para evitar o dano irrecuperável da Terra.*

Como podemos implementar uma transformação enorme e complexa de estilos de vida para nos equilibrar dentro dos limites da natureza? Atualmente, pessoas dos países e regiões mais ricos da Terra consomem muito mais do que sua parcela justa dos recursos do planeta. Este consumo excessivo priva a maioria de sua parte justa, condenando-a à pobreza e nível desproporcional de sofrimento induzido pelo clima. Essa desigualdade é extremamente discriminatória e desequilibrada, e não pode continuar. Será um grande desafio, para aqueles com estilos de vida de alto consumo, limitar deliberadamente a retirada de recursos e compartilhar sua riqueza com os menos privilegiados economicamente. A sobrevivência da humanidade exige uma revolução no estilo de vida, no qual os ricos escolham modos de vida que sejam materialmente mais restritos no uso dos recursos limitados da Terra, e mais generosos na promoção do bem-estar daqueles que são materialmente empobrecidos.

Uma mudança transformadora nos modos de vida é mais do que uma questão de justiça moral e igualdade: é também essencial para evitar uma guerra total de classes por recursos. Se formos trabalhar juntos, como uma comunidade humana, então aqueles que estão acostumados a posições de autoridade e poder (em decorrência de classe, gênero, raça, geografia, idade, capacidade, educação, etc.) devem dar um passo à frente, para oferecer suporte às vidas e vozes da maioria (pessoas pobres, comunidades indígenas e outros grupos oprimidos e em sofrimento). Somente assim será possível criar mudanças significativas como a redistribuição de recursos, em nível sistêmico, que permitirá a maioria não ser forçada, por pressões de sobrevivência, a se concentrar apenas em suas necessidades urgentes e de curto prazo.

Além de uma grande preocupação com a *magnitude* da mudança, cresce a atenção quanto a *velocidade* dela, particularmente a respeito da perturbação climática. No passado, os cientistas acreditavam que levaria séculos, se não milhares de anos, para que o clima se alterasse de modo significativo. Foi um choque profundo descobrir que uma grande mudança pode ocorrer em "questão de décadas, ou até menos".[16] Segue um exemplo: um período de resfriamento global, chamado de Dryas Recente, ocorreu há cerca de 11.800 anos (provavelmente o resultado de um asteroide penetrando na atmosfera) e foi seguido por um período de aquecimento abrupto, estimado em cerca de 10 °C, em questão de anos![17] Embora essa elevação incrivelmente rápida de temperatura não seja prevista atualmente, esse exemplo revela nossa vulnerabilidade ao ignorarmos as variações históricas. As instituições atuais de governo e os políticos seriam completamente incapazes de lidar com uma mudança climática tão abrupta. A maioria das instituições governamentais são projetadas para perpetuarem o passado, não para avançarem rapidamente em direção a um futuro transformador.[18]

Além da magnitude e velocidade da mudança, também somos obrigados a reconhecer a *profundidade* da mudança necessária para esse momento de grande transição. "Escolha a Terra" significa escolher um novo relacionamento com a Terra, e, portanto, com a totalidade da vida. Nós mesmos criamos as condições que nos forçam a olhar para nosso comportamento de forma mais consciente, e escolher deliberadamente nosso caminho à frente, tanto como indivíduos quanto como espécie. A ruptura da vida na Terra traz consigo a ruptura de nossa condição psíquica coletiva. *Colapso ecológico causa colapso do ego.* Avanços fundamentais em nosso psíquico coletivo são imperativos. Não podemos restaurar a Terra sem curar a nós mesmos, bem como nosso relacionamento com o resto da vida. Gus Speth, ex-diretor do Council of Enviromental Quality, descreveu claramente a natureza de nosso desafio:

"Eu costumava pensar que os principais problemas ambientais eram perda de biodiversidade, colapso dos ecossistemas e mudanças climáticas. Mas eu estava errado.

Os principais problemas ambientais são egoísmo, ganância e apatia... e, para lidar com eles, precisamos de uma transformação espiritual e cultural – e nós, cientistas, não sabemos como fazer isso."[19]

Embora os políticos e meios de comunicação apresentem o que está acontecendo como uma crise ecológica, ela é muito mais profunda do que isso. Não só estamos nos encaminhando a uma "parede ecológica", ou os limites físicos da capacidade da Terra de sustentar a humanidade, como também estamos nos deparando com um "parede evolucionária", na qual confrontamos a nós mesmos, na consciência e comportamentos que nos levam a ultrapassar o limite em direção ao colapso. Uma parede evolucionária apresenta à humanidade uma crise de identidade: quem somos, como espécie? Em qual jornada evolucionária estamos? Temos o potencial interior para atender às demandas do mundo exterior? Podemos progredir em nossa maturidade e crescer, em um relacionamento saudável e de cura com a Terra?

Se não avançarmos para enfrentar os desafios externos e internos de nossa época, parece que estaremos destinados a seguir o exemplo de mais de vinte grandes civilizações que entraram em colapso ao longo da história, as quais incluem a romana, egípcia, védica, tibetana, minoica, grega clássica, olmeca, maia e asteca. Nossa vulnerabilidade fica totalmente evidente quando reconhecemos a ruptura e desintegração dessas grandes civilizações do passado. No entanto, a situação atual é única em um aspecto fundamental: a civilização humana atingiu uma escala global, e se espalha por todo o planeta em um sistema interdependente. *O ciclo está sendo encerrado. Agora, o declínio simultâneo de todas as civilizações da Terra é uma ameaça real.* Nada na história da humanidade nos preparou para um rápido colapso das civilizações fortemente interconectadas em todo o mundo.

Uma pressão extraordinária e atração sem precedentes estão ocorrendo nestes tempos de transição. Se olharmos apenas para a pressão e ignorarmos a atração, isso colocará nossa jornada em grande perigo. Para visualizar este processo, imagine que está empurrando um pedaço de corda. Ao avançar, a corda se enroscará a nossa frente, criando um emaranhado de nós. Em seguida, imagine que está simultaneamente puxando a corda: ela não mais se enroscará, mas pode avançar em uma linha. Da mesma forma, se entendermos e respeitarmos as pressões e atrações de nossa época, poderemos seguir em frente, sem ficarmos enroscados no processo.

Se considerarmos apenas a pressão implacável desta crise climática, combinada com outras tendências de adversidade, nossos esforços produzirão nós complexos, e poderemos ficar facilmente presos em confusão e desespero. No entanto, se intensificarmos nossa visão para incluir a atração da oportunidade, teremos a possibilidade de avançarmos com uma velocidade impressionante. A atração não elimina os enormes desafios que enfrentamos. Em vez disso, ao reconhecer e trabalhar tanto com a poderosa pressão da necessidade quanto com a notável atração da oportunidade, poderemos encontrar a coragem, solidariedade e criatividade para superar as dificuldades da transição.

Para visualizarmos nosso momento de grande transição com mais clareza, vamos adotar uma visão sob três perspectivas:

- **Olhar abrangente**: observe de forma ampla, além de fatores isolados, e analise uma vasta gama de tendências como um sistema integrado — mudanças climáticas, aumento da população, migração de refugiados, esgotamento de recursos, extinção de espécies, aumento das desigualdades, entre outros fatores. Olhar de forma ampla nos oferece um panorama muito mais claro da mudança, muitas vezes não visualizado quando a atenção está concentrada em uma única área.

- **Olhar profundo**: examine as camadas abaixo do mundo exterior, incluindo considerações pessoais para mudança, como nossa psicologia, valores, cultura, consciência e paradigmas em evolução. O mundo exterior reflete nossa condição interior. Ao evoluirmos nosso interior, melhoramos nossa capacidade de evolução exterior.

- **Olhar o futuro distante**: visualize o futuro além do curto prazo de cinco ou dez anos. As tendências que são incertas e ambíguas no curto prazo, ficam muito mais claras quando extrapoladas para o longo prazo, no qual seu impacto é muito mais distinto e bem definido.

Figura 1: Abrangente, profundo e futuro distante

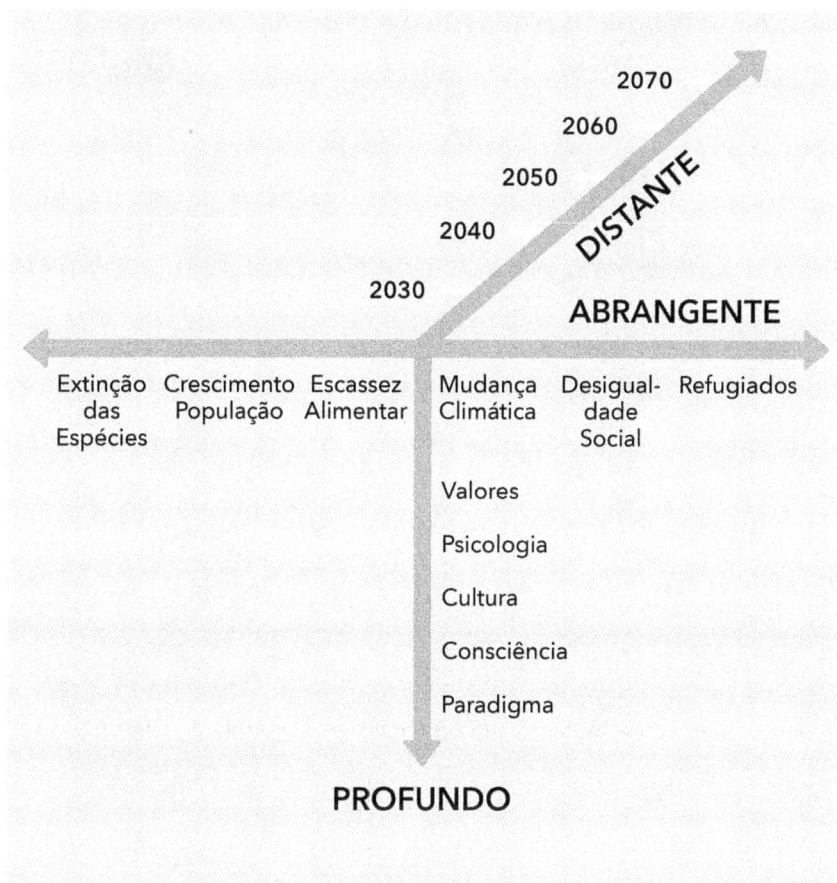

Quando olhamos de forma abrangente, profunda e para o futuro distante, vemos com mais clareza o momento crucial da história em que estamos, assim como a forma consciente em que devemos avançar, para além de nosso período de grande transição. A partir da perspectiva da totalidade dos sistemas conectados, percebemos que podemos realizar mudanças positivas e ascender a um novo modo de vida, ou enfrentar a queda para o colapso e ruína. Agora, escolhas difíceis estão diante de nós. Não décadas ou séculos à frente, mas *agora*. Estamos ficando sem tempo.

PARTE II

Três futuros para a humanidade

"Forças além do seu controle podem tirar tudo o que você possui, exceto uma coisa: sua liberdade de escolher como reagirá a uma situação."

— Victor Frankl

"Somos peregrinos e estamos juntos, caminhando por um país desconhecido, chamado lar."

— Padre Giovanni, 1513

Extinção, autoritarismo e transformação

É importante reconhecer o quanto nosso futuro está exposto e vulnerável neste momento singular. Entramos em um momento extraordinariamente raro na história, um ponto de escolha em nossa jornada coletiva, um instante entre passado e futuro, em que a vida de (esperamos) inúmeras gerações futuras será profundamente impactada pelas escolhas que fizermos agora. Não podemos prever para onde a humanidade irá por um motivo simples: nosso futuro depende de nossas escolhas conscientes, ou da incapacidade de fazê-las, individual e coletivamente. Nossa jornada evolucionária se tornará consciente em si mesma, ou mergulhará na escuridão. Estamos em um momento decisivo da história, uma época que será lembrada para sempre, pois ascenderemos em nossa maturidade como "civilização-espécie", conscientes de nossas responsabilidades, ou decaíremos na ruína e obscuridade.

Uma crise que nos obriga a tomar medidas urgentes não deveria ser o nosso destino. Há quase meio século, na década de 1970, a humanidade desperdiçou uma oportunidade de se adaptar gradual-mente e evitar uma mudança radical no futuro. Foi naquele momento que os imensos desafios que enfrentamos hoje foram reconhecidos pela primeira vez. A um grande custo, consumimos o tempo extra para manter a condição vigente por mais algumas décadas.[20] Agora é tarde demais para escolher um caminho de mudança gradual.

Após esgotar nossa margem de segurança para adaptação gra-dual, a humanidade agora enfrenta consequências profundas, se não reagir rapidamente e fizer mudanças radicais na forma como vivemos no planeta. Dentro de algumas décadas, grandes partes do nosso mundo não poderão mais ser habitadas por seres humanos. Secas, inundações e tempestades severas se tornarão comuns. Fome e doenças acometerão grande parte da humanidade. Centenas de milhões de refugiados climáticos estarão se deslocando, procurando lugares para viver. A extinção em massa de animais e plantas arruinará para sempre a ecologia da Terra. As opções em relação ao futuro estão se tornando extremamente limitadas. O prazo para o processo gradual acabou.

A seguir, exploro três caminhos principais, os quais representam nossas opções mais claras para o futuro. É importante reconhecer que *todos esses três caminhos começam com as mesmas tendências e condições subjacentes: um processo dinâmico chamado "colapso".* Como dou bastante atenção a "ruptura" e "colapso", quero esclarecer o significado de cada um. Esses termos são frequentemente usados sem distinção entre eles, mas podem ser entendidos de forma bastante distinta:

- **Ruptura** significa que as ligações entre os principais sistemas estão falhando e se desfazendo. Cadeias de suprimentos param de funcionar por períodos significativos. Ocorre falta de energia. Às vezes, a água para de circular e sua qualidade é duvidosa. Os serviços de bombeiros e polícia fecham ocasionalmente, devido à falta de remuneração. Ruptura se refere à desintegração de todos os sistemas conectados em componentes menores que, enquanto desestabilizam e deterioraram a saúde, emprego e acesso a serviços essenciais, criam oportunidades para novas configurações de vida. Ao desestabilizar atividades habituais, as rupturas criam oportunidades para a reconstrução de novos sistemas, os quais podem ser mais saudáveis e resilientes. Rupturas podem ser catalisadoras da criatividade e estimular a inovação: reconstrução e reforma de comunidades com economias locais, que apoiem abordagens mais resilientes para se viver.

- **Colapso** é mais grave que ruptura, pois descreve um processo de declínio catastrófico de comunidades, cidades e civilizações. Com o colapso, a sociedade de desfaz completamente: moradia, sistema de transporte, sistema de água e esgoto, entre outros, acabam em uma confusão caótica. O colapso é a falência catastrófica do sistema *e* de seus componentes. O colapso deixa ambos (sistema e componentes) em destroços, no que se refere a transporte, comunicação e serviços essenciais: um ferro-velho variado. O colapso produz uma base instável (física, econômica, psicológica, social e espiritual) a partir da qual construir um futuro promissor de bem-estar inclusivo e sustentável.

Apresento duas descrições ilustrativas do que o colapso pode significar para o mundo. A primeira é a Venezuela. No passado, um dos milagres econômicos da América do Sul, com uma das maiores reservas de petróleo do mundo, sua economia entrou em colapso nos últimos anos, com consequências devastadoras:

"Trabalhadores desesperados do setor petrolífero e criminosos estão removendo de empresas equipamentos vitais (veículos, bombas e fiação de cobre), levando tudo o que podem para ganhar dinheiro, enquanto a Venezuela está de joelhos do ponto de vista econômico, assolada pela hiperinflação e um histórico de má administração. Fome generalizada, conflitos políticos, escassez desastrosa de medicamentos e êxodo de mais de um milhão de pessoas nos últimos anos transformaram esse país, que já foi a inveja econômica de muitos de seus vizinhos, em uma crise que está ultrapassando as fronteiras internacionais."[21]

Como segundo exemplo, uma descrição do colapso no Haiti, onde as gangues governam grande parte do país:

"Com mais de um terço da população haitiana, 11 milhões de pessoas, necessitando assistência alimentar, gangues criminosas fora de controle paralisaram o fornecimento de combustível, sem o qual a atividade econômica, bem como a disponibilidade de alimentos e cuidados médicos, não ocorre de forma efetiva. O governo está incapacitado, e, comumente, em conluio com as gangues, as quais dominam bairros inteiros e estradas importantes. Uma epidemia de sequestros se espalhou, de forma descontrolada. O caos está presente em quase todos os aspectos da vida diária. Massacres, estupros por gangues e violentos ataques incendiários em bairros são amplamente divulgados."[22]

Nas *rupturas*, os componentes da vida permanecem suficientemente intactos para serem reorganizados em novas configurações, que podem funcionar — até melhores que antes. No entanto, o *colapso* exige a construção de um novo sistema operacional, sobre as ruínas de uma infraestrutura destruída, instituições arruinadas e ecologia devastada.

As consequências de guerras devastadoras ilustram a capacidade de recuperação após um colapso sistêmico, *se* um ecossistema funcional permanecer intacto. Como exemplo ideal, basta olharmos para a era após a Segunda Guerra Mundial, quando as nações se reconstruíram dos escombros. A Alemanha sofreu uma devastação maciça, bem como o colapso de sua economia, sociedade e infraestrutura. Ainda assim, o pós-guerra foi seguido por uma rápida reconstrução. Isto ilustra o quanto o termo "colapso" descreve uma condição de destruição quase completa de um país, economia e sociedade, mas não significa um fim definitivo. O que emerge do processo dinâmico desse colapso depende muito da capacidade das pessoas de se mobilizarem de forma rápida e construtiva. De maneira semelhante, o caminho futuro que emergirá de um colapso em escala planetária depende muito da capacidade dos cidadãos da Terra de se mobilizarem, com respostas rápidas e criativas, para a construção de um novo futuro.

Imagino que, após o colapso planetário e dissolução das nações, o poder estará amplamente disperso em grupos e comunidades, cada um se mobilizando para sobreviver. Um mosaico de comunidades e poderes provavelmente surgirá, sem ninguém no controle geral. Alguns poderiam ter mais capacidade ofensiva, com acesso a armas poderosas, enquanto outros poderiam ter mais poder econômico, com acesso a recursos importantes e pessoas qualificadas. Algumas comunidades poderiam ter organização e governo próprios, enquanto outras poderiam ser dominadas por "senhores" e seus exércitos. A condição geral poderia ser de barganha, negociação, luta e comprometimento contínuos. A fragmentação aparentemente seria tão vasta que ninguém conseguiria obter vantagem e exercer um controle centralizado. A luta pelo poder, em um mundo que exige diversos conjuntos de habilidades, cria uma situação para a descoberta de novas formas de viver. Ruptura e colapso podem produzir ambientes para uma imensa experimentação. Uma nova "mistura" humana poderia emergir da competição acirrada entre as comunidades, fornecendo a base para a construção de sociedades maiores e sustentáveis.

A natureza dinâmica do "colapso" revela uma questão fundamental: *será que as pessoas da Terra realmente estarão dispostas a se mobilizar e interromper a destruição da biosfera, antes que o planeta se torne completamente inabitável?* Preparando-se para um questionamento mais profundo, aqui estão breves resumos de como o colapso poderia se desenvolver, em três futuros distintos:

- **Extinção funcional** pode ser o produto do aquecimento global desenfreado, produzindo um clima inabitável e extinção em massa da maioria das formas de vida, combinado com o colapso das civilizações devido à fome, doenças e conflitos. A devastação do ecossistema da Terra e a queda das civilizações podem levar a humanidade aos limites da existência. A humanidade poderia se tornar "funcionalmente extinta", continuando a viver nos limites da sobrevivência, mas tão reduzida em número e capacidade que ficaria abaixo do limiar de capacidade evolucionária. Evidentemente, a humanidade poderia passar da extinção funcional à *real*, se alterações no clima da Terra fossem além do que a biologia possa tolerar. Em resumo, poderíamos desaparecer pela extinção completa.

- **Autoritarismo** pode surgir como uma alternativa radical, se a humanidade recuar durante os estágios iniciais do colapso planetário e aceitar formas altamente intrusivas de restrição. Uma inteligência artificial poderia desenvolver formas sofisticadas de monitoramento e controle, que reduzam a gravidade do colapso através da imposição de limites severos às interações sociais. Formas disciplinadas de civilização poderiam se tornar dominantes, com a vida dos cidadãos altamente controlada por alguma autoridade poderosa. Com a autoridade concentrada, as massas ficariam sob controle de poucos.

- **Transformação** poderia acontecer se as pessoas estivessem preparadas para uma rápida adaptação, sendo orientadas em direção a um futuro mais sustentável, inclusivo e solidário, com um alto nível de maturidade coletiva e vida colaborativa. Com antecipação e imaginação, as formas mais extremas de colapso poderiam ser moderadas, e nossa maturidade despertada para apoiar diversas mudanças positivas, para a construção de um futuro sustentável e com propósito.

Três percepções principais se destacam. Primeiramente, *todos esses três caminhos se iniciam com ruptura e colapso*. A diferença não está nas tendências que levam ao colapso inicial, mas em como nos mobilizamos em resposta ao desenvolvimento dessas tendências. Em segundo lugar, "colapso" não é uma condição definitiva, mas um processo dinâmico, do qual a recuperação pode emergir. Até agora, a Terra passou por cinco extinções em massa, e a vida sempre se recuperou, geralmente em um período de milhões de anos. A destruição da Terra pela humanidade não significaria que toda a vida acabaria, mas poderia significar uma recuperação medida em dezenas de milhares, ou até milhões, de anos; isto, por sua vez, significaria que a humanidade provavelmente seria extinta, assim como aconteceu com os dinossauros e muitas outras formas de vida nas prévias extinções em massa. Por fim, todos os três caminhos estarão presentes, em graus variados, nas próximas décadas de transição turbulenta, o que leva a uma pergunta fundamental: *qual dos três cenários será o predominante em um futuro distante?* Após esta introdução, vamos explorar brevemente cada um desses caminhos.

Futuro I: extinção

"O mundo precisa despertar para o perigo iminente que enfrentamos como espécie."

— Inger Andersen, diretora do Programa Ambiental da ONU

Nesse caminho, o mundo continua em suas atividades habituais, com a maioria negando os grandes perigos que se desenvolvem rapidamente e se reforçam mutuamente, provocando uma crise severa em todos os sistemas conectados. Grande parte do mundo materialmente desenvolvido continua em um transe coletivo de consumismo, aceitando a visão de que estamos separados dos outros, da natureza e do universo. Embora possam surgir diversos movimentos para transformar a sociedade e restaurar a ecologia, eles são muito pequenos e fracos para afetar a desorientação e negação da maioria. Como resultado, deixamos de reconhecer os perigos iminentes, e nos encaminhamos para o colapso e extinção funcional. Novamente: "colapso" não é uma condição definitiva, mas um processo dinâmico, que se desenvolve com crescente severidade. Aqui está como eu visualizo um colapso em cinco estágios, da ruptura inicial até a extinção total:

1. **Rupturas generalizadas**: diversos sistemas se desintegram e desmoronam. Cadeias de suprimentos de bens e serviços são interrompidas. Serviços essenciais, como polícia, bombeiros, saneamento, educação e saúde, tornam-se cada vez menos confiáveis. O clima continua com elevação de temperatura,

com morte de espécies, migrações em massa e escassez de água tornando-se críticas. Rupturas podem servir como um catalisador para adaptação criativa e, portanto, este estágio ainda tem um grande potencial para recuar, com o desenvolvimento de abordagens viáveis para a vida na Terra.

2. **Colapso em andamento**: cadeias de suprimentos e sistemas essenciais são interrompidos em todo o mundo. Ecossistemas falham, oceanos deixam de sustentar a vida, produtividade agrícola diminui, fome e migração aumentam. O potencial de regeneração dos sistemas humanos e ecossistemas ainda existe, mas está se tornando cada vez mais custoso e insustentável. Embora esse cenário envolva um dano extenso ao futuro da Terra e humanidade, podemos nos recuperar desses tempos destrutivos.

3. **Colapso total**: o colapso severo dos sistemas humanos se combina com danos irrecuperáveis à biosfera. É impossível regenerar os ecossistemas do passado; em vez disso, somos forçados a reconstruir a partir de bases ecológica e humana profundamente prejudicadas, em uma tentativa de criar uma biosfera saudável a partir do que resta.

4. **Extinção funcional**: os humanos não são mais uma espécie viável. A contagem de espermatozoides cai para números ínfimos, e não conseguimos nos reproduzir como espécie. Pandemias implacáveis se proliferam sem controle, contribuindo para o enfraquecimento da sobrevivência da humanidade. O aquecimento global torna a Terra inóspita e, na maioria, inabitável. O ecossistema está devastado e danificado de forma irrecuperável. Restam bolsões de humanidade, mas uma presença humana significativa desapareceu, deixando apenas alguns sobreviventes, presos em uma luta pela sobrevivência, em meio às ruínas.

5. **Extinção total**: níveis crescentes de CO_2 produzem aquecimento que torna o planeta inteiro inabitável para seres humanos e muitas outras espécies de animais e plantas. Além da queda severa da contagem de espermatozoides humanos, outras forças que produzem colapso e extinção em larga escala incluem: guerra nuclear, sistemas de inteligência artificial que escapam do controle humano, engenharia genética que produza espécies humanas hostis aos humanos "comuns" e perda de insetos polinizadores, com extinção em massa de plantas e muitas espécies animais.[23] Esforços para evitar a extinção total resultam em engenharia genética para o desenvolvimento de humanos projetados, com tolerância a altos níveis de calor e resistência a muitas doenças.[24] Armas de bioterrorismo poderiam ser criadas para manter a humanidade refém, com ameaças de liberar patógenos, a menos que haja uma redistribuição gigantesca de riqueza; estes patógenos poderiam escapar do controle e acelerar o desaparecimento dos seres humanos na Terra.[25] Apenas fragmentos de vida poderiam permanecer e, a partir deles, novas formas de vida poderiam se desenvolver, ao longo de dezenas de milhares ou milhões de anos.[26]

Em um mundo que caminha para o colapso total, parece provável que surjam dois modos de adaptação:

1. *Competitiva*, ou abordagem de sobrevivência, marcada por grupos em luta constante e violenta por necessidades básicas de sobrevivência.

2. *Solidária*, ou abordagem de benefício mútuo, marcada por comunidades ecológicas engajadas em esforços para a sobrevivência pacífica e restauração colaborativa da ecologia local.

Embora um caminho de adaptação solidária possa ser bem-sucedido nos estágios iniciais do colapso, à medida que o mundo se tornar cada vez mais dominado por lutas ferozes e conflitos pelo acesso a recursos progressivamente mais escassos, parece provável que as comunidades de benefício mútuo serão atacadas e dominadas por gangues bem armadas, que se apropriarão de suprimentos preciosos de alimentos, sementes, plantas, animais e ferramentas. Quando as lutas severas pela sobrevivência se tornarem generalizadas, será extremamente difícil para as pessoas se unirem em benefício mútuo e trabalharem de forma cooperativa. Uma lição evidente: *devemos fazer tudo o que pudermos para evitar um colapso total, no qual as guerras pela sobrevivência se tornem comuns e iniciativas de transformação sejam marginalizadas.*

Para ilustrar o colapso que leva à extinção funcional, considere o exemplo da Ilha de Páscoa. Com um clima ameno e um solo vulcânico rico, era um paraíso coberto por florestas e repleto de vida animal e vegetal diversificada, quando foi colonizada pelos polinésios, aproximadamente no ano 500 d.C. Com a prosperidade dos habitantes da ilha, eles aumentaram de algumas centenas para um número estimado de 7.000 ou mais, rapidamente consumindo os recursos da ilha além da capacidade de renovação. Evidências arqueológicas mostram que a destruição das florestas já estava em andamento no ano 800, cerca de trezentos anos após a chegada dos primeiros humanos. Durante o século XVI, as florestas e as palmeiras desapareceram completamente, à medida que a população desmatava a terra para agricultura e utilizava as árvores restantes para construir canoas, casas e como combustível. Jared Diamond, professor de medicina da Universidade da Califórnia, descreve como a vida animal foi erradicada na Ilha de Páscoa:

> "A destruição dos animais da ilha foi tão severa quanto a da floresta: sem exceção, todas as espécies de pássaros terrestres nativos foram extintas. Até mesmo os mariscos foram explorados ao limite, até que as pessoas tiveram que se contentar com pequenos caramujos. Ossos de botos desapareceram abruptamente das pilhas de entulho por volta de 1500: ninguém mais conseguia pescá-los, pois as

árvores usadas para construir as grandes canoas marítimas não mais existiam..."[27]

A biosfera foi devastada muito além da capacidade de recuperação a curto prazo. Com o desaparecimento das florestas, impossibilidade de pesca no oceano e animais caçados até a extinção, as pessoas se voltaram umas contra as outras. A autoridade centralizada foi destruída e a ilha mergulhou no caos, com grupos rivais vivendo em cavernas e competindo entre si pela sobrevivência. Eventualmente, de acordo com Diamond, os habitantes da ilha "recorreram à última fonte de carne significativa disponível — *humanos* —, cujos ossos se tornaram comuns nas pilhas de entulho mais recentes da ilha. As tradições orais dos habitantes da ilha estão repletas de canibalismo". A única fonte de alimento selvagem que restou foram os ratos. Em torno de 1700, a população havia sido reduzida para um número entre 25% a 10% de seu tamanho anterior. Quando a ilha foi visitada por um explorador holandês em 1722 (em um domingo de Páscoa), ele encontrou uma terra devastada, quase totalmente sem vegetação ou animais. Cook descreveu os habitantes da ilha como "pequenos, magros, tímidos e lastimáveis".[28]

O paralelo entre a Ilha de Páscoa e a Terra é forte: a ilha era repleta de vida, flutuando em um vasto oceano de água. O planeta é uma ilha repleta de vida, flutuando em um vasto oceano de espaço. O significado da Ilha de Páscoa para nós deve ser assustadoramente óbvio, pois Diamond conclui que a Ilha de Páscoa é a Terra em miniatura:

> "Quando os habitantes da Ilha de Páscoa passaram por dificuldades, não havia nenhum lugar para onde pudessem fugir ou pedir ajuda; nem nós, terráqueos modernos, teremos outro lugar para recorrer se nossos problemas aumentarem. Se alguns milhares de habitantes, apenas com ferramentas de pedra e sua própria força física, foram suficientes para destruir seu ambiente e, assim, destruir sua

sociedade, como bilhões de pessoas com ferramentas de metal e força de máquinas podem deixar de fazer pior?"[29]

Como revela a Ilha de Páscoa, nós já demonstramos nossa capacidade, em pequena escala, de devastar nossa biosfera de forma irreparável e entrar em colapso funcional.

Futuro II: autoritarismo

Neste caminho, os perigos de extinção na Terra devido a uma crise de todos os sistemas conectados são reconhecidos e, para controlar esses perigos, a humanidade troca as liberdades pessoais e direitos humanos pela segurança prometida por comunidades ou sociedades altamente autoritárias. As democracias geralmente são complexas e lentas, enquanto os governos autoritários podem agir rapidamente, com pouca preocupação com as opiniões do público. Isso agiliza a tomada de decisões e permite ações rápidas em crises. As desvantagens dos governos autoritários incluem a opressão de minorias, supressão da associação e expressão livres, além do sufocamento da inovação criativa. As sociedades autoritárias também apresentam taxas mais elevadas de doenças mentais e níveis reduzidos de saúde física e expectativa de vida.[30]

As ditaduras digitais empregam poderosas tecnologias de computação integradas em diversas áreas (financeira, social, médica, educacional, empregatícia, etc.) para controlar rigidamente suas enormes populações. Nesse caminho, o mundo evita um colapso devastador, ao impor restrições severas a quase todos os aspectos da vida, interrompendo assim o declínio ao caos. As tendências de ruptura ecológica, social e econômica são colocadas sob controle rigoroso e impedidas de chegar a um colapso catastrófico que leve à extinção funcional. Um futuro de restrições e obediência está por vir.

Um exemplo frequentemente citado é a China, que está criando uma ditadura digital usando pontuações de "crédito social", combinadas com sistemas de reconhecimento facial e outras tecnologias, para monitorar e controlar cada pessoa, com uma série de punições e recompensas.[31] Telefones celulares e acesso à internet recebem números exclusivos, para poderem ser rastreados. Transgressões que reduzem a pontuação de confiança pública de uma pessoa variam de leves (andar na rua, jogar videogame por muito tempo) as severas (espalhar "notícias falsas", "pensamento de ideias prejudiciais" e atividade criminosa). As punições são variadas: humilhação pública (ter seu nome e imagem divulgados publicamente), oportunidades de trabalho restritas, acesso reduzido a oportunidades educacionais pessoais e/ou para os filhos, acesso limitado a medicamentos de qualidade, velocidades de internet reduzidas, etc. Recompensas incluem melhores possibilidades de emprego, melhores opções de viagem (avião em vez de ônibus), descontos de energia, acesso mais fácil a hotéis e até melhores parceiros em sites de encontros virtuais. Com o avanço da inteligência artificial, as punições e recompensas são continuamente calculadas para cada indivíduo, a fim de produzir uma sociedade altamente monitorada, regulamentada e regrada. A opinião pública e discurso são rigidamente controlados, por meio da proibição de tópicos de notícias, promoção de "temas pró-sociais", amplo monitoramento de conversas na internet, restrição seletiva de reuniões presenciais de mais de três pessoas, etc. O resultado é uma sociedade cuidadosamente vigiada, altamente examinada e controlada, que vive dentro dos limites ecológicos, mas ao custo de desistir de uma ampla gama de liberdades.

É importante ressaltar que a China não é o único país que está avançando com o autoritarismo digital. A abordagem chinesa de "grande barreira" em relação à internet está se espalhando por vários outros países, incluindo Rússia, Índia, Tailândia, Vietnã, Irã, Etiópia e Zâmbia.[32] Até mesmo nações historicamente democráticas, como os Estados Unidos, têm uma parcela significativa da população (estimada em cerca de 20% dos cidadãos americanos em 2021) que é favorável à troca de liberdades civis por soluções para garantir a lei e ordem, quando confrontadas com rupturas sociais.[33]

Embora várias nações tenham começado a consolidar o controle autoritário sobre suas populações, não está claro se elas poderão prevalecer a longo prazo em um mundo que está se dirigindo a um colapso de todos os sistemas conectados, devido a níveis catastróficos de mudanças climáticas, escassez de água, extinção de espécies, escassez de alimentos e outros problemas. Países com controle severo podem se dividir, dando lugar a feudos concorrentes, que busquem manter o controle autoritário em uma escala menor. Ou pior: podem se transformar em uma ditadura total, governada por líderes isolados, com alto nível de narcisismo e pouca misericórdia, que tomam decisões por todos.

Futuro III: transformação

Um caminho de transformação começa como os outros: as rupturas prosseguem e culminam em um processo de colapso dinâmico. No entanto, antes de entrar em colapso, seja na extinção funcional ou na desistência das liberdades do autoritarismo, a humanidade poderia reconhecer o imenso perigo que temos pela frente e se afastar desses dois caminhos, avançando em direção a uma transformação do mundo. Mais fácil falar do que fazer! Um caminho de transformação exige muito mais do que energia renovável, mudanças na dieta, carros elétricos e famílias com apenas um filho. Também precisamos de forças poderosas para o desenvolvimento evolucionário, para transformar uma crise sistêmica planetária em um mundo que sirva ao bem-estar de toda a vida.

Forças poderosas, viáveis e de mudanças positivas para construção de uma Terra em transformação são descritas na última seção (Parte IV), sendo resumidas a seguir:

Sete forças de mudanças positivas

1. **Escolha vitalidade**: mudando de uma mentalidade de separação e exploração em um universo morto, para uma

mentalidade de comunidade e cuidado em um universo vivo. Viver no agora, com a experiência direta de estar vivo, passa a ser a fonte de sentido e propósito.

2. **Escolha consciência**: prestando atenção a passagem pela vida, com consciência reflexiva ou atenção direcionada, saímos da bolha de materialismo e passamos a participar da vida de forma solidária.

3. **Escolha comunicação**: com ferramentas de comunicação do nível local para global, desenvolvemos um senso de comunidade crescente, e criamos um consenso para o nosso caminho rumo ao futuro.

4. **Escolha maturidade**: mudando de uma mentalidade egocêntrica e adolescente para uma atitude madura de consideração e compromisso com o bem-estar de todos os seres vivos, criamos a base psicológica para um futuro transformador.

5. **Escolha reconciliação**: reconhecendo racismo estrutural, desigualdades extremas de riqueza e bem-estar, divisões de gênero e outros fatores, buscamos a cura e um consenso, nos quais a cooperação e colaboração possam ser despertadas.

6. **Escolha comunidade**: buscando segurança e um senso de pertencimento em um mundo em colapso, começamos a reconstruir comunidades localmente, redescobrindo sentimentos de estarmos em casa no mundo.

7. **Escolha simplicidade**: nos afastando do consumismo interminável como meta de vida, nos movemos em direção ao reconhecimento da simplicidade de estarmos vivos, e escolhemos viver com uma atitude equilibrada em relação ao bem-estar de todos os seres vivos.

Isto não é uma ficção. Cada uma dessas forças de mudanças positivas já está amplamente reconhecida. O desafio é estimular e mobilizar as forças já presentes e disponíveis. A sinergia desses dois conjuntos de mudanças: materiais (energia solar, novos padrões alimentares, redução do tamanho das famílias, novos tipos de trabalho, etc.) e invisíveis (amadurecimento das espécies, consciência, reconciliação, etc.), são vitais para produzir uma transformação profunda e duradoura. A interseção desses conjuntos de mudanças produzirá um período de transição dinâmico e turbulento, à medida que o impulso evolucionário é reunido em uma nova formulação para um futuro transformador. Superficialmente, esse poderia parecer um período de confusão e caos; no entanto, correntes intensas de mudança estariam em ação, construindo e melhorando o mundo a um nível superior de coerência, potencial e propósito.

Como se supõe que o caminho de transformação emerge de um processo de colapso, a paciência e persistência serão vitais para que o aperfeiçoamento evolucionário floresça no mundo. Embora este caminho seja extremamente exigente e já esteja ao alcance de nossa capacidade atual de escolha, ele oferece um novo nível de maturidade, reconciliação e consciência da humanidade.

É útil reconhecer as diversas áreas em que os seres humanos têm trabalhado de forma unida há muito tempo, com sucesso.

- *Meteorologia*: o sistema meteorológico mundial agrega informações de mais de cem países todos os dias, para fornecer informações globais.

- *Saúde*: nações de todo o mundo cooperaram para erradicar doenças como varíola, poliomielite e difteria.

- *Viagens*: acordos internacionais de aviação garantem o bom funcionamento do transporte aéreo global, enquanto a cooperação mundial permitiu que a Estação Espacial Internacional fosse construída por um consórcio de nações.

- *Comunicações*: a União Internacional de Telecomunicações designa a faixa eletromagnética para que sinais de televisão, celulares e rádio não sofram interferência significativa.

- *Justiça*: a ética global está surgindo, à medida que tribunais mundiais responsabilizam chefes de estado por políticas de genocídio, tortura e crimes contra a humanidade.

- *Meio ambiente*: apesar do atraso nas ações climáticas, as nações do mundo chegaram a acordos importantes sobre questões ecológicas, como o banimento de CFCs, os quais danificam a camada de ozônio.

Esses exemplos de colaboração bem-sucedida da humanidade fornecem um contexto importante para olharmos para o futuro: eles ilustram a capacidade humana de atingir uma maturidade mais elevada e de trabalhar em conjunto, de forma eficaz.

É útil comparar os três caminhos, observando suas semelhanças e diferenças. A maior diferença entre esses três futuros possíveis não são as tendências fundamentais, mas as escolhas subsequentes que tomamos. Como não existe um futuro mais provável que os outros, o caminho seguido dependerá daquele que escolhermos conscientemente, ou daquele que desistirmos inconscientemente. Portanto, um caminho de mudanças positivas não é uma previsão, mas uma descrição razoável da escolha coletiva e mudança de consciência que poderíamos realizar como sociedade global, em resposta à ruptura e colapso dinâmicos.

Figura 2: Três Caminhos para a Humanidade

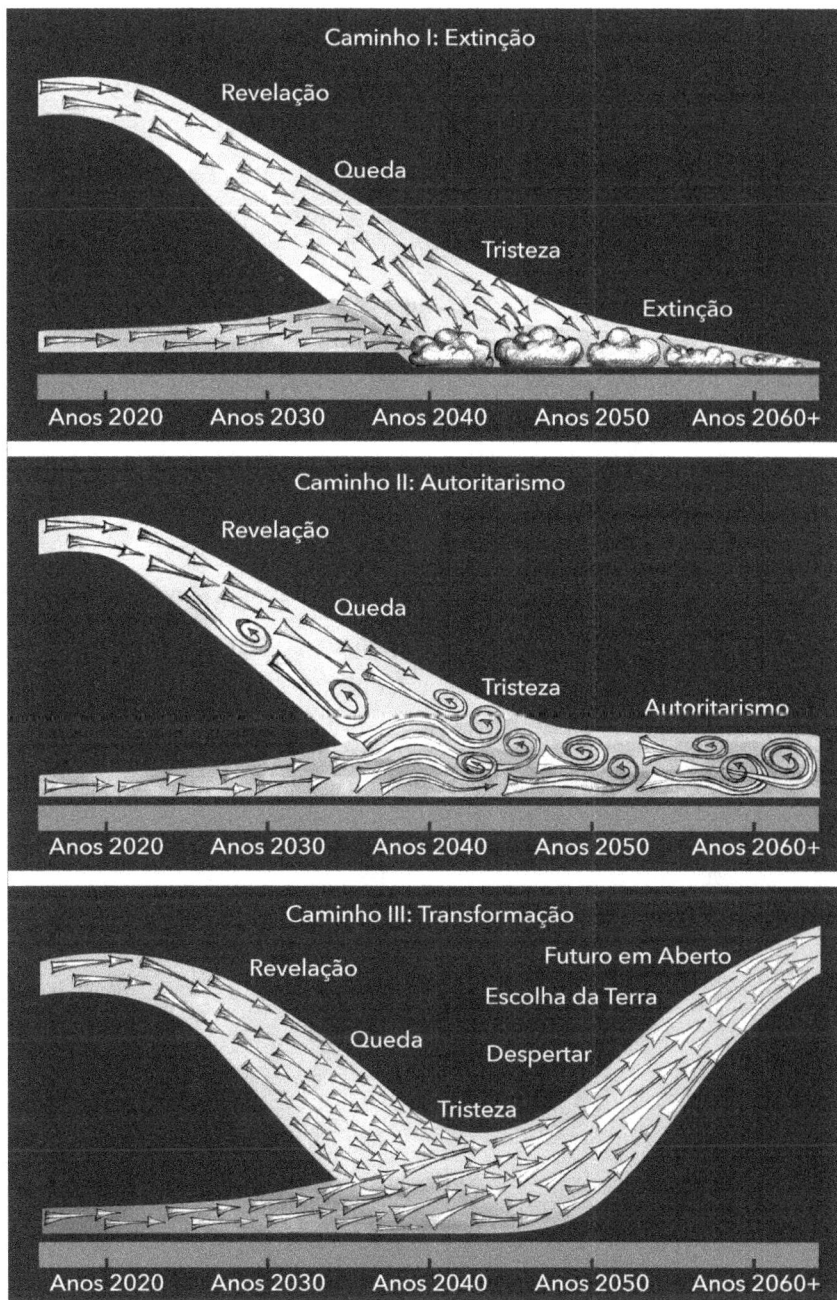

Caminho I: Extinção
Revelação
Queda
Tristeza
Extinção
Anos 2020 | Anos 2030 | Anos 2040 | Anos 2050 | Anos 2060+

Caminho II: Autoritarismo
Revelação
Queda
Tristeza
Autoritarismo
Anos 2020 | Anos 2030 | Anos 2040 | Anos 2050 | Anos 2060+

Caminho III: Transformação
Revelação
Futuro em Aberto
Escolha da Terra
Queda
Despertar
Tristeza
Anos 2020 | Anos 2030 | Anos 2040 | Anos 2050 | Anos 2060+

Uma de nossas capacidades mais importantes como espécie é a habilidade de olhar para o futuro, prever o que pode acontecer e reagir rapidamente. Se pudermos usar nossa imaginação coletiva para visualizar como estamos criando uma Terra inabitável, não precisaremos deixar esse futuro acontecer para aprendermos com suas lições. Podemos internalizar os ensinamentos e percepções de um futuro imaginário, e escolher conscientemente uma trajetória diferente. Já começamos a imaginar claramente futuros que não queremos. Por sua vez, não precisamos esperar que o aquecimento global derreta as calotas polares e inunde as cidades costeiras do mundo para decidirmos que esse não é o futuro que queremos. Não precisamos matar um milhão de espécies distintas de animais e plantas antes de decidir que uma biosfera empobrecida e estéril não é o futuro que escolhemos. Não precisamos nos render a um governo autoritário ou ditadura digital antes de decidirmos que as liberdades humanas para a evolução consciente são preciosas demais. Se mobilizarmos nossa imaginação coletiva, e visualizarmos com maior clareza os caminhos à frente, poderemos nos orientar conscientemente para um futuro diferente, *agora,* e não após anos de atraso e desorientação.

PARTE III

Estágios de iniciação e transformação

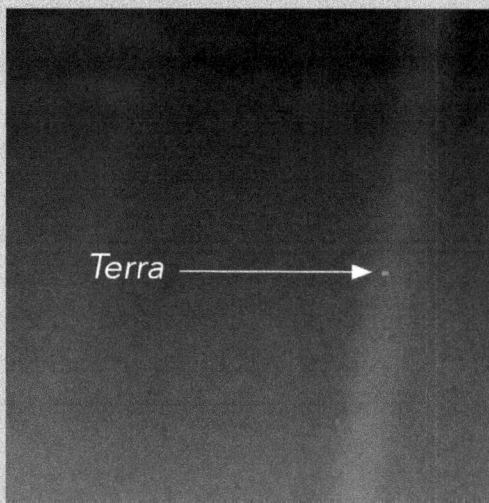

A Terra vista pela sonda Voyager, a aproximadamente 6,4 bilhões de quilômetros de distância

"Olhe novamente para aquele ponto. É aqui. É nosso lar. Somos nós. Nele, todos que você ama, todos que você conhece, todos de quem você já ouviu falar, todos os seres humanos que já existiram, viveram suas vidas. A soma de nossa alegria e sofrimento, milhares de religiões, ideologias e doutrinas econômicas, todo caçador e viajante, todo herói e covarde, todo criador e destruidor de civilização, todo rei e camponês, todo jovem casal apaixonado, todo pai, mãe, criança esperançosa, inventor e explorador, todo professor de moral, todo político corrupto, toda 'grande estrela', todo 'líder supremo', todo santo e pecador da história de nossa espécie, viveram ali: em um grão de poeira, suspenso em um raio de sol."

— Carl Sagan

Resumo dos cenários da iniciação da humanidade: 2020 a 2070

Década de 2020: a grande revelação — ruptura

Todas as principais instituições estão começando a se desgastar e desmoronar. A economia mundial está se fragmentando e falhando em todos os níveis: local, nacional e global. Toda a **ecologia** do planeta (terra, oceanos, animais e plantas) está se deteriorando seriamente. Os sistemas **sociais**, em todos os níveis, estão funcionando mal, com perda de confiança pública, declínio da legitimidade e aumento das divisões. As instituições **acadêmicas** estão deixando de atender as necessidades de aprendizado dos alunos para viverem efetivamente em nossa Terra em transformação. Os meios de **comunicação** estão promovendo o consumismo, enquanto exploram o medo e distração. As instituições **religiosas** estão perdendo a confiança como fontes de significado e compreensão em nosso mundo em transformação.

Década de 2030: o grande colapso — queda livre

O mundo está ultrapassando os limites. As demandas feitas pela humanidade excedem o que a biosfera pode suportar com sua capacidade de sustentabilidade e renovação. Não podemos continuar com os padrões do passado. As conexões que mantiveram as civilizações unidas estão se rompendo, e estamos avançando rumo ao colapso. Todo o mecanismo complexo de um mundo que vive muito além de seus recursos materiais confronta a humanidade, com uma ecologia em colapso apresentando graves mudanças climáticas, extinções em massa de animais e plantas, queda na produção de alimentos, aumento da fome e doenças, conflitos generalizados e muito mais.

Década de 2040: a grande iniciação — tristeza

Um mundo em colapso produz imensa perda, tristeza, sofrimento e culpa. Conflitos generalizados são gerados por mudanças climáticas, extinção de espécies, esgotamento de recursos, migrações em massa e muito mais. O mundo está saindo de controle, produzindo uma grande mortalidade e um sofrimento inimaginável, à medida que milhões de seres humanos morrem, junto a uma grande quantidade de vida animal e vegetal, por toda a Terra.

Década de 2050: a grande transição — início da vida adulta
Acordamos coletivamente para a realidade de que o sistema da Terra está entrando em colapso. Nossa escolha é render-nos à extinção funcional da vida humana ou avançar para nossa maturidade coletiva. Reconhecemos nossa responsabilidade coletiva de trabalhar pelo bem-estar de toda a vida humana: ricos e pobres, norte e sul, pessoas de todas as etnias, etc. Os movimentos de sustentabilidade estão crescendo em todas as escalas — "vilas ecológicas", "cidades de transição" e "civilizações ecológicas" —, e começamos a construir as bases para uma nova vida na Terra.

Década de 2060: a grande liberdade — escolha a Terra
A partir de uma imensa perda, surge uma nova maturidade humana e uma determinação coletiva para se comunicar e colaborar em novas formas de viver no planeta. Comunicando-se como uma humanidade unida, escolhemos a Terra como nosso lar e nos comunicamos de maneiras totalmente novas, para desviar-nos da evolução para a ruína, em direção a um futuro edificante. Esforços intensos de inovação e restauração surgem por todo o mundo.

Década de 2070: a grande jornada — um futuro em aberto
Uma consciência planetária e uma civilização-espécie estão surgindo. Reconhecendo que nos ergueremos ou cairemos juntos, escolhemos nos elevar com um novo senso de humanidade, como uma comunidade de toda a Terra. Um novo caminho para restaurar a integridade da vida no planeta está surgindo.

Cenário Completo de Transformação

Agora que expusemos esses três caminhos, vamos considerar um futuro de transformação em profundidade. Os outros dois caminhos, "extinção" e "autoritarismo", são relativamente claros, pois já são percebidos no mundo. Entretanto, um futuro de transformação é diferente, porque representa um avanço evolucionário rumo ao desconhecido. Como nunca passamos por ele, não temos ideias predeterminadas de como ele se parece. Ele se baseia no poder combinado de forças de mudanças positivas, que reconhecemos individualmente, mas que não imaginamos convergindo em uma força coletiva para a evolução. Para oferecer um vislumbre de uma visão de transformação do futuro, aqui está um parágrafo extraído de meu livro de 2009, *The Living Universe*:

> "O tormento, aflição e angústia destes tempos se tornarão um fogo purificador, que queimará antigos preconceitos e hostilidades, para limpar a alma de nossa espécie. Não espero que um momento único e dourado de reconciliação ocorra no planeta; em vez disso, ondas de calamidade ecológica reforçarão os períodos de crise econômica, e ambos serão ampliados por ondas maciças de agitação civil. Em vez de crise e conflito crescentes, provavelmente haverá uma reconciliação momentânea, seguida de desagregação e nova reconciliação. Ao dar origem a uma civilização mundial sustentável, a humanidade provavelmente alternará entre ciclos de retração e flexibilização. Somente quando ficarmos totalmente esgotados, ultrapassaremos as barreiras que nos separam de nossa plenitude como família humana. Eventualmente, haverá a necessidade de escolher entre uma civilização planetária seriamente prejudicada (ou até mesmo natimorta) ou o nascimento de uma família humana e biosfera lesadas, porém relativamente saudáveis. Ao ver e aceitar

a responsabilidade por essa escolha inevitável, trabalharemos para descobrir um senso comum de realidade, identidade e propósito social. Encontrar esse novo senso comum será uma tarefa extremamente exigente. Somente após esgotarmos todas as esperanças de soluções parciais é que estaremos dispostos a avançarmos, com a mente e coração preparados, em direção a um futuro de desenvolvimento mútuo e solidário. Por fim, ao passarmos por nossa iniciação, poderemos evoluir de nossa adolescência como espécie para o início da vida adulta e, conscientemente, assumir a responsabilidade pelo nosso relacionamento com a Terra, demais formas de vida e universo."[34]

Esse parágrafo não descreve, com nenhum detalhe, a natureza das mudanças que estão por vir. Para desenvolver um cenário mais consistente do futuro, descrevo, a seguir, cada década, de três maneiras distintas:

1. Um **resumo** da década. É fácil se perder nas informações detalhadas, sendo o resumo uma forma de fornecer uma visão geral dela.

2. Uma análise das principais **tendências determinantes** em cada década. Estas são as informações concretas e reais, das fontes mais confiáveis que pude encontrar, para desenvolver uma compreensão detalhada dos principais desafios à frente. As tendências determinantes fornecem o "esqueleto", ou estrutura analítica, para o cenário.

3. Um cenário ou **história**, descrevendo como a década se desenrola. Esse são os "músculos" de uma descrição mais subjetiva de como a década se desenvolve. Tendências detalhadas são combinadas, em uma narrativa realista sobre o futuro.

Com base nas melhores estimativas científicas disponíveis, identifiquei oito tendências determinantes comuns, para cada década:

1. Aquecimento global e perturbação climática.

2. Escassez de água.

3. Escassez de alimentos.

4. Refugiados climáticos.

5. Extinção de espécies.

6. População mundial.

7. Crescimento/ruptura econômica.

8. Desigualdade econômica.

Enquanto pesquisas futuras geralmente consideram apenas algumas tendências determinantes, eu considero todas elas, e como elas provavelmente interagirão umas com as outras nas próximas décadas. Em seguida, elaborei sete *fatores de mudanças positivas*: os "músculos" que se ligam ao esqueleto. Ao reunir estes quinze fatores determinantes, surge um cenário rico em detalhes. Essa abordagem não garante "respostas corretas" sobre o futuro; no entanto, ela oferece uma abordagem organizada, para desenvolver uma visão realista de um caminho de mudança positiva que possa emergir dessas décadas sombrias.

É importante reconhecer que a divisão deste cenário em períodos de dez anos é arbitrária. O mundo é um lugar confuso e complexo, que não divide sua progressão em décadas de desenvolvimento organizadas e convenientes. Além disso, entramos em um período turbulento e caótico de transição planetária, com acontecimentos imprevisíveis, tal como o surgimento repentino da pandemia global de Covid, que podem colocar expectativas plausíveis em dúvida. Portanto, há boas razões para ser cauteloso ao dividir o futuro em décadas distintas.

Como a confiança científica nos dados de tendências diminui à medida que analisamos o futuro mais distante, as primeiras décadas dispõem de mais dados e análises científicas. Conforme mencionado anteriormente, *todos os três caminhos — extinção, autoritarismo e transformação — começam com essas mesmas forças determinantes.* A diferença entre eles não está nas tendências iniciais, mas nas escolhas que a comunidade humana faz em resposta a estas tendências. *Um futuro de transformação ocorre apenas porque levantamos a cabeça e aceitamos seguir um propósito e potencial mais elevados como espécie.*

Elaborar um cenário de transformação é um exercício exigente de imaginação social, que requer compaixão, persistência e paciência. É um trabalho difícil. Devemos mobilizar todas as capacidades que possuímos para desenvolver uma imagem clara do futuro: uma imagem que inclua tristezas e perdas, bem como fatores poderosos de mudanças positivas, como amadurecimento e despertar coletivo, os quais podem transformar adversidades implacáveis em oportunidades realistas. Ainda que seja um desafio analisar os próximos cinquenta anos, isto oferece o potencial de visualizar uma iniciação profunda e um ritual de passagem para nossa espécie.

Quero fazer uma pausa e reconhecer sua coragem ao decidir ler esse livro. Você está lendo em nome da vida em todas as suas formas. Suponho que você seja uma pessoa com uma inteligência curiosa, e solidário com outras pessoas. Suponho que você se preocupa com a vida, pessoas, natureza e a Terra. Suponho que você sinta, intuitivamente, como a vida no futuro chama todos os que estão vivos para testemunharem o que está acontecendo na Terra neste momento. Se apresentar como testemunha de nosso momento de transformação sem precedentes é um presente para o futuro. Até recentemente, poucas pessoas estavam cientes de que um colapso dinâmico da civilização humana está em andamento, criando uma iniciação profunda para nossa espécie. Hoje, podemos reconhecer conscientemente que uma iniciação está em andamento, e esse conhecimento pode fazer uma enorme diferença na escolha de nosso caminho futuro. Eu reconheço seu sentimento de perda e sua gratidão pela vida que prossegue. Respeito sua determinação em ver o que está acontecendo. Ao fazer isso, você está contribuindo para um novo tipo de ser humano, o qual pode auxiliar no bem-estar de todas as formas de vida. Obrigado por ser um auxiliar fiel de nosso futuro transformador.

Década de 2020: a grande revelação – ruptura

Resumo

Na década de 2020, a grande transição começa, à medida que a humanidade desperta para o fato inquestionável de que enfrentamos uma profunda crise mundial. Gradualmente, reconhecemos que, em vez de um único problema a ser resolvido, enfrentamos uma crise de todos os sistemas conectados, que exige mudanças profundas na forma como vivemos na Terra. Coletivamente, não chegamos a essa compreensão de forma rápida ou fácil. A humanidade entra nesta década decisiva com profundas diferenças. Lentamente, uma minoria de pessoas desperta para a realidade de que estamos enfrentando uma crise global, a qual vai além da perturbação climática.

Nesta década, o aquecimento global está ocasionando aumento de secas, incêndios, inundações e tempestades por todo o mundo. Ações para lidar com o aumento de CO_2 estão em andamento, mas o ritmo da inovação está muito abaixo do que é necessário para estabilizar as temperaturas globais. Estamos no caminho de uma catástrofe climática. Escassez de água é um problema para quase metade da população mundial. Fontes estão sendo drenadas até secarem nos EUA, Índia e outras partes do mundo. A cada ano, milhões de pessoas se tornam refugiados climáticos, pois tentam se mudar para locais com mais recursos. Espécies animais e vegetais estão sendo afetadas, incapazes de migrar na mesma velocidade que o ritmo acelerado das mudanças climáticas. Cadeias de suprimentos estão sendo afetadas.

Instituições de todos os tipos (econômicas, políticas, acadêmicas, de saúde, etc.) são lentas para mudarem. A maioria dos líderes se concentra em proteger sua riqueza, poder, situação atual e privilégios. Eles estão mais preocupados em preservar suas instituições do que em proteger o bem-estar de toda a vida. Uma profunda perda de confiança nessa liderança segue crescendo entre as gerações mais jovens do mundo. A maioria dos jovens se sente "condenada", e acredita que seu futuro a longo prazo foi abandonado, em prol de ganhos imediatos, por parte das gerações anteriores.

Desafios à mentalidade do materialismo, consumismo e capitalismo estão crescendo, mas são na maioria ineficazes, dado o poder econômico e político dos indivíduos mais ricos. Globalmente, as disparidades de riqueza são extremas: os 10% mais ricos da população mundial possuem 76% da riqueza, enquanto os 50% mais pobres possuem apenas 2%. Em outras palavras, 10% do mundo está ficando com três quartos da riqueza total, deixando a metade mais pobre da população mundial com apenas uma pequena porcentagem dessa riqueza.[35] É importante ressaltar que, para as mudanças climáticas, essas desigualdades refletem mais do que disparidades no bem-estar econômico: elas também refletem grandes diferenças nas emissões de CO_2. Os ricos são responsáveis pela emissão de uma quantidade desproporcional de carbono. Devido a tais diferenças extremas, parece cada vez mais duvidoso que nosso mundo seja capaz de trabalhar em conjunto, de modo integrado e cooperativo. Impostos sobre a riqueza global e carbono são importantes, se quisermos fazer a transição para um mundo de baixo consumo de carbono, além de fornecer assistência médica, educação e restauração da saúde ecológica do planeta de forma adequada. Embora a necessidade de melhorar a justiça seja enorme, a resistência é ainda maior. Parece provável que o sistema econômico que sustenta estas profundas desigualdades entrará em colapso, sob o peso de sua disfunção. Simplesmente, não é sustentável.

A revolução das comunicações continua em um ritmo acelerado, com redes de alta velocidade sendo amplamente utilizadas nos EUA, e crescendo globalmente. Sessenta e seis porcento da população mundial têm acesso à internet no início da década, aumentando rapidamente para 75% até o final da mesma. No entanto, o conteúdo da comunicação voltado para o consumidor geralmente promove uma mentalidade mais adolescente e egocêntrica, focada no curto prazo. De modo geral, nesta década, os conflitos aumentam, à medida que as pessoas se dividem progressivamente em grupos identificados por raça, etnia, religião, riqueza e orientação política. Apesar das crescentes rupturas, a principal preocupação é voltar ao que era e continuar com as atividades habituais.

Análise das principais tendências determinantes na década de 2020

- **Aquecimento global**: um aumento de 1,2 °C no aquecimento global (aproximadamente 2 °F) até 2020 fornece evidências claras de que uma grande perturbação climática está em andamento. Cientistas estão preocupados de que um aumento de 1,5 °C produzirá muito mais instabilidade climática do que se pensava anteriormente.[36] Projeções científicas alarmantes estimam que um aumento catastrófico de temperatura, na faixa de 3 °C, ocorrerá antes do final do século.

  As implicações para o aquecimento global são terríveis: um Relatório Especial do Painel Intergovernamental sobre Mudança Climáticas (IPCC), de 2019, reconheceu que metade das grandes cidades do mundo, com quase dois bilhões de pessoas, está localizada em áreas costeiras vulneráveis. Mesmo que o aumento da temperatura global seja limitado a 2 °C, os cientistas esperam que o impacto do aumento do nível do mar cause danos de trilhões de dólares anualmente e resulte na migração de milhões de pessoas das áreas costeiras.[37] O relatório especial apresentou este quadro sombrio do futuro a longo prazo:

"Nós simplesmente esperamos muito tempo para reduzir as emissões, e seremos forçados a lidar com impactos que não podem mais ser evitados. No entanto, a diferença entre reduzir drasticamente as emissões e continuar no caminho usual é alarmante: em um cenário de baixas emissões, gerenciar os impactos da mudança climática será caro, mas possível; não fazer nada resultará em efeitos catastróficos incontroláveis."[38]

O aumento do nível do mar continuará por centenas, talvez milhares de anos, mesmo que as emissões sejam reduzidas a zero agora.[39] Apesar dos avisos de catástrofe, as emissões de CO_2 continuam a aumentar.[40] Isto aumenta o temor de que possamos criar uma condição de "Terra estufa", diferente de tudo o que já existiu na história humana.[41]

Além do aumento da temperatura produzir aquecimento dos oceanos, redução das calotas polares e acidificação dos oceanos, o aquecimento global também traz novos eventos climáticos, como tempestades, chuvas, enchentes e secas, os quais impactam modo severo a agricultura e biomas.[42] Espera-se que todas essas mudanças se intensifiquem ao longo do século XXI e após o mesmo.

O aquecimento global também tem um impacto direto na saúde humana. Um relatório da Organização Mundial da Saúde afirma: "A crise climática é uma crise de saúde(...) que exacerba a desnutrição e alimenta a disseminação de doenças infecciosas, como a malária. As mesmas emissões que causam o aquecimento global são responsáveis por mais 25% das mortes por ataque cardíaco, derrame, câncer de pulmão e doenças respiratórias crônicas."[43]

- **Pandemias**: por diversos motivos, as pandemias (doenças que se espalham pelo mundo) têm maior probabilidade de surgirem em condições produzidas pelo aquecimento global.

  1. À medida que as regiões congeladas da Terra são afetadas pelo degelo devido ao aquecimento global, elas liberam vírus que ficaram confinados por dezenas de milhares de anos. Durante as eras glaciais anteriores, os seres humanos e outros animais podem ter diminuído sua resistência a doenças, e se tornado mais vulneráveis a estas infecções.

  2. Novas pandemias surgem, à medida que os avanços econômicos apoiam o crescimento drástico da população, levando com que grandes populações humanas vivam em estreita proximidade com animais selvagens, o que permite que doenças possam ser transmitidas mais facilmente para os seres humanos.

  3. Com os avanços tecnológicos e alta mobilidade, a interação mais próxima entre pessoas e animais selvagens ao redor da Terra proporciona aos vírus uma maneira de viajar rapidamente pelo mundo. O alcance e velocidade das viagens humanas modernas tornam as quarentenas quase impossíveis de serem implementadas e aplicadas.

  4. Os avanços tecnológicos criam a possibilidade para terroristas desenvolverem patógenos como armas biológicas, criando a ameaça de pandemias.

É provável que pandemias como a do Covid se tornem um problema recorrente em um mundo que aquece rapidamente.[44] Embora seja improvável que as pandemias sejam o catalisador de um colapso global da civilização, elas revelam a vulnerabilidade de nossos sistemas sociais e econômicos fortemente conectados. Elas também oferecem um exemplo convincente da necessidade de uma colaboração planetária e madura. O Covid despertou a humanidade para nossa vulnerabilidade coletiva, e demonstrou como uma resposta vigorosa de apenas algumas nações não é suficiente. Em nosso mundo de rápida mobilidade, novas variantes do vírus podem se espalhar pelo planeta em questão de semanas. Deter o vírus antes que novas variantes possam surgir e se espalhar exige que quase todos os seres humanos sejam vacinados praticamente ao mesmo tempo: uma resposta global a uma ameaça global. O Covid está despertando uma consciência coletiva em escala global, enquanto tentamos definir como agiremos. No entanto, existem diferenças importantes entre a crise climática e pandemias. Embora as pandemias revelem que estamos todos conectados na rede de vida da Terra, elas são geralmente percebidas como uma ameaça relativamente discreta, próxima, imediata e pessoal para cada um e sua família. Em comparação, a mudança climática é mais complexa, profundamente conectada, distante, vaga e ampla em sua ameaça à sociedade e economia mundial. As ações necessárias para responder à crise climática não são simples, e os benefícios dessas ações são incertos, com resultados não imediatos. Ambiguidade e incerteza tornam muito mais difícil uma resposta unificada e uma ação climática decisiva. Apesar dessas diferenças, a pandemia de Covid está fazendo uma importante contribuição para o despertar da humanidade, para a realidade de viver em um mundo fortemente interdependente.

• **Escassez de água**: embora enormes oceanos cubram a Terra, apenas 3% da água do planeta é doce, e grande parte dela é inacessível — mais de 66% da água doce estão em calotas polares e geleiras, enquanto o restante é encontrado no subterrâneo. Apenas 0,3% de toda a água doce do mundo é encontrada em lagos e rios de superfície. Devido ao enorme aumento da população mundial, com modos de vida que consomem muita água, ela já está se tornando um recurso escasso. Em 2020, estima-se que de 30% a 40% do mundo tenha sofrido com escassez de água e, em 2025, cerca de três bilhões de pessoas viverão em áreas afetadas pela escassez de água, com 66% da população mundial vivendo em regiões com abastecimento de água ameaçado.[45]Em 2019, "844 milhões de pessoas, um em cada nove, não tinham acesso à água potável, e 2,3 bilhões de pessoas, um em cada 3, não tinham acesso a um banheiro".[46] Mais de dois bilhões de pessoas vivem em países com dificuldade de abastecimento hídrico, e aproximadamente quatro bilhões passam por grave escassez de água durante, pelo menos, um mês do ano. Os níveis de estresse hídrico continuarão a aumentar, à medida que a demanda por água crescer e os efeitos do aquecimento global se intensificarem.[47]

- **Escassez de alimentos**: "Em 2019, pouco mais de 800 milhões de pessoas sofreram com a fome, o que corresponde a cerca de uma em cada nove pessoas no mundo".[48] Apesar das melhorias significativas nas décadas anteriores, a perspectiva alimentar para o futuro é sombria, devido às perturbações climáticas.[49] Para exemplificar a crise: "Conforme a UNICEF, 22.000 crianças morrem todos os dias devido à pobreza. E elas morrem silenciosamente, em alguns dos vilarejos mais pobres da Terra, longe do olhar e da consciência do mundo.(...) Estima-se que aproximadamente 27% de todas as crianças nos países em desenvolvimento estejam abaixo do peso ou sejam raquíticas."[50] A demanda global por alimentos mais do que dobrará nos próximos 50 anos, à medida que aumentarmos a população em mais dois a três bilhões de pessoas. Uma questão central, nas próximas cinco décadas, é se a humanidade conseguirá alcançar e sustentar um aumento tão grande na produção de alimentos.[51] Outro estudo constatou:

"As decisões tomadas nas próximas décadas terão enormes ramificações para o futuro do nosso planeta, e corrigir nossos sistemas alimentares está no centro disso. As práticas atuais estão contribuindo para o problema, tudo em um esforço para produzir as quantidades recordes de alimentos necessárias para alimentar nossa população global(...) foi esse mesmo progresso que contribuiu para a degradação da terra e água em larga escala, perda de bio-diversidade e aumento das emissões de gases do efeito estufa. Atualmente, a produtividade de 23% da superfície do planeta diminuiu, e aproximadamente 75% da água doce é utilizada apenas para a agricultura".[52]

- **Refugiados climáticos**: entre 2008 e 2015, uma média e 26,4 milhões de pessoas por ano foram deslocadas por desas-tres climáticos ou fatores relacionados ao clima, conforme as Nações Unidas.[53] Dezenas de milhões de pessoas estavam se deslocando em 2020.

- **Extinção de espécies**: até o final deste século, segundo um relatório da ONU, mais de um milhão de espécies de plan-tas e animais correm o risco de extinção, prevendo-se que muitas dessas serão extintas em apenas algumas décadas. Robert Watson, químico britânico que foi presidente do grupo responsável pelo relatório, declarou: "O declínio da biodiver-sidade está corroendo as bases de nossas economias, meios de subsistência, segurança alimentar, saúde e qualidade de vida em todo o mundo."[54] A integridade da biosfera está sendo devastada, e as perdas incluem insetos, pássaros, mamíferos, répteis e peixes. O cenário geral é muito negativo.

Os **insetos** do mundo estão seguindo rumo a sua extinção, ameaçando um "colapso catastrófico dos ecossistemas da natureza", conforme a primeira análise científica global.[55] A análise constatou que mais de 40% das espécies de insetos estão em redução, e 33% estão em perigo de extinção. A taxa de extinção de insetos é oito vezes mais rápida do que a de mamíferos, aves e répteis, sendo tão grande que, "a menos que alteremos nossas formas de produzir alimentos, os insetos como espécie estarão no rumo da extinção em algumas décadas. As consequências para os ecossistemas do planeta são catastróficas, para dizer o mínimo."

- **Abelhas** também estão desaparecendo em um ritmo alarmante, devido ao uso excessivo de pesticidas nas plantações e disseminação de certos parasitas que se reproduzem apenas em suas colônias. *A extinção das abelhas pode significar o fim da humanidade. Se as abelhas não existissem, é difícil imaginar a sobrevivência dos seres humanos.* Das 100 espécies de culturas que fornecem 90% de nossos alimentos, 35% são polinizadas por abelhas, pássaros e morcegos.[56]

Outro estudo evidenciou que os **pássaros** estão desaparecendo da América do Norte: o número de aves nos Estados Unidos e no Canadá diminuiu em três bilhões, ou 29%, nos últimos 50 anos.[57] David Yarnold, presidente da National Audubon Society, chamou as descobertas de "uma crise total". Kevin Gaston, biólogo conservacionista, disse que as novas descobertas indicam que há algo maior em ação: "Isso é a eliminação da natureza. Os céus estão se esvaziando. Existem 2,9 bilhões de pássaros a menos voando agora do que há 50 anos."[58] A análise, publicada na revista Science, é a mais exaustiva e ambiciosa tentativa de saber o que está acontecendo com as populações de aves. Os resultados assustaram pesquisadores e organizações de preservação.

O ecossistema do **oceano** está sendo devastado, com a vida marinha tendo diminuindo em 49% entre 1970 e 2012. A pesca excessiva e poluição estão produzindo uma extinção marinha "sem precedentes". Um relatório relevante constatou que todas as espécies de peixes, do atum à sardinha, entrarão em colapso antes do ano de 2050. "Colapso" foi definido como uma redução de 90% da quantidade basal da espécie.[59] Outro relatório adverte que a caça e matança das maiores espécies do oceano afetarão os ecossistemas por milhões de anos.[60]

Veja como o Center for Biological Diversity descreve a crise:

"As populações de animais selvagens estão sendo reduzidas ao redor do mundo. Nosso planeta enfrenta atualmente uma crise de extinção global jamais testemunhada pela humanidade. Cientistas preveem que mais de um milhão de espécies estão em vias de extinção nas próximas décadas. As populações de animais selvagens em todo o mundo estão diminuindo em taxas alarmante e com frequência angustiante(…) Quando uma espécie é extinta, o mundo ao nosso redor se desintegra um pouco. As consequências são profundas, não apenas nesses lugares e para essas espécies, mas para todos nós. Essas são perdas concretas e importantes, como a polinização das plantações e purificação da água, mas também perdas espirituais e culturais. Embora muitas vezes ocultas pelo barulho e pela correria da vida moderna, as pessoas mantêm conexões emocionais intensas com o mundo selvagem. A vida selvagem e plantas inspiraram nossas histórias, mitologias, idiomas e modo como enxergamos o mundo. A presença da vida selvagem traz alegria e enriquece a todos nós, e cada extinção torna nosso lar um lugar mais solitário e frio, tanto para nós quanto para as gerações futuras. A atual crise de extinção é inteiramente causada por nós."[61]

- **População mundial**: no início da década de 2020, a população mundial é de 7,8 bilhões.[62] Embora as projeções populacionais para o final do século sejam difíceis, uma estimativa média da população mundial total em 2100 é de 11 bilhões. As estimativas são de que, em 2100, os cinco países mais populosos serão: Índia, com 1,2 bilhão de pessoas; China, com 1 bilhão; Nigéria, com quase 800 milhões (comparável à população total da Europa em 2010); EUA, com 450 milhões; Paquistão, com 350 milhões.[63]

Figura 3: Crescimento da população mundial (1750-2100)[64]

Bilhões de pessoas

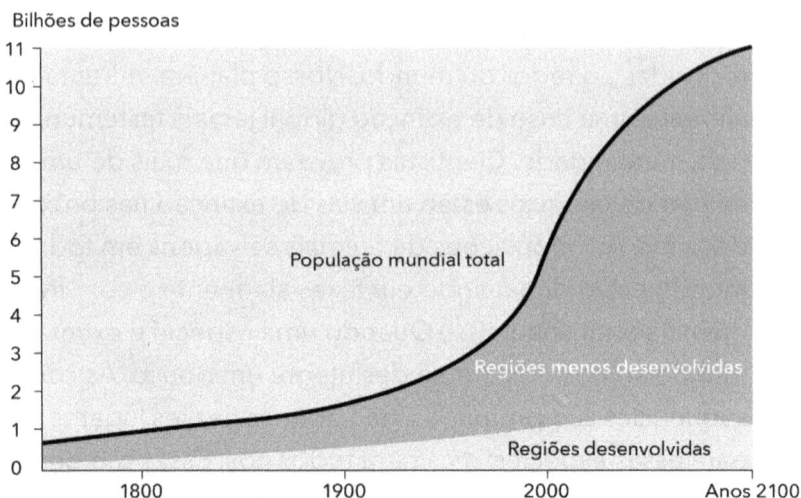

Regiões menos desenvolvidas: África, Ásia (excluindo Japão), América Latina, Caribe e Oceania (excluindo Austrália e Nova Zelândia).

Regiões desenvolvidas: Europa, América do Norte (Canadá e Estados Unidos), Japão, Austrália e Nova Zelândia.

Uma estimativa para a população global de aproximadamente 11 bilhões está longe de ser exata, principalmente se não forem adotadas mudanças profundas e rápidas para modos de vida sustentáveis. Considerando a capacidade atual de produção de alimentos e os recursos hídricos, a Terra pode suportar aproximadamente nove bilhões de pessoas, *se os recursos forem compartilhados igualmente*. No entanto, com a queda da produtividade agrícola devido ao aquecimento global e à escassez de água, a capacidade de sustentabilidade da Terra está diminuindo. Além disso, muito depende dos padrões de consumo das nações desenvolvidas em relação ao resto do mundo. Se o mundo inteiro consumisse no mesmo nível que os Estados Unidos, a Terra poderia suportar 1,5 bilhão de pessoas. Com o estilo de vida da classe média europeia, a capacidade de sustentação aumenta para 2 bilhões de pessoas. [65] A

Terra suporta os níveis de consumo dos EUA somente porque as pessoas nos EUA estão utilizando a "conta poupança" de recursos não renováveis, como terra fértil, água potável limpa, florestas virgens, pesca excessiva e uso de petróleo.

Nossa "conta poupança" está com recursos baixos, e agora somos obrigados a viver dentro de nossas possibilidades como espécie. Por sua vez, a capacidade de ocupação da Terra depende não apenas do número de pessoas no planeta, mas também de seus níveis e padrões de consumo. No início da década de 2020, a comunidade humana consome os recursos renováveis da Terra aproximadamente 1,6 vez acima da taxa sustentável[66], sendo que cerca de 6 bilhões de pessoas vivem involuntariamente em "estilos de vida de baixo consumo de carbono", consumindo quase nada em comparação com a classe média dos EUA.

Dada a grande relutância das nações mais ricas em sacrificar seus estilos de vida de alto consumo, assim como a base de consumo da Terra estar se aproximando rapidamente do dobro do que a Terra pode fornecer a longo prazo, parece provável que ocorra uma drástica redução do número de seres humanos. Será que o grande sofrimento que será gerado é *inevitável?* Será necessária uma catástrofe para levar as pessoas dos países desenvolvidos a fazerem as mudanças necessárias em seus níveis e padrões de consumo? Quanta dor e sofrimento são necessários para que a humanidade busque um novo equilíbrio e justiça no consumo global?

• **Crescimento/ruptura econômico**: as redes seguras de atividade econômica no mundo estão começando a se romper. A economia global está se desintegrando, as cadeias de suprimentos estão desmoronando e o fluxo e entrega de mercadorias estão cada vez mais imprevisíveis. Os materiais importantes (desde produtos de madeira até chips de computador) estão se tornando escassos, portos estão ficando congestionados, custos de remessa estão crescendo e entregas aos clientes estão se tornando pouco confiáveis.

Especialistas concordam amplamente que aproximadamente 70% da atividade econômica nos EUA está ligada à produção de bens de consumo, o que é compreensível para uma economia baseada no consumidor.[67] Vários estudos concluem que "as emissões são um sintoma do consumo e, a menos que esse seja reduzido, não reduziremos aquelas".[68] Sendo assim, o crescimento econômico futuro será provavelmente contido pela necessidade urgente de reduzir as emissões de carbono e, portanto, pela necessidade de reduzir os níveis de consumo geral. "Não importa se você está em um clima quente ou frio, em um país rico ou pobre: uma crise descontrolada dos sistemas terrestres vai devastar a economia. Esta pesquisa surge no momento em que as Nações Unidas afirmam que os impactos climáticos estão ocorrendo mais rapidamente, e com mais força do que o previsto."[69] Os riscos associados à mudança climática não estão sendo integrados aos preços e isso, por sua vez, reduz os incentivos necessários para diminuir as emissões, um erro econômico com consequências catastróficas.[70]

"As próximas duas décadas serão decisivas. Elas determinarão se sofreremos danos graves e irreversíveis aos meios de subsistência e mundo natural ou se, em vez disso, seguiremos um caminho mais vantajoso de desenvolvimento e crescimento econômico sustentável e inclusivo(…) Se continuarmos emitindo gases de efeito estufa nas taxas atuais pelas próximas duas décadas, então é provável que ultrapassemos em muito o aumento de 3 °C. Esse aumento de 3 °C seria extremamente perigoso, atingindo uma temperatura não sentida neste planeta há três milhões de anos(…) Um aquecimento dessa magnitude poderia transformar o local em que vivemos, prejudicar seriamente meios de subsistência, deslocar bilhões de pessoas e levar a conflitos graves e prolongados."[71]

• **Desigualdades econômicas**: a desigualdade global de riqueza e renda está piorando progressivamente, não importa como analisemos. Em 2017, os seis homens mais ricos do mundo possuíam o mesmo que metade da humanidade![72] Seis indivíduos têm tanta riqueza quanto 3.600.000.000 das pessoas mais pobres do mundo. Igualmente impressionante é a estimativa de que o 1% mais rico da população mundial tem mais riqueza do que o restante da população mundial combinada.[73]

A surpreendente desigualdade nos Estados Unidos é revelada pelo fato espantoso de que as alíquotas de impostos para os mais ricos são mais baixas do que para qualquer outro grupo de renda: "Pela primeira vez, os 400 americanos mais ricos em 2019 pagaram uma alíquota total de impostos mais baixa — abrangendo impostos federais, estaduais e municipais — do que qualquer outro grupo de renda."[74]Enquanto uma elite rica tiver o poder de definir as regras em seu próprio benefício, a desigualdade continuará a piorar.[75]

Uma maneira impactante de apresentar visualmente a desigualdade e injustiça da distribuição de renda global é observar o formato da figura a seguir, em que a renda mundial é dividida em cinco grupos, cada um representando aproximadamente 20% do mundo, da baixa a alta renda.[76] A parte longa e fina do contorno (semelhante à haste de uma taça de champanhe) representa a renda anual da maioria: aproximadamente 60% das pessoas no mundo. A parte em que a haste começa a se alargar representa a renda dos próximos 20%: a classe média global. A parte mais larga ilustra a renda recebida pelos 20% mais ricos do mundo. Somente pela visualização, fica evidente que a família humana é composta por uma classe enorme e empobrecida, uma classe média pequena, mas crescente, e uma elite muito pequena e extremamente rica.

Estas desigualdades têm consequências importantes para o clima da Terra. Quase 50% das emissões globais de carbono são geradas pelas atividades dos 10% mais ricos da população mundial. Em contraste marcante, os 50% mais pobres da população global são responsáveis por cerca de apenas 10% das emissões globais de carbono, mas vivem, em sua maioria, nos países mais vulneráveis às mudanças climáticas.[77] Devido a estas imensas disparidades, a adaptação climática já é uma questão profunda de justiça social.

"Justiça" climática significa que, aqueles menos responsáveis pela mudança climática, não devem ser os que sofrem as piores consequências.[78] No entanto, as desigualdades estruturais, muitas vezes baseadas na raça, significam que as comunidades de cor continuarão a ser atingidas "em primeiro lugar e de modo pior" pela crise climática.[79] Para corrigir esse desequilíbrio, uma alta prioridade deve ser a imposição de um limite de emissões de carbono per capita aos 10% dos maiores emissores globais (aproximadamente equivalente ao de um cidadão europeu médio). Se isso fosse feito, as emissões globais poderiam ser reduzidas em 33% em questão de um ou dois anos!

Historicamente, grandes disparidades de riqueza têm sido um precursor consistente de rupturas sociais dramáticas e mudanças violentas. Se a humanidade quiser evitar conflitos civis intensos, é vital reconhecer como a economia atual não está funcionando para benefício da maioria. Uma mudança voluntária em favor de uma distribuição mais igualitária da riqueza é um plano de ação muito sábio.

Figura 4: Distribuição global da riqueza

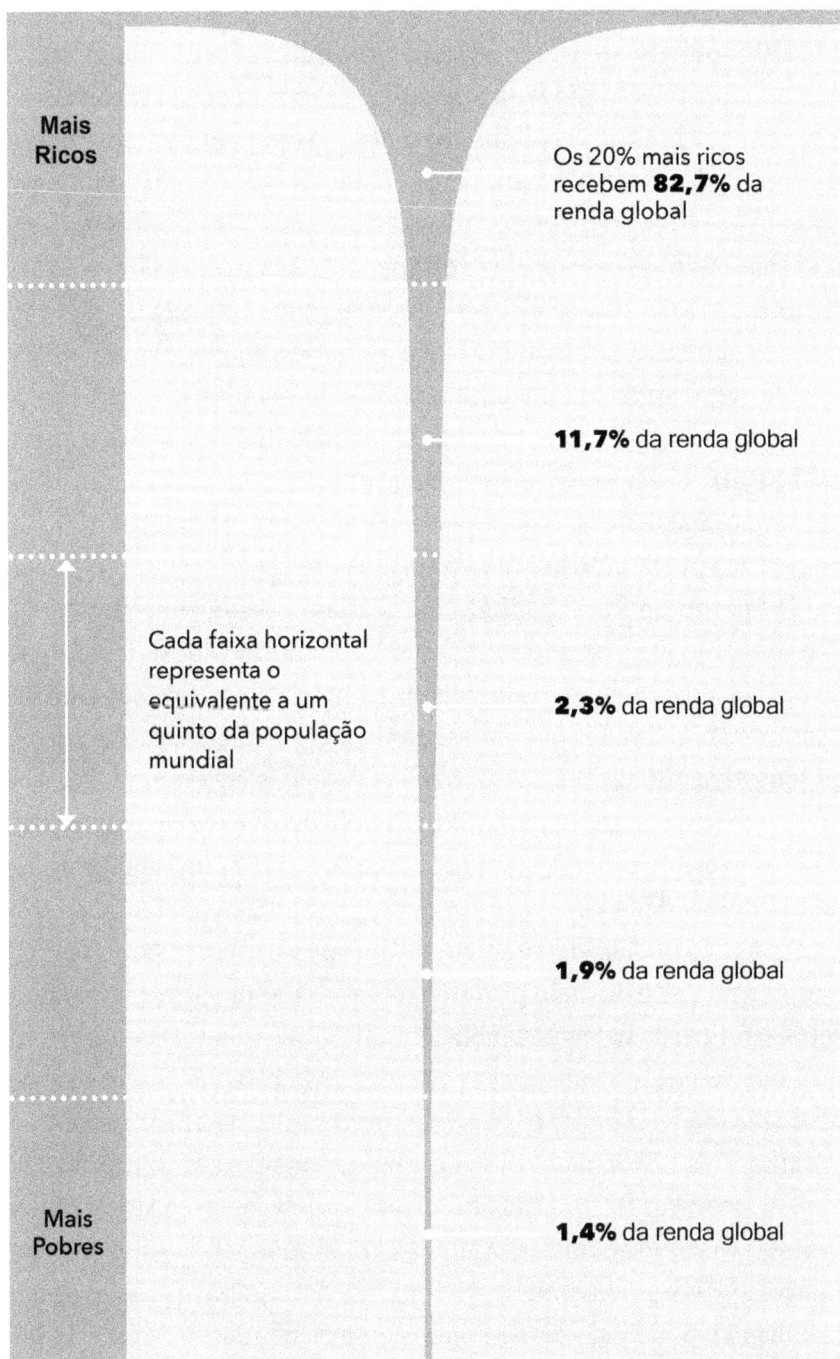

Mais
Ricos

Os 20% mais ricos
recebem **82,7%** da
renda global

11,7% da renda global

Cada faixa horizontal
representa o
equivalente a um
quinto da população
mundial

2,3% da renda global

1,9% da renda global

Mais
Pobres

1,4% da renda global

Cenário: imaginando a década de 2020

Nesta década, a comunidade humana começa a reconhecer que o aquecimento global está mudando o mundo de forma tão intensa, que a vida nunca mais será a mesma. Embora preocupações com a mudança climática tenham aumentado significativamente antes da década de 2020, uma minoria substancial não as viu como uma ameaça existencial à sobrevivência humana.[80] De modo geral, as pessoas com mais escolaridade estão mais preocupadas com o aquecimento global e, em geral, as mulheres têm maior probabilidade de ficarem alarmadas com a mudança climática do que os homens.[81]

Manter o aquecimento a longo prazo do planeta abaixo da meta de 1,5 °C (ou 2,7 °F), estabelecida no Acordo de Paris sobre o clima em 2015, parece impossível, pois exige reduções imediatas e drásticas nas emissões de CO_2, o que, por sua vez, exige mudanças radicais nos estilos de vida de quem produz tais emissões.

O Acordo de Paris também inclui maneiras das nações desenvolvidas ajudarem as nações em desenvolvimento em seus esforços de mitigação climática e adaptação criativa.[82] No entanto, no início desta década crucial, as emissões de CO_2 estão aumentando, e as tentativas de reduzi-las por meio de ações coordenadas entre nações fracassaram. As emissões globais de CO_2 estão a caminho de produzir um aumento perigoso de 2 °C (3,6 °F) na temperatura, já no final da década.

No início da década de 2020, muitas pessoas estão pouco informadas a respeito de quão profundo o aquecimento global impactará sobre o futuro da vida no planeta. À medida que as pessoas souberem quão grave nossa situação irá se tornar em breve, as reações serão de negação, descrença, confusão e inquietude. As elites ricas, que dominam os negócios, política e mídia, consideram aquecimento global, extinção de espécies e outras tendências assuntos importantes, porém exagerados. A maioria dos líderes faz parte de uma minoria privilegiada, imersa no conforto da riqueza, situação atual, privilégio e poder, sendo distraídos com as ocupações e exigências da vida cotidiana. Sua principal preocupação é a continuidade das atividades habituais, apesar do crescente aviso de cientistas, jovens e acadêmicos. Em vez de se mobilizarem para uma ação significativa e inovação, elas realizam apenas ajustes graduais, que não perturbem a situação atual.

A mídia dominante apoia fortemente a condição social de consumismo, com entretenimento interminável (esportes, programas ao vivo, filmes, videogames e boatos sobre celebridades), enaltecendo o estilo de vida consumista, desviando a atenção e insensibilizando a sociedade.

Embora as perturbações climáticas e uma série de outras dificuldades estejam crescendo, líderes influentes amenizam as alegações de uma crise de todos os sistemas conectados. Em vez disso, problemas como a mudança climática são retratados como:

- Não tão importante quanto outras questões, como empregos e saúde.

- Não tão urgente ou imediato quanto o alegado, portanto, temos tempo suficiente para responder.

- Não tão abrangente quanto declarado.

- Não tão difícil de remediar quanto se afirma (supondo que a tecnologia resolverá muitos dos problemas).

- Não sendo uma crise de todos os sistemas conectados — ao contrário, são problemas individuais, que podem ser resolvidos um de cada vez.

- Não sendo um problema compreensível, que as pessoas possam resolver: "O que eu posso fazer? Sou apenas uma pessoa."

- Não sendo minha responsabilidade: "Eu não criei este problema, então por que me pedir para consertar?"

A "negação de urgência" de muitos líderes se combina com uma sensação generalizada de impotência. Compreensivelmente, as atividades habituais continuam e as instituições dominantes respondem com medidas apáticas, que pouco fazem para desacelerar um avanço implacável em direção a um futuro desastroso. No entanto, um pequeno número de pessoas está adaptando sua forma de trabalhar e viver.

Os Estados Unidos, principal nação consumidora do mundo, ilustra a dificuldade de lidar com a transição de forma construtiva. O reverendo Victor Kazanjian, da United Religions Initiative, descreve como os EUA são uma sociedade injusta, incapaz de aceitar nosso destino e se entristecer com as mudanças que nos são exigidas. Ele escreve:

> "(…) muito do que está por trás da raiva, fúria e violência é o sofrimento: um sentimento de perda contínua. Contudo, em nossa cultura, não temos muito espaço para o sofrimento. Sofrimento, quando não resolvido, torna-se injustiça. Estamos em uma cultura de injustiça. Sofrimento sendo expresso ao culpar outra pessoa. Temos que resolver o intenso sofrimento."

Apesar de grande resistência, em meados da década de 2020 as rupturas dos sistemas climáticos e naturais estão se tornando tão grandes, que começam a romper o estado consensual de consumismo, desorientação e negação. Emergências climáticas se multiplicam, despertando um reconhecimento crescente de que os desafios em escala mundial estão em andamento. Comodismo cede lugar à crescente perturbação, à medida que as estações do planeta são tão perturbadas que a produção de alimentos fica comprometida, produzindo regiões de fome severa e agitação civil.

O desafio essencial da década de 2020 é despertar nossa imaginação social para o imperativo de realizar mudanças extraordinárias na forma como vivemos na Terra, e reconhecer que uma abordagem totalmente nova para o futuro é necessária para que as emissões de CO_2 sejam reduzidas e controladas.

- Gradualmente, os mais privilegiados materialmente começam a mudar do consumo excessivo para estilos de vida de "simplicidade voluntária", enquanto os empobrecidos continuam com a simplicidade involuntária e luta diária pela sobrevivência.

- Há um protesto crescente contra as desigualdades extremas de riqueza e bem-estar. Cresce um consenso de "taxar os bilionários" para financiar redes de suporte para saúde, seguridade social e restauração de infraestrutura.

- Para os mais abastados, dietas começam a mudar para o vegetarianismo, transporte para veículos elétricos, casas mais eficientes em termos de energia e trabalhos direcionados para diminuir o impacto ambiental e aumentar a contribuição e significado social.

- Estilos de vida ecológicos passam de um movimento marginal de alguns poucos para uma onda de experimentação da cultura dominante. Estilos de vida com baixo consumo de carbono, materialmente simples e ricos em experiências se tornam mais difundidos. Para a maioria, é uma forma relativamente superficial de "ser sustentável".

- Materialismo e consumismo passam a ser mais questionados, à medida que as pessoas desafiam as culturas de propagandas agressivas, declarando: somos mais do que consumidores a serem entretidos; somos cidadãos da Terra, que desejam participar da criação de um futuro mais sustentável.

- Começam a surgir novas configurações de atividade econômica, que enfatizam resiliência, habilidades e padrões de trabalho locais.

Antes do final da década, uma transição na cultura e consciência está em andamento, principalmente nos países ricos, no qual as pessoas conseguem enxergar além da sobrevivência diária. Cresce uma compreensão clara de que novas abordagens de vida são essenciais, mas as ações raramente são proporcionais às necessidades.

Nas últimas décadas, uma revolução de reconhecimento vem crescendo em todo o planeta. Um número relativamente pequeno, mas significativo, de pessoas está desenvolvendo habilidades da consciência reflexiva: a capacidade de simplesmente viver suas vidas, com uma maior maturidade e sendo menos influenciado. Uma fração pequena, mas significativa, da humanidade está começando a acordar e crescer. Com a consciência reflexiva, enxergamos com mais clareza as crises ecológicas, pobreza, consumo excessivo, injustiça racial e outras condições que nos dividiram no passado. Com uma perspectiva mais reflexiva, começamos a desenvolver um entendimento coletivo, que serve para o bem-estar de todos. A consciência reflexiva permite a união da família humana em uma unidade de agradecimento recíproco, e, ao mesmo tempo, honram nossas diferenças.

Com o crescimento de uma consciência atenta, as pessoas reconhecem que a crise de todos os sistemas conectados é uma crise de *comunicação,* o que origina diversas iniciativas de conversas: desde bate-papos em salas de estar até diálogos e conferências entre líderes de empresas, governos, mídias, educação, religião, entre outros. Elas são importantes, mas infelizmente inadequadas. A escala de comunicação não corresponde à magnitude dos desafios que enfrentamos. As pessoas reconhecem que a extensão da conversa cívica deve ser equivalente à dimensão da emergência, que geralmente é de caráter nacional e global. A transição para um futuro renovável exige que milhões, e até bilhões, de cidadãos estejam em comunicação uns com os outros. Independentemente de seus pontos de vista, as pessoas querem ser ouvidas, bem como ter voz ativa no futuro. Diversas iniciativas de comunicação começam a fornecer uma fonte vital de coesão social em um mundo em transformação. Em meados da década, esse reconhecimento inicia um movimento de "Voz Comunitária" em escala local e um movimento de "Voz da Terra" em escala global.

As iniciativas de Voz Comunitária trabalham para mobilizar a televisão e retomar as ondas de comunicação para um novo nível de diálogo de cidadãos em escala regional, nas principais cidades da Terra. O movimento Voz da Terra trabalha para organizar o uso de energia e utilizar a internet que circunda o planeta. Essas iniciativas, organizadas por uma comunidade diversificada de idosos e jovens confiantes, geralmente têm apenas duas funções: primeira, ouvir as preocupações dos cidadãos e, segunda, apresentar essas preocupações para o diálogo com a comunidade, na forma de "reuniões municipais eletrônicas" e, em seguida, "deixar as coisas acontecerem". Organizações de Voz Comunitárias bem-sucedidas são apartidárias e neutras, e não defendem uma visão específica; em vez disso, servem como um veículo para que os cidadãos tenham voz em seus próprios assuntos e futuro. A liderança de uma comunidade inspira e estimula outras comunidades a criarem suas próprias organizações de Voz Comunitária, e uma nova dimensão de diálogo estável começa a se espalhar por regiões e nações. À medida que os cidadãos expressam suas preocupações e votam eletronicamente diferentes soluções, eles começam a romper o impasse da falta de ação no passado.

Até o final da década, 75% da população mundial possuirá um telefone celular e terá acesso à internet. Uma iniciativa da Voz da Terra está em andamento, à medida que as pessoas reconhecem e mobilizam a capacidade da internet como um veículo de atenção e ação coletivas. A maioria dos cidadãos da Terra percebe que, com os telefones celulares, eles literalmente têm em suas mãos a tecnologia necessária para participar de um diálogo em escala planetária, e desenvolver um consenso perceptível para um futuro viável.

Uma tempestade de crises globais está crescendo e desafiando a humanidade a fazer mudanças drásticas na forma como nos comunicamos sobre como viver na Terra. A comunidade humana entrou em um território desconhecido. Nunca nos sentimos tão compelidos a nos unir como regiões, nações e mundo. A energia e potencial combinados dos movimentos de Voz Comunitária e Voz da Terra oferecem ferramentas práticas para que o mundo em transformação possa se entrelaçar de novas maneiras.

Década de 2030: o grande colapso – queda livre

Resumo

O frágil e complexo sistema mundial ficou tão desgastado que não consegue mais se manter unido e, com uma velocidade inesperada e surpreendente, se rompe e inicia um declínio acelerado. Caos, confusão e pânico se espalham pelo mundo. Serviços vitais são interrompidos. Proteção da polícia e bombeiros passa a ser esporádica. Ondas de apagões de energia ocorrem quando as gigantescas redes elétricas falham. Grandes instituições (empresas, universidades, sistemas de saúde) vão à falência, resultando em desemprego em massa. Em geral, com pouco para manter o mundo unido, parece que o fundo do poço desapareceu, e experimentamos o pânico coletivo de uma grande queda.

O enorme endividamento criado por gastos extravagantes em décadas anteriores impede que muitas instituições mobilizem recursos para ações inovadoras. Em vez de enfrentar os desafios, muitas instituições se desfazem. Falência se espalha por cidades inteiras. Muitos serviços vitais são prejudicados, inclusive a proteção da polícia e bombeiros, bem como a manutenção da infraestrutura, como estradas e redes elétricas. Grandes empresas vão à falência, resultando na perda de empregos para inúmeras pessoas. Importantes faculdades e universidades entram em falência e fecham suas portas. Muitas igrejas não conseguem arcar com a manutenção e desaparecem. Colapsos se espalham em ondas por todo o mundo, e as pessoas precisam cuidar de si mesmas, ao nível local. Em vez de tomar medidas inovadoras para evitar o agravamento da crise climática, o mundo está preocupado em lidar com a rápida disseminação de rupturas.

A demanda global por água doce aumenta mais do que a disponibilidade, e aproximadamente três bilhões de pessoas sofrem com a escassez de água. A diversidade de opções alimentares diminui drasticamente, à medida que secas reduzem a produtividade agrícola. O número de refugiados climáticos aumenta para, aproximadamente, cem milhões de pessoas, as quais migram para áreas mais favoráveis. Estruturas e recursos civis de muitas nações são completamente sobrecarregados. Insetos polinizadores estão morrendo, comprometendo o suprimento mundial de alimentos. A integridade e saúde da biosfera (plantas, animais terrestres, pássaros, insetos e vida marinha) se deterioram rapidamente. Pressões pela sobrevivência estão crescendo, e pouca atenção é dada ao auxílio e restauração dos ecossistemas.

A população mundial continua a crescer, especialmente na África, chegando a um total de nove bilhões. Divisões e separações de todos os tipos estão aumentando: financeiras, políticas, geracionais, de gênero, raciais, étnicas e religiosas. O mundo está assoberbado com inúmeras disputas distintas, de diferentes tipos e características, que há pouco espaço para se tentar atingir uma humanidade superior. O mundo está repleto de culpas, acusações, denúncias, hostilidades, condenações e reprovações. Os desafios à mentalidade do consumismo e do capitalismo crescem, à medida que milhões de pessoas lutam por sua própria sobrevivência.

Uma iniciativa de "Voz da Terra", baseada na internet, rica em diálogo e opiniões populares, cria raízes no mundo em transformação. As organizações de mídia são responsáveis por apoiar um novo nível de comunicação social. À medida que as nações se enfraquecem, a governança é cada vez mais exercida localmente, em regiões, cidades e comunidades. Vilas ecológicas, agrupamentos de vizinhos e outros projetos de moradia começam a estabelecer uma base sólida para cidades sustentáveis. As funções de trabalho mudam drasticamente, à medida que pequenas comunidades organizadas oferecem novos ambientes para emprego, com diversos conjuntos de habilidades adequados para uma vida local. A simplicidade é relutantemente aceita como uma abordagem de sobrevivência: uma maneira de evitar, por pouco, o fundo do poço.

Análise das principais tendências determinantes na década de 2030

- **Aquecimento global e perturbação climática**: as temperaturas globais aumentam em relação aos níveis históricos em 2 °C (3,6 °F), antes do final da década de 2030. Com um aumento de 2 °C, as camadas de gelo começam a se desfazer de forma irreversível, o que produzirá um aumento catastrófico do nível do mar, de forma mais dramática no próximo século. Além de produzir o aquecimento de oceanos, redução das camadas de gelo e acidificação dos oceanos, o aumento da temperatura também traz mais tempestades, chuvas, enchentes e secas, as quais afetam severamente a agricultura e hábitats.[83]

  Um aumento de 2 °C é visto como um ponto crítico climático: o início de uma mudança climática descontrolada.[84] O potencial de um aquecimento incontrolável começa com a liberação de um "gigante adormecido" de metano, aproximadamente 80 vezes mais potente como gás de efeito estufa do que o CO_2.[85] Um aumento no metano atmosférico ameaça os ganhos previstos no Acordo de Paris.[86] Além disso, enfrentamos a terrível perspectiva de ciclos de retorno reforçados, levando o clima ao caos antes que tenhamos tempo de reestruturar nosso sistema de energia.

Outro "gigante adormecido" é a Floresta amazônica, que tem sido vista como um "redutor" de CO_2, absorvendo carbono. No entanto, um estudo recente mostra que as florestas tropicais estão perdendo a capacidade de absorvê-lo, o que transformará a Amazônia em uma *fonte* de CO_2 até o final da década de 2030 e acelerará o colapso climático, produzindo impactos mais graves, que exigirão uma redução mais rápida das atividades produtoras de carbono para neutralizar a perda dos seus redutores.[87]

- **Refugiados climáticos**: com a perturbação climática, o número de refugiados aumenta de dezenas de milhões para cem milhões ou mais, migrando para áreas mais favoráveis, até o final da década de 2030. Migrações dessa magnitude superam a capacidade de adaptação das regiões. Para se ter uma ideia, aproximadamente um milhão de refugiados desestabilizaram grande parte da Europa na década de 2010. Com a migração de cem milhões ou mais, espera-se que os impactos sejam muitas vezes maiores, e se espalhem de forma desigual, principalmente no hemisfério norte, mais favorecido por recursos.

- **Escassez de água**: a demanda global por água excede o uso sustentável em 40%.[88] Até 2030, pelo menos três bilhões de pessoas sofrerão com a escassez de água.[89] Com as condições de seca crescentes, as principais cidades do mundo começam a ficar sem água. Em 2019, a Cidade do Cabo, na África do Sul, chegou perto do "dia zero": momento em que a cidade fica sem água. Esta é apenas o início. É provável que, pelo menos onze outras grandes cidades fiquem sem água antes do final do século: São Paulo, no Brasil; Bangalore, na Índia; Pequim, na China; Cairo, no Egito; Jacarta, na Indonésia; Moscou, na Rússia; Cidade do México, no México; Londres, na Inglaterra; Tóquio, no Japão; Miami, nos EUA.[90]

"Na Índia, país de 1,3 bilhão de pessoas, metade da população vive em uma crise hídrica. Mais de 20 cidades, como Deli, Bangalore e Haiderabade, terão suas fontes de água esgotadas nos próximos dois anos. Isto significa cem milhões de pessoas vivendo sem água subterrânea."[91]

- **Escassez de alimentos**: para cada grau Celsius de aumento de temperatura, espera-se uma redução de 10% a 15% na produtividade agrícola. Portanto, um aumento de temperatura de 2 °C (3,6 °F) deverá reduzir a produtividade agrícola em 20% a 30%, em um momento em que a demanda já está levando o fornecimento alimentar ao limite. Áreas de escassez de alimentos se transformam em áreas de fome absoluta, produzindo mais migrações em massa e distúrbios civis (veja a lista de escassez de alimentos abaixo, para avaliar como as dietas podem ser reduzidas drasticamente).[92]

ESCASSEZ DE ALIMENTOS

Nas próximas décadas, uma série de alimentos se tornará extremamente cara para todos, exceto os mais abastados. Confira abaixo uma lista ilustrativa. É esclarecedor percorrer a lista e marcar os alimentos dos quais você sentirá muita falta, à medida que eles se tornarem cada vez mais caros. A menos que você mesmo cultive muitos deles, ou tenha uma riqueza considerável, esses alimentos estarão praticamente indisponíveis. Esse é um exemplo drástico de como a crise climática está atingindo seu objetivo.

☐ Amêndoas	☐ Café	☐ Batatas
☐ Maçãs	☐ Milho	☐ Abóboras
☐ Abacates	☐ Mel	☐ Arroz
☐ Bananas	☐ Bordo (xarope)	☐ Camarões
☐ Frango	☐ Ostras	☐ Sojas
☐ Chocolate (Cacau)	☐ Pêssegos	☐ Morangos
☐ Bacalhau	☐ Amendoins	☐ Vinho (Uvas)

As pessoas começam a empregar novas dietas, que se adaptam às opções reduzidas de alimentos básicos. As pessoas mais pobres são forçadas a aceitar dietas com nutrição diminuída, variedade reduzida e menor sabor: um declínio significativo no bem-estar e qualidade de vida. Está em andamento uma revolução alimentar que privilegia os ricos, que podem comprar alimentos geneticamente modificados, produzidos com efeito estufa e a custos maiores.

- **População mundial**: espera-se que o número de pessoas chegue a quase nove bilhões em 2037[93]. Uma população mundial de nove bilhões no final da década de 2030 é uma estimativa realista, com grande parte do crescimento ocorrendo na África, Índia e sul da Ásia.

- **Extinção de espécies**: baseado em projeções feitas na década de 2020, que estimam um milhão de espécies extintas até o final do século, a perda de espécies animais e vegetais deve se acelerar rapidamente.[94] A integridade e saúde da biosfera da Terra (plantas, animais terrestres, pássaros, insetos e vida oceânica) se deterioram rapidamente. A perda de oxigênio causada pelo aquecimento global (e a poluição por nutrientes produzida pelos detritos da agricultura e esgoto) sufoca os oceanos, com implicações biológicas complexas e de longo alcance, resultando em um declínio acentuado da vida marinha.[95]

- **Crescimento/ruptura econômico**: devido às demandas extraordinárias para uma transição extremamente rápida para fontes renováveis de energia, a economia global está em profunda turbulência e crise. O crescimento geral fica estagnado, apesar dos esforços drásticos para o aumento da energia renovável. Enormes pressões econômicas e sociais afastam as nações mais desenvolvidas de um foco histórico no crescimento econômico e consumismo desenfreados.

Em todo o mundo, experimentos inovadores estão em andamento para descobrir maneiras práticas de recriar a economia, de modo que ela funcione tanto para as pessoas quanto para o planeta. A meta de criar formas organizadas e sustentáveis de atividade econômica, que atendam à civilização global, é mais amplamente aceita.[96] Com o deslocamento maciço de trabalhadores por meio da automação, combinado com deslocamentos por meio de perturbações climáticas e colapso amplo de fábricas e empresas, as abordagens sustentáveis para a vida promovem o desenvolvimento de "economias locais de trocas".

Economias sustentáveis surgem como formas alternativas de comunidade por todo o mundo, criando sistemas de vida mais sólidos. No entanto, parece ser necessária uma mudança de magnitude insuperável para fazer a mesma transição global de energia e economia, projetadas com justiça e equidade.

- **Desigualdade econômica**: o 1% mais rico do planeta se encaminha para possuir 66% de toda a riqueza até 2030.[97] As enormes disparidades de riqueza, aliadas às demandas de mudança para uma economia de emissão zero de carbono até 2050, colocam pressões extremas sobre a economia e sociedade globais, já fragilizadas. Uma intensa falta de justiça e confiança retira a legitimidade do sistema econômico mundial.

Com enormes disparidades de riqueza e renda, na década de 2030 enfrentaremos uma série de colapsos econômicos em cascata, nos quais áreas vulneráveis sofrerão um colapso econômico total. O paradigma de crescimento do materialismo e consumismo deixa de ser uma meta social convincente: ele não apenas prejudica o bem-estar da maioria das pessoas, mas também contribui para a devastação da biosfera da Terra.

Cenário: imaginando a década de 2030

Na década de 2030, pessoas em todo o mundo reconhecem que está ocorrendo uma catástrofe climática total. No entanto, as burocracias consolidadas (por exemplo: negócios, mídia, educação, religião e serviços sociais) continuam, em sua maioria, despreparadas e mal equipadas para enfrentar os desafios de um clima cada vez pior, economias em deterioração e biosfera em colapso.

Nos países mais ricos, a maioria das pessoas está profundamente endividada, impostos são extremamente desiguais e sinais de crescimento econômico estão vacilantes. Uma rápida mudança de líderes e soluções políticas ocorre, mas nada parece funcionar por muito tempo. Esforços para criar ordem são superados por níveis crescentes de desordem. A união social em larga escala é assustadoramente mínima, e muitos líderes governam praticamente sem apoio.

Os níveis anteriores de suporte estão se esgotando, em uma espiral descendente tenebrosa de confusão burocrática e caos.[98] Não temos mais a capacidade de nos recuperarmos rapidamente das dificuldades. Algumas pessoas procuram segurança, direcionando-se para regiões mais controladas e autoritárias. Outros se voltam para comunidades organizadas, que dependem de relacionamentos sólidos e abordagens colaborativas para viver.

À medida que a perturbação climática se intensifica, aumentam as divisões de todos os tipos: financeiras, políticas, geracionais, de gênero, raciais, étnicas e religiosas. A única constante desta década de desorientação e confusão é o estresse incessante produzido por rupturas e separações.

As pessoas mais ricas, que desfrutam de uma "boa vida" de conforto e vantagens materiais, enfrentam um protesto crescente de bilhões de pessoas que lutam pela sobrevivência. No entanto, as elites ricas resistem a fazer adaptações rápidas a novas formas de vida. Tendo investido suas vidas e compromissos na acumulação material, eles revidam, alegando que seus privilégios são conquistados e merecidos. Embora a maioria reconheça as novas realidades, muitos rejeitam novas normas de vida. No entanto, até o final da década de 2030, seus esforços para se isolarem em comunidades fechadas e protegidas começam a enfraquecer, à medida que bilhões de pessoas empobrecidas, sem nada a perder e com muito a ganhar, protestam.

Com o aumento das rupturas, as regionalizações aumentam, com uma onda de inovações sociais, econômicas e técnicas. Agrupamento de vizinhos se transformam em vilas ecológicas, estabelecendo uma base sólida para pequenas cidades de transição e cidades sustentáveis. As comunidades recém-organizadas constroem mais do que estruturas físicas: elas desenvolvem uma nova compreensão do caráter humano e uma maturidade, ao buscarem servir ao bem-estar de todos. As funções de trabalho mudam drasticamente, pois as pequenas comunidades organizadas oferecem novos cenários para o desenvolvimento de diversos conjuntos de habilidades para a vida.

Pressionada pela crise climática e disseminação de rupturas, a maioria próspera nas nações desenvolvidas reconhece que precisamos transformar culturas de consumismo e reduzir nossa devastação ecológica, se quisermos evitar uma catástrofe global. A hipnose cultural do consumismo perde força, à medida que as pessoas reconhecem que o sonho do consumo desenfreado é um pesadelo devastador para o futuro da Terra. Como reação, começa a surgir uma cultura global, que valoriza a simplicidade e sustentabilidade. A promoção agressiva da cultura de consumismo pelos meios de comunicação se altera, passando de produtos comerciais para "comerciais da Terra", à medida que as empresas declaram seu compromisso com um planeta saudável.

Os países ricos são responsáveis pelas mudanças climáticas, mas os pobres são os que mais sofrem. Dado o impacto desproporcional do aquecimento global sobre os países mais pobres, as nações mais ricas são pressionadas (com sucesso modesto) a assumirem a responsabilidade de apoiar as adaptações climáticas. Iniciativas consistentes são vitais para promover um senso de unidade e cooperação global. As mudanças climáticas estão devastando cada vez mais a vida cotidiana das nações mais pobres, incluindo a disponibilidade de água, produção de alimentos, assistência médica, qualidade ambiental e bem-estar das populações vulneráveis, especialmente mulheres e crianças.

Em países mais pobres, os impactos do aquecimento global muitas vezes revertem o progresso da igualdade de gênero, pois os homens são forçados a migrar para encontrar trabalho, deixando as mulheres com todo o ônus de criar os filhos, cultivar ou pescar para sustento próprio, bem como administrar a casa. Isso deixa as mulheres mais isoladas e menos capazes de encontrar trabalho e educação significativos.

Ao reconhecer os impactos adversos do aquecimento global nas nações em desenvolvimento, cresce um movimento global de compensação, reparação e adaptação, buscando construir um novo senso de colaboração entre os povos da Terra.

Os movimentos suprapartidários de *Voz Comunitária,* iniciados na década de 2020, agora se tornam importantes fontes de coesão social. Elas continuam a crescer pela Terra, conectando a humanidade em comunidades cada vez maiores, envolvidas em conversas intensas. Reconhecendo que a magnitude da conversa deve corresponder ao tamanho dos desafios, os diálogos de *Voz da Terra* se estabelecem firmemente no mundo em transformação. Cada vez mais, as pessoas reconhecem que os meios de comunicação se tornaram um componente fundamental do nosso "cérebro social", uma expressão direta da inteligência coletiva. O lema "assim como avança a mídia, também avança o nosso futuro" é amplamente declarado. As organizações de mídia são responsabilizadas em um grau totalmente novo, e são mobilizadas para apoiar a imaginação social da humanidade, a fim de visualizar caminhos de progresso em direção a um futuro sustentável e significativo.

O ativismo da mídia se torna uma força central de coesão, à medida que um número cada vez maior de instituições desaparecem.

A tristeza e sofrimento aumentam, à medida que perda e tragédia crescem em todo o mundo. *Observando de forma unida, percebemos que estamos passando por este ritual de passagem juntos.*

Embora o velho mundo esteja se desfazendo e a comunicação do nível local para global esteja crescendo, ainda nos falta o apoio geral necessário para nos dirigirmos rapidamente para um mundo transformador. A sociedade de consumo e modos de vida mudam lentamente, os necessitados continuam a ser amplamente ignorados, uma revolução verde não consegue mobilizar a maioria para ações drásticas e territórios autoritários continuam a se separar em áreas de controle segmentadas. Devido às profundas divisões, a década de 2030 é um período agitado de caos e conflito, sem um conjunto essencial de valores e intenções para seguir em frente.

As instituições financeiras entram em declínio acelerado. Governos locais e nacionais, organizações financeiras, instituições acadêmicas e organizações religiosas, entre outros, estão sobrecarregados, tentando entender o que está acontecendo, com recursos insuficientes para responder aos acontecimentos. No entanto, a luta por um novo paradigma de vida está em andamento. As pessoas perguntam: *como poderemos voltar a nos sentir em casa novamente?* Temos a maturidade coletiva para fazer, conscientemente, uma grande transição para um novo futuro?

Década de 2040: a grande iniciação – tristeza

Resumo

Na década de 2040, a maioria das pessoas reconhece que estamos perdendo a corrida contra a catástrofe climática. A ruptura climática descontrolada não é mais apenas uma possibilidade iminente: é uma realidade esmagadora e claramente presente. À medida que as consequências do caos climático, rupturas financeiras, anarquia civil, extinção de espécies, migrações em massa e fome generalizada continuam a crescer, o mundo inteiro caminha para um colapso incontrolável. A necessidade de uma transformação profunda está ancorada na experiência natural da humanidade. Reconhecemos que, sem união em um esforço comum, enfrentaremos a extinção funcional de nossa espécie. Entendemos que a Terra jamais voltará aos padrões climáticos dos últimos dez mil anos, desde o fim da última era glacial. Aceitamos sentimentos de vergonha, culpa, sofrimento e desespero, enquanto um futuro desastroso cresce ao nosso redor.

A biosfera está cada vez mais empobrecida, enfraquecida e estéril. Profundos desequilíbrios climáticos, queda da produtividade agrícola, escassez extrema de água e grandes desigualdades econômicas criam enormes áreas de fome devastadora. Esta também é uma época em que ocorrem "grandes queimas", quando secas implacáveis e incêndios destroem vastas regiões da Terra. E também é uma época de "grande mortalidade", pois milhões de pessoas e inúmeras espécies de animais e plantas morrem. A humanidade enfrenta uma tragédia dupla, de proporções inimagináveis, que choca e desperta a alma de nossa espécie.

Cadeias de suprimentos ineficazes levam a acumulação, saques, mercados informais e hiperinflação. Adaptações são direcionadas para áreas de vizinhança e comunidades, enquanto as pessoas procuram em quem possam confiar e trabalhar para reconstruir a vida a partir do zero. Antigas fontes financeiras (dinheiro, ações e títulos) se tornam praticamente inúteis. Novas fontes de valor residem em relacionamentos pessoais sólidos e acesso a recursos escassos, como alimentos, medicamentos e combustível, os quais apresentam importância real. Apesar de seu grande valor, um movimento de *Voz da Terra* luta para se manter vivo, à medida que a internet constantemente falha e necessita ser reparada.

O mundo entra em desespero coletivo. Sentindo que não conseguimos assumir nossas responsabilidades como cidadãos planetários, muitos lamentam a Terra perdida. A alma da humanidade está gravemente ferida, com lesões morais. Enfrentamos um futuro de desolação e desespero sem fim, a menos que nos ergamos coletivamente nesse momento de desafio.

Análise das principais tendências determinantes na década de 2040

- **Aquecimento global e perturbação climática**: nesta década, ultrapassaremos os 2 °C (3,6 °F) de aquecimento, em direção a uma nova referência de 3 °C (5,4 °F) — um ponto climático crítico.[99] O metano aumenta na atmosfera, desencadeando ciclos de resposta descontrolados.[100] O mundo vai além das rupturas, em direção ao colapso total e catástrofe climática. Um clima já turbulento e caótico cresce para proporções catastróficas. Fenômenos climáticos extremos incluem fogo e água: grandes regiões da Terra passam por secas sem precedentes, que provocam incêndios em uma terra devastada, enquanto outras regiões passam por tempestades, inundações e aumento do nível do mar sem precedentes.[101]

- **Escassez de água**: a falta de água é crítica para três bilhões (ou mais) de pessoas. Por sua vez, ela produz um aumento dramático no número de refugiados climáticos, que fogem das regiões atingidas pela seca.

- **Escassez de alimentos**: crescentes pressões populacionais, combinadas com perturbações climáticas, queda da produtividade agrícola, escassez de água e desigualdades econômicas, produzem grandes áreas de fome devastadora.

- **Refugiados climáticos**: espera-se que pelo menos 200 milhões de refugiados climáticos desloquem-se, criando enormes perturbações sociais e econômicas, à medida que as comunidades em áreas favorecidas por recursos tentam lidar com o afluxo de um número esmagador de pessoas.

- **População mundial**: na década de 2040, a população segue a aumentar, e se depara com limites cada vez mais severos criados pela escassez de água e alimentos, bem como pelo colapso dos ecossistemas.[102] Tragicamente, parece plausível que 10% ou mais das populações mais pobres e vulneráveis da Terra estarão sob grande risco de morrerem durante esse período de grande transição. Com uma população global de aproximadamente nove bilhões de pessoas na década de 2040, isso significa que cerca de 900 milhões de pessoas podem morrer. Estes milhões não morrerão silenciosamente e sem que ninguém veja, uma vez que, em nosso mundo midiático, morrerão de forma muito pública, dolorosa e visível. Suas mortes serão causadas pela fome e doenças, bem como por enormes níveis de violência em conflitos por recursos cada vez mais escassos.

  A morte de centenas de milhões de pessoas produzirá níveis inimagináveis de trauma moral e psicológico. O sofrimento e morte desnecessários de centenas de milhões de pessoas despertam a humanidade para escolher um caminho de maior igualdade e justiça na forma como vivemos em sociedade.

- **Extinção de espécies**: décadas de destruição de ecossistemas minam as bases da vida em todo o mundo. Inúmeras espécies são extintas, deixando a Terra cada vez mais estéril. A realidade implacável do colapso ecológico confirma que somos parte integrante da cadeia global da vida, e que a ameaça de extinção também se aplica aos seres humanos.

- **Crescimento/ruptura econômico**: rupturas econômicas se espalham pelo mundo, produzindo um colapso em grande escala de economias vulneráveis. Embora elas diminuam as emissões de gases de efeito estufa, os esforços generalizados para a sobrevivência têm o infeliz resultado de levar as pessoas e comunidades a utilizarem quaisquer fontes de energia que estejam prontamente disponíveis para a sobrevivência a curto prazo, inclusive carvão e petróleo. O retorno ao uso de combustíveis fósseis contribui para as emissões de gases de efeito estufa, no exato momento em que precisamos reduzi--los. Embora esforços para uma profunda reconfiguração da economia do nível local para global estejam em andamento, as economias e ecossistemas em colapso tornam esses esforços excepcionalmente difíceis.

- **Desigualdades econômicas**: a transição imensamente complexa e difícil para uma economia global, que opera com energia sustentável, reduz a produção geral, enquanto a civilização está mais pressionada do que nunca a atender às necessidades dos pobres do mundo, e a avançar em direção a uma maior justiça. Tensões globais entre os que têm e os que não têm se aceleram, e ultrapassam os pontos de ruptura. A crise global de igualdade e justiça social entra em conflito com as culturas de consumismo, resultando em uma luta feroz pelo caminho futuro de nossa espécie.

Pessoas com menos acesso a recursos enfrentam os maiores desafios para se adaptarem ao aquecimento global, e isso se aplica a todas as diferenças de raça, gênero, idade, geografia e classe.[103] Crescem os esforços para produzir o essencial da vida de forma econômica, e para restringir estilos de vida luxuosos para os ricos. A redistribuição da terra também é um fator fundamental para a justiça, e desperta enormes conflitos sobre a propriedade e divisão de terras.

Cenário: imaginando a década de 2040

Nesta década, entramos em uma época de grande sofrimento, além de tudo o que os seres humanos já experimentaram.[104] Um colapso global está em andamento, gerando todos os tipos de escassez, inclusive de medicamentos, cuidados médicos, alimentos básicos e água potável. Diversas grandes empresas vão à falência, à medida que sua base de consumidores desaparece. As principais cidades também vão à falência, à medida que sua base tributária desaparece. A infraestrutura essencial é abandonada e degrada-se, já que quase toda a manutenção é negligenciada: elétrica, telefonia, internet, estradas, pontes, semáforos, saneamento, coleta de lixo e abastecimento de água.

Crescem a confusão, caos e conflito. À medida que a desordem se espalha, forças de proteção privadas substituem a polícia e aplicação da lei. Em uma escala maior, o colapso vai além das cidades, atingindo estados e até nações. À medida que as nações entram em falência e se desintegram, o mesmo acontece com organizações internacionais, como as Nações Unidas, que permanecem como pouco mais do que entidades simbólicas. A coesão global não é sustentada e realizada por instituições internacionais, mas por pessoas conectadas eletronicamente, que surgem de movimentos populares de rápido crescimento, por todo o mundo. Esses movimentos populares se utilizam da infraestrutura de comunicação global precária para criarem um novo povo global em nossa consciência coletiva.

Os setores público e privado não possuem os recursos para montar projetos de grande escala que possam oferecer uma resposta relevante à magnitude do colapso em andamento. Adaptações são direcionadas para áreas de vizinhança e comunidades, nos quais as pessoas precisam contar com outras pessoas, habilidades e recursos disponíveis nas proximidades.

Na década de 2040, grande parte da história da humanidade pode ser contada sob dois títulos: a "grande mortalidade" e a "grande queima". Embora dezenas de milhões de pessoas tenham morrido na década anterior, a mortalidade aumenta, e um período terrível de "grande mortalidade" se inicia na década de 2040. A capacidade da Terra é estimado em cerca de três bilhões de pessoas vivendo em um estilo de vida europeu de classe média. Uma população global que se aproxima de nove bilhões está muito além da capacidade de sustentabilidade da Terra.[105] Os seres humanos descobrem que não são diferentes do resto da vida na Terra que está enfrentando a extinção.[106] Uma onda gigantesca de morte assola o planeta, trazendo doenças, fome e violência implacáveis, as quais afetam a alma de nossa espécie.[107]

A matemática da morte é implacável. Com aproximadamente nove bilhões de pessoas no planeta na década de 2040 e, de forma conservadora, com 10% da população mundial (os mais empobrecidos) correndo maior risco de morte, 900.000.000 pessoas poderiam morrer nesse período de dez anos. A aritmética básica demonstra o número surpreendente de 90.000.000 de pessoas morrendo a *cada ano*, aproximadamente o equivalente a sete holocaustos para *cada ano* nesta década.

À medida que a morte varre a Terra, o impacto moral e psicológico destas perdas atordoa o componente psíquico da humanidade. Esta calamidade acontece em tempo real, com a mídia em alta definição revelando os rostos e vidas perdidas de inúmeros humanos e outras criaturas. A dor e sofrimento imensurável da grande mortalidade destroem a estrutura da consciência e cultura. A perda, sofrimento e tristeza são incalculáveis. Esses anos dolorosos destroem nossas conexões com o passado, e deixam nosso legado em frangalhos.

A magnitude da tragédia e sofrimento na grande mortalidade transforma o coração e alma de nossa espécie.[108]

A segunda parte da grande tragédia e sofrimento que marca esta década é a "grande queima".[109] Embora os incêndios severos estejam ocorrendo em áreas localizadas por todo o mundo desde a década de 2020, os incêndios devastadores em todo o planeta se tornaram uma emergência terrível duas décadas depois. À medida que o aquecimento global se intensifica, áreas de seca severa e grandes incêndios seguem o mesmo caminho.

• Grande parte da Amazônia secou e está queimando.[110]

- Grandes áreas da Califórnia e do oeste dos Estados Unidos estão cronicamente em chamas, transformando florestas antigas em matagais e arbustos.[111]

- Grandes áreas na região de Los Angeles queimam, assim como vastas regiões no Texas e Colorado.

- Partes consideráveis do México estão em chamas.

- Grande parte da Austrália está incinerada.[112]

- Grandes regiões da Europa, especialmente o sul da França, Portugal e o restante da região do Mediterrâneo, estão queimando.

- Grandes partes da Índia, Paquistão, Irã e Afeganistão estão em chamas.

- Regiões do norte e sudoeste da China estão frequentemente em chamas.

- Grandes áreas na África estão em chamas de forma crônica, especialmente Etiópia, Uganda, Sudão e Eritreia.

Em vez de rotular nossa era como "Antropoceno", em seu livro *Fire Age*, o professor Stephen Pyne a define como "Piroceno": um futuro com incêndios e revoltas tão imensas e inimagináveis que "a ponte de conhecimento herdado, que nos une ao passado, desabou", e entramos em um futuro diferente de tudo o que conhecemos antes.[113]

A "grande queima" e a "grande mortalidade" simbolizam a desintegração funcional e desconexão das civilizações humanas com o passado. Literalmente, não somos mais capazes de agir como antes. Apesar dos grandes esforços das décadas anteriores, o experimento evolutivo da humanidade está fracassando. Os últimos vestígios de confiança no caminho histórico de progresso material da humanidade estão sendo eliminados do mundo.

As elites poderosas que dominaram o globo nas décadas anteriores se refugiam em áreas isoladas, enquanto o mundo desmorona ao nosso redor. A crise ecológica planetária realiza o que ação não violenta e protestos não conseguiram: o *despertar da humanidade*. Acima de tudo, a humanidade precisa de um caminho novo e com propósito para o futuro, bem como de uma visão e voz vigorosas para nos levar até lá.

A população humana experimenta coletivamente o ETPC (Estresse Traumático Planetário Crônico), uma mentalidade totalmente nova, que engloba toda a humanidade. Enquanto o TEPT (transtorno de estresse pós-traumático) consiste em um episódio breve e reservado, o ETPC apresenta-se como um trauma duradouro e de abrangência planetária. Não há escapatória: o peso do trauma coletivo permeia a alma da humanidade.

Mesmo enquanto assimilam esta década de imenso sofrimento, as pessoas percebem que nossa biosfera em deterioração produzirá um sofrimento ainda maior nas próximas décadas, à medida que as pessoas lidam com o fato de serem arrancados de suas raízes na terra, cultura, comunidade e meios de subsistência. Embora isto tenha ocorrido no passado, torna-se um fenômeno em escala planetária na década de 2040. As consequências do ETPC incluem:

- Níveis extremamente elevados de ansiedade social, medo e respostas protetoras.

- Redução do foco de atenção e dificuldade de se concentrar no panorama global.

- Embotamento emocional e uso abusivo de álcool, drogas e mídia, como forma de escape.

- Reação exagerada, violência e transtornos de humor.

- Sentimentos de incapacidade, desânimo e depressão, os quais levam a epidemias de suicídio.

O sofrimento incalculável desta década destrói antigas identidades e dogmas, deixando muitos com profundas cicatrizes psicológicas e sociais. O especialista em estresse Hans Seyle escreveu: "Todo estresse deixa uma cicatriz inesquecível, e o organismo paga por sua sobrevivência após uma situação estressante, tornando-se um pouco mais velho."[114] No exato momento em que precisamos nos unir em cooperação como espécie, o ETPC torna isso mais difícil.

O imenso sofrimento desses tempos não é sem mérito. Na busca consumista pela felicidade contínua, muitos perderam contato com a intimidade da vida, com nossas almas. Por mais de duas décadas, o psicoterapeuta Francis Weller trabalhou com grupos, facilitando encontros autênticos com o sofrimento. Weller escreve:

"Para povos tradicionais, a perda da alma era, sem dúvida, a condição mais perigosa que um ser humano poderia enfrentar. Ela compromete nossa energia vital, diminui a alegria e paixão, reduz nossa vitalidade e capacidade de admiração e deslumbramento, enfraquece nossa voz e coragem e, por fim, destrói nosso desejo de viver. Ficamos desencantados e desanimados."[115]

Um grande presente está escondido em um grande sofrimento, uma maneira de nos reconectarmos com nossa alma. Carl Jung aconselhou: "Abrace seu sofrimento, pois assim sua alma crescerá." Tristezas não reconhecidas limitam o contato com a alma coletiva de nossa espécie. À medida que a humanidade se depara com a escuridão de nossas perdas coletivas, recuperamos o contato com nossa alma comunitária. Francis Weller escreve:

"(…) sem familiaridade com a tristeza, não amadurecemos como homens e mulheres. É o coração partido, a parte que conhece a tristeza, que é capaz de amar genuinamente(…) Sem essa conscientização(…) continuamos presos nas estratégias adolescentes de esquivar-se com esforço heroico."[116]

O sofrimento desafia o acordo tácito da sociedade consumista de aceitar vidas que são superficiais e insensíveis. O sofrimento é uma entrada para a vitalidade natural e não domesticada de nossa alma. Acolher o sofrimento é o segredo para estar plenamente vivo, a porta de entrada para a vitalidade selvagem e indomável da alma. Naomi Shihab Nye, em seu poema "Kindness", escreve:

> *Antes de conhecer a bondade como o elemento mais íntimo, você deve conhecer a tristeza como o outro elemento íntimo.*
>
> *Você deve acordar com a tristeza, deve falar até que sua voz capture todas as suas nuances e você perceba como a humanidade é afetada.*[117]

A magnitude da tristeza do mundo é imensa. Descobrimos o que a alma indígena sempre soube: *Não estamos separados da Terra — a vitalidade está em toda parte e em todas as coisas.* Quando a Terra empobrece, nós nos empobrecemos na mesma proporção.

A humanidade tem muito a lamentar, porque as perdas são muito grandes: na grande mortalidade, perdemos milhões de seres preciosos, irmãs e irmãos buscando sua vida única na Terra, com seus potenciais não realizados, relacionamentos não concretizados, talentos não expressos e auxílios não ofertados. Também perdemos muito do resto da vida: as plantas e animais que trazem riqueza, força e beleza para nossas vidas.

Na década de 2040, não apenas perderemos inúmeras vidas, mas também cidades, culturas, idiomas e sabedoria. Com o aumento do nível do mar, perderemos muitas das cidades mais antigas do mundo, estabelecidas nas costas marítimas: Alexandria, no Egito; Xangai e Hong Kong, na China; Jacarta, na Indonésia; Mumbai, na Índia; Ho Chi Minh, no Vietnã; Osaka e Tóquio, no Japão; Londres, na Inglaterra; Nova Iorque e Washington, nos EUA, e muitas outras.[118]

As perdas são tão disseminadas e fundamentais que despertam as pessoas para a sabedoria de *ubuntu*: "Eu sou quem eu sou devido a quem nós somos." Quando a sensação de "nós" diminui, eu me sinto reduzido, na proporção da riqueza da vida que foi perdida. Quando estamos em contato com nossa essência, nossa alma, estamos imersos na ecologia maior da vitalidade. Compartilhamos a afinidade de todos os seres, e experimentamos diretamente o ruído e música inerentes de toda a vida no planeta.

Em meio a uma tristeza avassaladora pela imensidão de nossas perdas, ansiamos por voltar ao ponto em que estávamos, antes do sofrimento nos dominar. No entanto, sabemos que nunca poderemos retroceder; em vez disso, somos desafiados a aceitar nosso destino, e descobrir como essa sabedoria pode transformar nosso caminho para o futuro. O sofrimento coletivo queima as ilusões e disfarces, e nós encontramos nossa humanidade básica. Na autenticidade deste encontro, seguimos em frente para construir novos mundos.

> *Na tristeza da grande mortalidade e da grande queima, estamos expostos à evolução. Tristeza não é um jogo desonesto. É o mundo real.*

Quando a tristeza nos envolve, sabemos que este mundo não é de faz de conta. Enfrentamos a honestidade da própria vida, para sermos honrados e aceitos pelo que ela é. Jennifer Welwood, professora de psicologia espiritual e poeta, fala sobre estes tempos:

Meus amigos, vamos crescer.
Vamos parar de fingir que não sabemos o que está acontecendo.
Ou, se realmente não percebemos, vamos acordar e perceber. Entenda: tudo o que pode ser perdido, será perdido.
É simples – como demoramos tanto para perceber?
Vamos lamentar nossas perdas plenamente, como seres humanos maduros, mas, por favor, não fiquemos tão abalados com elas.
Não vamos agir com se tivéssemos sido traídos,
como se a vida tivesse quebrado sua promessa secreta conosco. A inconstância é a única promessa que a vida nos

faz, e ela cumpre-a com uma perfeição implacável. Para uma criança, ela parece cruel, mas é apenas selvagem, e sua compaixão é admiravelmente precisa:
notavelmente incisiva, iluminada com a verdade, ela elimina o irreal para nos mostrar o real. Esta é a verdadeira aventura: vamos nos entregar a ela! Vamos parar de fazer acordos para um caminho seguro:
afinal, não existe um, e o preço é alto demais. Não somos mais crianças.
O ser humano, adulto sincero, entrega tudo pelo que não pode ser perdido. Vamos dançar o louco ritmo da falta de esperança![119]

O sofrimento nos leva além da esperança, para a verdade básica da realidade. Em nosso sofrimento coletivo, somos chamados a ir além da adolescência de nossa espécie, reconhecer nossa situação real, mostrar o que existe e responder da melhor forma possível.

A grande mortalidade clama por nossa maturidade coletiva, além da esperança ou desespero, e nos convoca a tomar a iniciativa, e simplesmente assumir a responsabilidade de fazer o trabalho exigido por nossos tempos de grande transição.

O sofrimento revela nosso íntimo. No encontro com a morte, estamos prontos para nos voltarmos mais plenamente para a vida. Ao nos depararmos com o que parece mais insuportável, descobrimos o que está mais intensamente vivo. O sofrimento destrói a pretensão, e passa por cima da conversa superficial da cultura consumista. Chegamos a um ponto crucial na história, em que a humanidade precisa fazer escolhas, com consequências que se estendem até o futuro distante. Essa é a evolução em sua forma natural. A grande mortalidade nos chama para um nível mais alto de maturidade coletiva, para ir além da adolescência de nossa espécie, e assumir o controle de nosso futuro.

Coletivamente, nos perguntamos se temos a maturidade para colocar o bem-estar da vida acima de nossos interesses pessoais. Podemos nos envolver nestes tempos difíceis com humildade e compaixão? Podemos falar menos e ouvir mais sobre o sofrimento do mundo? Podemos assumir o controle de como vivemos e trabalhamos, para criarmos uma biosfera habitável, entendendo que isso exige uma mudança radical em nosso modo de vida?

Especialmente em nações mais ricas, desenvolveu-se uma profunda crise psicológica, com as pessoas sentindo enorme culpa e vergonha pela devastação do planeta e pela diminuição de oportunidades para as gerações futuras. Muitos estão lamentando pela Terra, e sentem que a humanidade fracassou em seu grande experimento evolutivo. Após dezenas de milhares de anos de desenvolvimento lento, muitos acham que, no espaço de uma única geração, arruinamos nossa chance de sucesso evolutivo, e lamentam essa oportunidade perdida. A comunidade humana reconhece que enfrentamos um futuro sombrio de grande ruína e profundo desespero, a menos que nos ergamos coletivamente para este momento de desafio.

O sofrimento e tristeza são como um fogo purificador, que desperta a alma de nossa espécie. Ondas de calamidade ecológica reforçaram os períodos de crise econômica, e ambos foram ampliados por ondas maciças de agitação civil. Reconciliação momentânea é seguida pela desintegração e, após, por uma nova reconciliação. Ao dar origem a uma "civilização-espécie", mais consciente e sustentável, a humanidade move-se de modo pendular, em ciclos de retração e flexibilização, até nos exaurirmos totalmente, e atravessarmos as barreiras restantes que nos separam de nossa plenitude como família humana.

Finalmente, sabemos, com certeza inabalável, que temos uma escolha entre extinção e transformação.

Na década de 2040, muitos se perguntam se o fim da humanidade seria uma tragédia ou bênção.[120] Será que somos uma contribuição tão preciosa para a Terra que merecemos viver, enquanto um milhão de outras espécies não merecem? Uma profunda crise moral permeia a Terra. Somos dignos de continuar existindo? Podemos encontrar um caminho e propósito que nos permita nos erguer acima dessas tragédias e sermos dignos da vida?

Esforços de reconciliação começam com um senso de promessa e esperança, mas acabam retrocedendo diante do caos climático e da ruptura dos sistemas. Existe realmente uma base para vivermos juntos nesta pequena Terra, com tantas diferenças? Sabemos que tristezas e divisões em um mundo despedaçado precisam ser aceitas antes de serem curadas: reconhecer a condição em que nos encontramos é o primeiro passo em um caminho rumo à plenitude.

Impulsionadas por uma necessidade extrema, surgem inovações na construção de novos tipos de comunidade. As pessoas reformam estruturas antigas, para criarem novas expressões de comunidade, com diferentes projetos, tais como agrupamento de vizinhos, vivência comunitária e vilas ecológicas. Comunidades salva-vidas se proliferam, à medida que as pessoas reconhecem que estruturas em menor escala podem se adaptar rapidamente a mudanças de cenário. Percebendo a importância de comunidades saudáveis, cresce o apoio a pequenas cidades de transição e cidades sustentáveis, mas os danos prévios à economia, sociedade e ecologia são vastos, tornando tais realizações complicadas. Simultaneamente, as tensões aumentam, à medida que ondas de refugiados climáticos buscam segurança e sobrevivência, procurando comunidades saudáveis.

A vida com simplicidade não é mais vista como um modo de vida retrógrado. Estilos de vida com baixo consumo de carbono e valores que os acompanham trazem um novo sentido de comunidade, suficiência e solidariedade. A vida com simplicidade incentiva comunidades fortes em apoio mútuo e sobrevivência. À medida que as pessoas desenvolvem uma série de habilidades que contribuem diretamente para o bem-estar de seus vizinhos, elas sentem que suas verdadeiras aptidões são bem-vindas na vida cotidiana.

Forças de mudanças positivas estão presentes em todo o mundo, mas estão fragmentadas e desconectadas umas das outras, não conseguindo se unir em poderosas correntes mútuas de respostas reforçadas. O mundo está destruído. Colapso ecológico causa colapso do ego. O psíquico coletivo da humanidade está desesperadamente ferido. Crescem apelos à maturidade, apenas para serem sobrepujados por forças de desintegração, as quais levam a humanidade à condição primária de luta pela vida. As pequenas comunidades se tornam a forma básica de segurança e sobrevivência.

A consciência reflexiva ou a observação cresce, à medida que a humanidade é levada a olhar profundamente, além da vida cotidiana, tendo que reconhecer a existência prejudicada que criamos como base para o nosso futuro. Reconhecemos que estes tempos de transição provavelmente resultarão em um declínio final para a extinção ou em um despertar e reconstrução em conjunto.

A comunicação coletiva parece oferecer o maior potencial de renovação acelerada. Comunicar ou sucumbir! Ao enfrentarmos a realidade de um profundo colapso dos sistemas ecológicos, sabemos que não podemos nos afastar dos diálogos públicos e da formação de consenso; no entanto, para muitos, a comunicação do nível local para global, visando descobrir um caminho a seguir, parece infrutífera e destinada ao fracasso.

Década de 2050: a grande transição – início da vida adulta

Resumo

A grande mortalidade e a grande queima não deixam dúvidas de que o mundo do passado se foi. A humanidade pode afundar para a escuridão do autoritarismo ou extinção; ela também pode optar por avançar da tristeza intensa em nossa alma coletiva para um futuro de inesperada vitalidade. Nosso tempo de escolha coletiva é implacável e urgente. Conhecemos muito bem as palavras do poeta Wallace Stevens:

Após o último não, vem um sim
E deste sim, o mundo futuro depende.[121]

Qual será o "sim" da humanidade? "Sim, nós nos rendemos" ao autoritarismo ou à extinção funcional. Ou: "Sim, fazemos uma escolha corajosa", para avançar a uma maturidade elevada e futuro transformador!

À medida que o desenrolar de uma catástrofe climática e uma crise de todos os sistemas conectados se torna evidente, a humanidade é forçada a reconsiderar verdadeiramente como seguir em frente. Podemos transformar a maneira como pensamos coletivamente (a mente de nossa espécie) e como vemos nosso propósito de viver na Terra (a jornada de nossa espécie)? As últimas três décadas trouxeram um desespero e sofrimento devastadores. Desistimos do projeto de tentar recuperar o passado. Podemos construir um novo futuro, despertando um novo senso de jornada de nossa espécie? Temos a disposição social para fazer essa grande transformação? Joanna Macy resume a situação claramente:

"(Estamos)... servindo como assistentes no leito de morte de um mundo moribundo, ou como parteiras do próximo estágio da evolução humana? Nós simplesmente não sabemos. Então, o que será? Sem nada a perder, o que poderia nos impedir de ser a versão mais corajosa, inovadora e calorosa de nós mesmos?"[122]

As feridas profundas infligidas pela "grande mortalidade" e pela "grande queima" assombram o psíquico coletivo da humanidade. Fomos libertos da condição de materialismo superficial, e podemos retornar ao nosso instinto original de vitalidade que permeia o mundo. O paradigma da vitalidade honra as raízes espirituais de todas as grandes tradições de sabedoria, e traz uma perspectiva de cura para o mundo. Iniciativas para uma reconciliação ampla e profunda podem crescer e se espalhar a partir dessa base, e começar a curar muitas de nossas divisões: raciais, étnicas, religiosas, de riqueza e de gênero.

No início da década de 2020, reconhecemos que a construção de uma Terra habitável exigiria uma rápida redução das emissões de CO_2 para zero até 2050. Agora, esta década chega com a assustadora consciência de que os esforços da humanidade, embora heroicos, foram muito pequenos e tardios. Não atingimos essa meta essencial.[123] Vários pontos críticos foram ultrapassados, o metano continua a se acumular na atmosfera e as temperaturas globais se aproximam de um aumento assustador de 3 °C, produzindo extremos climáticos prejudiciais para todas as formas de vida. Um bilhão de pessoas se tornaram refugiados climáticos.

Passo a passo, começamos a avançar para início da vida adulta como espécie. Com profunda consideração pelo bem-estar de todas as formas de vida como base para o futuro, sentimos a brisa animadora de mudança positiva e possibilidade emergente. Iniciativas de *Voz Comunitária* surgem ao nível regional, enquanto uma iniciativa robusta de *Voz da Terra* está florescendo globalmente. Sabemos, em nosso íntimo, que somos todos cidadãos da Terra, e buscamos novos diálogos para integrar esse entendimento em nossa vida cotidiana e, assim, nos erguermos juntos na reconstrução da Terra como nosso lar acolhedor. Os imensos sofrimentos da última década despertaram um compromisso coletivo, para criar um caminho em direção ao futuro, que vá além dos intermináveis transtornos da violência.

Reconhecendo a urgência de encontrar uma base comum mais elevada de entendimento e cura, o mundo mergulha em um oceano de comunicação. A todo momento, uma conversa global rica e complexa busca o entendimento e uma visão de cura para o futuro. Cruzamos o limiar para um novo estágio de vida adulta, no qual estamos dispostos a trabalhar pelo bem-estar de toda a vida, e a assumir compromissos para um futuro verdadeiro. Há milênios de trabalho pela frente, enquanto nos reconciliamos para viver e construir, juntos, um futuro próspero em uma Terra gravemente ferida.

Análise das principais tendências determinantes na década de 2050

- **Aquecimento global e perturbação climática**: a meta de emissão zero de CO_2 até 2050 não é alcançada. As temperaturas globais aumentam em direção a terríveis 3 °C (5,4 °F), e produzem mudanças climáticas altamente prejudiciais e destrutivas.[124] O metano continua se acumulando na atmosfera, ampliando padrões climáticos extremos, reduzindo produtividade agrícola, atingindo áreas costeiras com tempestades e furacões, além de prejudicar intensamente os hábitats de plantas e animais. Com o aquecimento e acidificação sem precedentes, os oceanos estão na maioria desprovidos de vida, o solo está calcinado e seco e colapsos ecológicos são generalizados, pois as plantas e animais não conseguem se adaptar à velocidade das mudanças climáticas.

  Por várias décadas, reconhecemos que, se a temperatura aumentar para 3 °C, a chance de evitar 4 °C é baixa e, se chegarmos a tanto, teremos novos ciclos de reforço ainda mais intensos, que tornarão extremamente difícil interromper o aumento da temperatura para 5 °C.[125] Estamos em uma montanha-russa rumo ao inferno.

  A crise climática plena chegou.

- **Escassez de água**: espera-se que o estresse hídrico afete 52% da população mundial até 2050.[126] Com a população mundial se aproximando de dez bilhões, isto significa que mais de cinco bilhões de pessoas provavelmente sofrerão com a escassez de água.[127] (Esta estimativa ignora a probabilidade de um período de grande mortalidade, no qual um bilhão ou mais de seres humanos morrerão). Para muitos, a vida se tornou uma luta miserável pela sobrevivência, em um mundo superaquecido e seco.

- **Escassez de alimentos**: até 2050, espera-se que a população global cresça para mais de nove bilhões de pessoas, mas os suprimentos de alimentos estão sob enorme estresse e ameaça, à medida que o mundo caminha para um ecossistema cada vez mais estéril, sem uma rica diversidade de vida vegetal e animal. A demanda por alimentos é 60% maior do que em 2020, mas o aquecimento global, urbanização e degradação do solo reduziram a disponibilidade de terras cultiváveis.[128] Lembre-se: estima-se que cada grau Celsius (1,8 grau Fahrenheit) de aquecimento ocasione uma redução de 10% a 15% na produtividade agrícola. Portanto, a 3 °C, a produtividade agrícola cai de 30% a 45%, como resultado do aumento das temperaturas. Para agravar a situação, os esforços para reduzir as emissões de carbono incluem a redução do uso de fertilizantes e pesticidas à base de petróleo. Sem condições de sustentar a produção agrícola, os estoques de alimentos diminuem ainda mais, e bilhões de pessoas estão sob risco de passar fome. "Cerca de cinco bilhões de pessoas... enfrentarão a fome e a falta de água potável até 2050, à medida que o aquecimento prejudicar a polinização, água doce e ambientes costeiros. As pessoas vivendo no sul da Ásia e na África sofrerão o pior efeito."[129]

- **Refugiados climáticos**: a previsão é de mais de 300 milhões de refugiados do clima até a metade do século, podendo ser muito maior.[130] A chegada de um enorme número de refugiados em regiões mais habitáveis do planeta prepara o cenário para enormes conflitos.

- **População mundial**: o mundo cresce para uma estimativa de dez bilhões de pessoas até 2057.[131] Entretanto, essa estimativa não leva em conta a "grande mortalidade" da década de 2040, quando 10% ou mais da população mundial poderá morrer. As possíveis proporções de mortes na década de 2050 parecem inimagináveis, especialmente com o aumento da escassez de água e declínio da produtividade agrícola.

- **Extinção de espécies**: as plantas e animais de toda a Terra, seja em terra, água ou ar, estão sendo intensamente prejudicados, em velocidades superiores a sua capacidade de adaptação. Em meados do século, aproximadamente um terço de toda a vida no planeta está morrendo, com resultados terríveis. A morte de espécies inteiras de insetos leva a um colapso em cascata da biosfera. A quantidade e característica dos suprimentos alimentares são drasticamente alterados. As pastagens estão em risco. Animais que dependem das plantas para se alimentar estão em perigo. Os beneficiários de curto prazo dessas mortes são os necrófagos: baratas e abutres, em terra, e águas-vivas, nos oceanos.[132]

- **Crescimento/ruptura econômico**: em meados do século, os impactos do aquecimento global são terríveis. Esforços para reduzir a zero as emissões de carbono afetam o crescimento econômico, e são considerados um fracasso, sendo agravados por uma onda crescente de crises econômicas, falências e desintegrações de empresas. Aumenta a escassez de todos os tipos, acompanhada de acumulação, mercados informais, roubo generalizado e violência. Fontes tradicionais de valor (dinheiro, ações e títulos) continuam a diminuir, enquanto o valor de medicamentos, alimentos e combustíveis aumenta. A produtividade agrícola continua a cair com o aumento das temperaturas. As perturbações climáticas e migrações humanas em massa afetam consideravelmente os padrões de comércio e produção. A economia global se fragmenta e se desfaz, com transição para economias locais de trocas. A mentalidade de crescimento do passado foi amplamente substituída por uma de sobrevivência e sustentabilidade, com ênfase no fortalecimento de economias locais de troca.

- **Desigualdades econômicas**: as desigualdades extremas persistem, apesar das tentativas de criar uma revolução para igualdade. O impacto do aquecimento global é sentido de forma mais intensa pelas pessoas menos responsáveis por ele, além de serem menos capazes de amenizá-lo. Os pobres do mundo enfrentam essa situação com fome, doenças e deslocamentos. A pobreza extrema (sem acesso a meios e recursos essenciais para a construção de uma economia local viável) força as pessoas a apenas sobreviverem, e as impede de participar dos esforços de construção de uma civilização ecológica para a Terra. Uma maior igualdade no acesso a tecnologias e recursos básicos é essencial para melhorar a saúde e produtividade dos menos favorecidos, criando a base para um futuro mais sustentável. Melhorar as condições de vida das pessoas mais pobres é mais do que uma expressão de solidariedade: é a maneira de mobilizar uma resposta populacional eficaz para a perturbação climática e colapsos globais.

Cenário: imaginando a década de 2050

A grande mortalidade continua, com milhões de pessoas morrendo a cada mês. A sombra do sofrimento desnecessário espalha-se pelo mundo, afetando a perspectiva da humanidade sobre o futuro. A "grande queima" está se acelerando, à medida que o aquecimento global descontrolado acelera. Milhões de refugiados climáticos procuram áreas que ofereçam mais recursos. Esforços bem-intencionados de comunidades locais para compartilhar recursos recebem ondas maciças de refugiados, os quais rapidamente sobrecarregam sistemas já no limite. Muitas comunidades são desafiadas além de suas capacidades. A sobrecarga leva a conflitos violentos, pois as pessoas e comunidades são pressionadas até o limite pela sobrevivência.

A violência promove o isolacionismo local e uma mentalidade de "construção de muros".

Especialmente em países desenvolvidos, uma profunda crise psicológica continua a crescer, à medida que as pessoas percebem oportunidades reduzidas para futuras gerações. Muitos entram em desespero profundo. A alma da humanidade está gravemente ferida pelo dano moral: devastamos a Terra e violamos nosso senso inato de ética. Enfrentamos um futuro de desolação interminável. Temos a disposição social para fazer essa grande transformação?

A grande questão: como a comunidade humana pode se unir para enfrentar, solidariamente, os desafios à frente?

Enfrentamos uma crise existencial como espécie, e somos forçados a nos perguntar repetidamente: quem somos? Para onde estamos indo? Somos levados a relembrar a sabedoria original: vivemos em um mundo que possui uma vitalidade inerente. Recuperar a sabedoria da vitalidade intensa nos conecta com o universo unificado. Nosso senso de identidade e jornada evolutiva estão sendo transformados. Cada vez mais, nos consideramos seres biológicos e cósmicos, que estão aprendendo a viver em uma ecologia de vitalidade. Ao rompermos com a tradição consumista de materialismo superficial em um universo morto, somos liberados para explorar formas de viver em um universo senciente, que oferece enorme oportunidade de significado e propósito.

Impulsionado pela imensa perda e promessa de uma jornada de cura, o sistema nervoso global desperta, com uma nova capacidade de autoconsciência coletiva. Surge uma nova "atenção com a espécie", ou consciência reflexiva, em escala terrestre. Começamos a desenvolver a capacidade de observar a nós mesmos, de nos conhecermos em nossa mente coletiva e de nos guiarmos para níveis mais altos de organização, coerência e conexão. Com a consciência reflexiva, podemos observar mais claramente o que está acontecendo no mundo, e escolher mais conscientemente o caminho a seguir. Saímos da bolha de distração do materialismo e passamos a participar ativamente da vida.

A família humana agora reconhece que foi nossa capacidade de comunicação que nos permitiu evoluir por milhares de anos, até o limite da civilização planetária. Reconhecemos ainda que precisamos de um novo nível de comunicação planetária, que nos permita colaborar e trabalhar juntos para o bem-estar de todos. Até a década de 2050, estaremos há três gerações na revolução das comunicações globais, e teremos uma forte aversão a sermos manipulados pela mídia consumista. Reconhecemos que nossa sobrevivência depende de uma compreensão precisa e realista do que está acontecendo no mundo, e passamos a desconfiar de qualquer tentativa de manipulação de nossa mente coletiva por poder e lucro. Temos uma memória, como espécie, de sermos inundados por distorções e desinformações deliberadas para criar caos, confusão e distração.[133]

Estas experiências dolorosas servem como imunização social para reduzir a possibilidade de contaminações de nossa mente coletiva.

Um desenvolvimento importante para a construção de um consenso global é o surgimento de supercomputadores, com capacidades tão grandes que podem facilmente monitorar a votação de bilhões de pessoas em tempo real. Ao combinar o poder da inteligência artificial com registros confiáveis de tecnologia de blockchain, sistemas de supercomputadores podem garantir a votação confidencial de bilhões de pessoas em redes seguras. Com esses avanços, a Terra é estimulada por novos patamares de comunicação do nível local para global. Organizações de *Voz Comunitária* se expandem localmente, e uma organização robusta da *Voz da Terra* funciona globalmente. O mundo está repleto de uma comunicação clara sobre nosso futuro comum. A maioria das pessoas aceita um senso crescente de:

- *Identidade* como cidadãos da Terra. Uma identidade global não diminui outras identidades de nacionalidade, comunidade, etnicidade e outras; pelo contrário, ela reconhece a realidade da interdependência e responsabilidade de todos os cidadãos pelo bem-estar da Terra.

- *Fortalecimento* como cidadãos da Terra. Décadas de participação em diversos fóruns eletrônicos demonstraram que a resposta dos cidadãos pode ter uma influência poderosa sobre as políticas públicas.

- *Igualdade* como cidadãos da Terra. Apesar das diferenças de riqueza e privilégio, em fóruns eletrônicos a voz e voto de cada pessoa contam igualmente na escolha do futuro da humanidade.

- *Solidariedade* como cidadãos da Terra. Décadas de trauma e sofrimento criaram novos laços de confiança e reconhecimento, garantindo que um futuro transformador será um esforço de equipe.

Surge um caminho promissor para um futuro renovável, com propósito e duradouro. Embora tenhamos chegado à beira da ruína como espécie, com diálogos do nível local para global, e com novos patamares de maturidade e percepção coletivas, conseguimos nos afastar da iminência do desastre. Após esgotarmos todas as esperanças de soluções parciais, começamos a nos aprofundar além do caos e arrependimento destes tempos, descobrindo um senso mais profundo de comunidade e propósitos coletivos. Atravessamos a grande mortalidade, e agora estamos amadurecendo em um grande despertar, como uma comunidade planetária. Como espécie, estamos saindo da adolescência egocêntrica e entrando no início da vida adulta, com uma preocupação crescente com o bem-estar de toda a vida. Reconhecendo o racismo estrutural, desigualdades extremas de riqueza e bem-estar, divisões de gênero, etc., buscamos a cura e consenso superiores, que incorpore um novo nível de cooperação e colaboração.

O mundo está agora em uma corrida entre a extinção e a transformação. O colapso das civilizações ainda não danificou, de forma irreparável, as bases para a construção de um futuro viável para a Terra. Novas configurações de vida estão surgindo em todo o mundo, orientadas para pequenas vilas ecológicas, com organização própria e autossuficientes.

A simplicidade voluntária se torna um valor essencial e alcança tudo: alimentos que comemos, trabalho que fazemos, lares e comunidades em que vivemos e muito mais. Modos de vida ecológicos florescem em uma infinidade de maneiras. As pessoas reconhecem que a restauração e renovação da Terra como um sistema habitável de suporte à vida levarão séculos para serem realizadas, mas essa jornada já está em andamento.

Uma série de fatores de mudanças positivas emergiram do lado sombrio da nossa alma como espécie, para gerar um forte compromisso com a construção de um novo mundo. Quando esses sete fatores entram em ação e começam a se reforçar mutuamente, eles criam, coletivamente, um estímulo forte o suficiente para que a humanidade se eleve acima da força destruidora do autoritarismo ou extinção. Reconhecemos que estamos passando por uma profunda iniciação como espécie, e que um futuro de restauração e renovação é possível, se escolhermos conscientemente o caminho a seguir. Escolhas indiferentes não serão suficientes. O avanço evolutivo exige o compromisso total dos seres humanos para salvar a Terra e nosso próprio futuro.

Década de 2060: a grande liberdade – escolha a Terra

Resumo

Uma maioria de seres humanos reconhece que estamos passando por um momento de escolha na história. A Terra, que nos deu suporte para chegarmos ao limite de uma civilização global, foi transformada por incêndios, inundações, secas, fomes, doenças, conflitos e extinções. Em vez de deixar esses desafios para trás, sabemos que nosso trabalho é aceitar e integrar essas situações dentro de nós. Aceitação é a fonte do aprendizado fundamental, que nos permite persistir em um futuro distante.

A jornada de transformação nos leva à maturidade e a nos estabelecermos como uma espécie dinamicamente estável, autoconsciente e com organização própria. Uma nova economia começa a crescer em todo o mundo. Vilas ecológicas e comunidades maiores funcionam como estimuladores de um novo tipo de comércio, à medida que se envolvem com outras comunidades, usando moedas locais para trocar habilidades e serviços: educação, saúde, cuidados com idosos, sistemas de energia solar e eólica, jardinagem orgânica, hidroponia, agricultura vertical, habilidades de construção de casas, etc. Vilas ecológicas fortes se agrupam em comunidades fortes, e essas se agrupam em regiões de vida cooperativa forte.

Cada vez mais, o respeito e cuidado com o bem-estar da vida estão fundamentados em uma compreensão emergente de que o universo é um vasto organismo vivo, do qual somos parte integrante. Somos mais do que seres biológicos, somos seres "biocósmicos", aprendendo a nos sentir em casa em um universo vivo. A consciência reflexiva não é mais considerada um luxo espiritual para poucos; agora, é vista como uma necessidade evolutiva para a maioria.

A maioria das pessoas escolhe conscientemente trabalhar em nome de uma comunidade da Terra fundamentada na liberdade, igualdade, bem-estar ecológico, simplicidade de vida, cura e restauração do planeta, além de comunicação sincera. Um expressivo movimento de *Voz da Terra* oferece coerência e direção crescentes a esta intenção da espécie.

Um "organismo-espécie" planetário, composta por bilhões de indivíduos, desperta como humanidade coletiva. Com solidariedade crescente, escolhemos a Terra como nosso lar sustentável. Ao custo de sofrimentos e tristezas indescritíveis, rompemos com o isolamento do passado, para descobrir um relacionamento profundo e íntimo com a Terra e outros seres humanos. Sentimos que pagamos nossas dívidas, o preço da admissão no primeiro estágio da maturidade global, por meio de nosso imenso sofrimento. A grande ansiedade quanto à sobrevivência de nossa espécie é substituída por sentimentos intensos de comunidade global, solidariedade e afinidade, gerando novas ondas de otimismo. Conseguimos passar por este período de profunda iniciação *juntos*. Nossa espécie atravessou a época de maior perigo imaginável, e sobrevivemos. Começamos realmente a nos conhecer como uma família humana, com todos os nossos defeitos e idiossincrasias. Sabemos que não existe um final, que precisamos trabalhar continuamente pela nossa reconciliação pessoal, e agora sabemos que estamos à altura do desafio.

Análise das principais tendências determinantes na década de 2060

- O **aquecimento global** se aproxima rapidamente de um nível catastrófico de 3 °C (acima de 5 °F) e o clima do mundo se torna caótico. Impulsionado por uma necessidade extrema, o mundo começa a se voltar para o uso em larga escala da "geoengenharia climática", para limitar o aquecimento global. A "geoengenharia solar", visando refletir uma pequena proporção da energia do Sol de volta ao espaço, ajuda a reduzir a elevação da temperatura causada pelo aumento dos níveis de gases de efeito estufa. Um manto delgado de partículas combate o aquecimento global, imitando as cinzas de erupções vulcânicas que desviam a radiação solar que atinge a atmosfera. Embora esse manto de partículas compense o rápido aumento das temperaturas globais, espera-se que a redução da radiação solar também produza mudanças drásticas nos sistemas climáticos e padrões de chuva, os quais são influenciados por ela. Por exemplo: com a "geoengenharia solar", as monções asiáticas, das quais dois bilhões de pessoas dependem para suas colheitas de alimentos, poderiam ser reduzidas. Apesar dos enormes riscos, é provável que ela seja implementada em escala planetária até a década de 2060, em um esforço para estabilizar o aquecimento global. O aquecimento global também poderia ser minimizado com esforços amplos de captura de carbono que incluíssem, por exemplo, o plantio de um trilhão ou mais de árvores em todo o planeta.

- A **escassez de água** afeta mais da metade da população mundial, gerando intensos conflitos e violência pelo seu acesso. Uma iniciativa em escala planetária seria iniciada para racionalizar o seu acesso e o desenvolvimento de usinas de dessalinização, alimentadas por energia solar.

- A **escassez de alimentos** cresce, à medida que a população aumenta e a produtividade se reduz. Metade da população mundial enfrenta escassez crônica e fome. Assim como na gestão hídrica, inicia-se uma iniciativa global para melhor distribuição de alimentos.

- O número de **refugiados climáticos** continua a crescer dramaticamente. A Universidade Cornell estima que, até 2060, um número surpreendente de 1,4 bilhão de pessoas (aproximadamente 20% da população mundial) podem se tornar refugiados das mudanças climáticas.[134] Os serviços públicos de um mundo em desintegração ficarão sobrecarregados, necessitando cooperação global para encontrar moradia adequada para as pessoas.

- A **extinção de espécies** acelera, à medida que plantas e animais não conseguem se adaptar com rapidez suficiente às mudanças drásticas nos padrões climáticos e meteorológicos. À medida que a biosfera se degrada, uma parte crescente da humanidade poderia se voluntariar para trabalhar pela revitalização da Terra.

- A **ruptura econômica** torna-se generalizada, produzindo acumulação, mercados informais e violência. No entanto, lutas pela sobrevivência são contrabalançadas por áreas estáveis de economias locais comunitárias. Um novo tipo de economia surge ao nível local, com foco na revitalização, restauração e sustentabilidade.

Cenário: imaginando a década de 2060

Uma maioria dos seres humanos reconhece que estamos passando por um ponto de escolha na história. A Terra, que permitia o surgimento de uma civilização global, foi transformada. Ainda é incerto se a biosfera poderá ser reparada o suficiente para suportar o surgimento de um novo tipo de civilização humana. Estamos em uma corrida, já iniciada, para superar um desastre causado por nós mesmos.

Passo a passo, surge uma espécie com um caráter e temperamento reconhecíveis. Desenvolvemos progressivamente um novo nível de maturidade coletiva e solidariedade, que se eleva acima das divisões do passado. Ao enxergarmos nós mesmos como uma espécie conflituosa, porém criativa, com enormes potenciais inexplorados de inovação e bondade, damos origem a uma "civilização-espécie" funcional. Surge um "organismo-espécie" planetário e, com crescente solidariedade, escolhemos a Terra como nosso lar duradouro. Ao custo de sofrimentos e tristezas indescritíveis, rompemos com o isolamento do passado, para descobrir um relacionamento íntimo e significativo com a Terra, suas criaturas e outros seres humanos.

A inteligência subjacente e criativa, bem como a imensa paciência do universo vivo, tornam-se cada vez mais evidentes para nós. Cruzamos um limiar para novos níveis de compreensão coletiva de nossa jornada evolucionária. Toda a história da nossa espécie nos trouxe a este momento de maior identificação, humanidade renascida e futuro promissor. Começamos a nos perceber como células no corpo de um superorganismo. À medida que o velho mundo se desintegra e desmorona, uma nova humanidade surge a partir destes fragmentos.

Ondas de comunicação envolvem a Terra. Um movimento de *Voz Comunitária* se estabelece em regiões metropolitanas de todo o planeta, e cria uma voz popular e estável para a humanidade. Uma iniciativa de "Voz da Vizinhança" contribui para melhorias em escala regional, auxiliando a consciência coletiva da espécie, com intensa comunicação ao redor da Terra. Essas fontes expressivas de comunicação local aglutinam-se em iniciativas regionais por todo o mundo. Com comunicação fortalecida se estabelecendo na maioria das regiões do planeta, uma base sólida para a *Voz da Terra* cresce e se intensifica.

Divisões por raça, riqueza, gênero, religião, etnia e geografia persistem. No entanto, a revolução global das comunicações se tornou uma força poderosa para a reconciliação. Martin Luther King Jr., disse que, para realizar a justiça nos assuntos humanos, "a injustiça deve ser exposta, com toda a tensão que isto cria, para a consciência humana e opinião nacional, antes que possa ser curada".[135]

A injustiça e desigualdades globais floresceram na escuridão da desatenção e ignorância. Agora, o poder de cura da conscientização pública cria uma nova consciência na comunidade humana. Como os humanos sobreviventes sabem que o mundo inteiro está observando, um poderoso impulso restaurador e harmonioso se dissemina nas relações humanas. Com inúmeras resoluções, petições, declarações e pesquisas de opinião, de todas as regiões do mundo, as pessoas da Terra tornam seus sentimentos conhecidos: escolhemos, repetidamente, transcender nossas diversas diferenças e nos unirmos em cooperação. Um compromisso com um futuro renovável e com propósito se solidifica, de forma visível, consciente e profundo, em nosso psíquico coletiva. Impulsionada por uma necessidade extrema e atraído por uma oportunidade cativante, a grande virada que a humanidade vem buscando emerge gradualmente do sofrimento e tristeza das décadas decisivas.

Bilhões morreram ao passar pela iniciação de nossa espécie até o início da vida adulta. Prometemos tornar seu sacrifício sagrado, e nunca ser esquecido; em vez disso, o consideramos um presente especial ofertado, à medida que aprendemos a viver com vitalidade ampliada. A escuridão da morte acendeu a chama da vitalidade significativa. Enquanto ainda lamentamos a perda de tantas vidas, culturas e espécies, aos poucos nos comprometemos com novas formas de viver, que honram tudo o que foi perdido e transformam o grande sofrimento em novas maneiras de estarmos juntos. Exaustos com os projetos superficiais do consumismo, ficamos entusiasmados com os projetos intensos de aprender a viver em nosso universo vivo. Encaramos diretamente a possibilidade de nossa extinção funcional e, no lugar dela, atingimos uma vida mais elevada. Aceitamos nosso destino, reconhecendo que não há trégua definitiva ou harmonia duradoura, e, em vez disso, nos comprometemos com a boa vontade e cooperação a cada dia, para sempre.

Compreendendo que não há descanso definitivo, e que temos as habilidades e energia para a jornada contínua, alcançamos um novo nível de conscientização coletiva, maturidade e responsabilidade.

Com um "sim" coletivo, aqueles que sobreviveram fazem a poderosa escolha de encontrar um novo caminho a seguir. Nos comprometemos a escolher a Terra como nosso lar para o futuro duradouro. Nosso futuro a longo prazo está longe de ser seguro, mas estamos comprometidos com a tarefa de restaurar nosso mundo profundamente ferido, e nos estabelecermos como espécie e civilização viáveis. Uma capacidade madura de comportamento ético cresce dentro de nós. Com base em reflexão consciente e reconciliação, a comunidade humana inicia a restauração e a revitalização da biosfera como um projeto comum, o que promove um profundo senso de afinidade e conexão. Surge uma cultura global de benevolência.

Viver no agora, com a experiência direta de estar vivo, passa a ser a fonte principal de sentido e propósito. Optamos por trocar as buscas intermináveis do consumismo pela riqueza de simplesmente estarmos vivos neste universo notável. Juntos, passamos de uma mentalidade de desconexão e exploração em um universo morto, para uma de conexão e cuidado em um universo vivo.

Década de 2070: a grande jornada – um futuro em aberto

Resumo

Olhando para o futuro, todos os três caminhos continuam presentes no mundo. Ainda não se sabe qual deles prevalecerá no final. A Terra inteira continua em meio a uma crise de todos os sistemas conectados, e a necessidade de uma ação forte e coordenada é tão necessária que, se os cidadãos não agirem de maneira organizada, a falta de uma decisão rápida e decisiva poderia fazer do autoritarismo a realidade política dominante.

Embora a sociedade tenha se dirigido a favor de um caminho de transformação, a ameaça de extinção funcional da humanidade continua sendo uma possibilidade realista. Novas tecnologias podem nos ajudar, mas não nos salvarão. Fatores intangíveis, como comunicação, consciência, reconciliação e vitalidade, determinarão o resultado.

Após meio século de turbulência e transição, vemos, com extrema clareza, que ainda temos três futuros diferentes:

- Extinção funcional e uma nova era de trevas.

- Dominação autoritária e estagnação evolucionária.

- Transformação e um novo ímpeto de evolução criativa.

Estas linhas de T. S. Eliot expressam sabedoria:

Não devemos parar de explorar
e o fim de toda a nossa exploração
será a chegadas na qual começamos
e, então, conhecer o local pela primeira vez.[136]

Embora o caminho à frente permaneça em aberto, a sociedade alterou seu rumo decisivamente em favor de um futuro de transformação, além da perspectiva de crescimento de uma civilização planetária cada vez mais madura. À medida que continuamos a aprender, crescer e vigiar, o futuro continua sendo uma questão de escolha coletiva. Não curamos o grande dano causado à Terra. Não nos estabelecemos em uma nova era dourada e milagrosa de paz e prosperidade. Continuamos lutando pela sobrevivência, lidando com os imensos desafios do aquecimento global, dor e tristeza da grande mortalidade, enormes dificuldades de acomodar milhões de refugiados climático, restauração do maior número possível de espécies de plantas e animais e finalização do desafio colossal de fazer a transição para um futuro de energia renovável. No entanto, o que realizamos é importante: chegamos a um estágio de entendimento maduro e coletivo, como uma espécie diversa e ainda conflituosa. Sabemos que precisamos trabalhar juntos, continuamente, se não quisermos desaparecer da Terra; agora, precisamos encontrar uma maneira de viver em equilíbrio com a ecologia da Terra e do universo vivo.

PARTE IV

Mudanças positivas para um futuro transformador

São 3h23 da manhã
e eu estou acordado,
pois meus tataranetos não me deixam dormir.
Eles me perguntam em sonhos
O que você fez enquanto o planeta era devastado? O que você
fez quando a Terra estava se desfazendo?
Certamente você fez alguma coisa quando as estações
começaram a desaparecer?
Enquanto os mamíferos, répteis e pássaros estavam morrendo?
Você foi às ruas protestar quando a democracia foi ameaçada?
O que você fez quando soube?

— Hieroglyphic Stairway, de Drew Dellinger[37]

Mudanças positivas para transformação

Quando curamos a Terra, curamos a nós mesmos.
—David Orr

A mudança positiva ocorre quando *todos* os seres vivos melhoram! Escolher o *bem-estar de toda a vida* como base para o nosso, como espécie, requer uma intensa expansão e aprofundamento do compromisso com a vida. Uma grande transição de uma separação imensa para comunhão consciente, servindo ao bem-estar de toda a vida, não acontecerá automaticamente. Esse é um processo exigente, tanto individual quanto coletivamente.

Quando confrontados com a perspectiva de extinção da humanidade, descobrir forças que, se escolhidas conscientemente, podem nos aperfeiçoar em nossa jornada evolucionária, é um tesouro inestimável. Abaixo estão sete forças de mudança positiva que são simples, universais, emocionalmente poderosas e que podem despertar nossos potenciais humanos mais elevados. Parte destas informações foram incorporadas ao cenário anterior do próximo meio século. Aqui, as mudanças positivas são exploradas mais detalhadamente, para revelar a poderosa corrente de positividade que elas podem trazer para a jornada humana.

1. Escolha vitalidade
2. Escolha consciência
3. Escolha comunicação
4. Escolha maturidade
5. Escolha reconciliação
6. Escolha comunidade
7. Escolha simplicidade

Vamos analisar cada uma delas mais detalhadamente.

Escolha vitalidade

O universo é uma criatura viva, que contém todas as outras criaturas vivas dentro de si.

—Platão

Somos almas em roupas bioquímicas sagradas, e nossos corpos são os instrumentos por meio dos quais nossas almas tocam suas canções.

—Albert Einstein

A crescente mudança positiva pode ocorrer naturalmente, quando estabelecemos um paradigma de vitalidade que oferece uma nova compreensão da natureza da *realidade* e *identidade* humana e estas, por sua vez, trazem novas percepções para nossa *jornada evolucionária*. As mudanças de paradigma que despertam essa transformação tripla são extremamente raras na história. Estamos agora em meio a esse despertar, cuja essência pode ser resumida como a *transição da morte para a vitalidade*: em vez de considerar o universo como composto de matéria morta e espaço vazio sem significado ou propósito, o universo é conhecido e vivenciado como um organismo senciente unificado — uma entidade singular e viva — tornando-se cada vez mais consciente, e gerando expressões cada vez mais complexas de sua vitalidade.

A visão de que vivemos em um universo unificado e vivo não é "nova". Este é o entendimento original da humanidade sobre a realidade, mas foi amplamente esquecido nas últimas centenas de anos. Agora, está sendo redescoberto, com a convergência de percepções das fronteiras da ciência e tradições de sabedorias mais antigas do mundo.

As primeiras intuições humanas revelaram uma vitalidade inerente, que permeia toda a existência. Por pelo menos 5.000 anos, essa foi a visão da tribo de nativos Ohlone, hoje extinta, mas que vivia de forma sustentável em suas terras, na área da Baía de São

Francisco. O antropólogo cultural Malcolm Margolin descreveu lindamente como, para os Ohlone, a natureza estava viva e cintilava de energia.[138] A vitalidade não era algo distante, mas, como o ar, estava presente em tudo e todos os lugares. Como tudo estava cheio de vida, cada ato era espiritual. Todas as tarefas — caçar um animal, preparar comida ou fazer uma cesta — eram feitas com uma percepção do mundo de vida e poder circundante. A percepção de que vivemos em um universo vivo não se restringiu às culturas indígenas. Há mais de dois mil anos, Platão escreveu sua história da criação — *Timeu* — e descreveu o universo, ou cosmos, como um ser singular e vivo, dotado de alma.

Apesar destas raízes profundas de vitalidade, a ideia de um universo sem vida e materialismo morto se estabeleceu nas sociedades ocidentais há, aproximadamente, 300 anos. O materialismo vê a matéria morta e espaço vazio como a única realidade verdadeira, e considera o universo sem vitalidade, significado e propósito mais profundos. Essa visão superficial e empobrecida da realidade, identidade humana e nossa jornada evolucionária tem sido imensamente poderosa por um motivo simples: ela transformou o mundo em um recurso a ser consumido. Se a natureza fosse essencialmente matéria morta, então seria lógico consumir a morte para beneficiar os vivos (nós mesmos). Essa lógica simples foi impiedosa, ao dar permissão para a exploração irrestrita da natureza. Dada a ausência de restrições éticas, o paradigma do materialismo morto tem sido implacável em seu exercício de poder, prosseguindo com força total, até atingir os limites de sua compreensão superficial e simplória da existência. Esse limite está agora à vista, pois vemos a lógica suicida do materialismo morto levando à extinção de nossa espécie, com grande parte do restante da vida na Terra. Agora nos deparamos com o paradoxo do grande empobrecimento ao custo da abundância material. Estamos nos matando. A destruição dos ecossistemas nos leva a recordar nossa compreensão mais antiga da existência, e a recuperar seu fundamento ético: se o mundo ao nosso redor está vivo, então nossa tarefa como seres maduros é estender o cuidado consciente a tudo o que é vivo, e tratar esse mundo com grande respeito.

Há uma diferença simples e clara entre esses dois paradigmas: se o mundo está morto em suas bases, então ele pode ser explorado, usado e consumido. Se ele está vivo, cuide dele e use suas benesses com gratidão e moderação. A mente moderna vê a natureza como morta e, portanto, inanimada. Por sua vez, temos apenas uma consideração superficial sobre como utilizamos e abusamos dela. Com desconsideração e à distância, a riqueza e segredos do mundo foram transformadas em recursos a serem explorados. Qualquer mudança positiva que exista no paradigma mecanicista equivale a uma fina camada de felicidade, baseada no consumo de elementos materiais.

Em contrapartida, um paradigma de vitalidade está repleto de mudanças positivas. Todo o nosso universo emergiu de um ponto de energia, há quase 14 bilhões de anos, e floresceu com aproximadamente dois trilhões de galáxias, cada uma com cem bilhões ou mais de sistemas estelares! Nossa existência é uma ilustração incrível de mudança positiva, pois surgimos continuamente de uma base geradora de vitalidade. Uma força vital extraordinária é tão *fundamental* (ao dar origem e sustentar nosso universo) quanto *emergente*, ao originar inúmeras expressões de vitalidade. Observamos a vitalidade irreprimível em todos os lugares: na grama que cresce nas rachaduras das calçadas, nas regiões geladas do oceano Ártico, no calor extremo de aberturas oceânicas profundas, em leitos rochosos quilômetros abaixo da Terra que nunca viram a luz do sol e água. Sustentar um universo inteiro e dar origem a inúmeras expressões de vida representam mudanças positivas surpreendentes. Ao despertarmos para a vitalidade, redescobrimos as mudanças positivas contínuas na base de toda a existência. Se a vitalidade em escala cósmica pode criar e sustentar trilhões de galáxias, então ela certamente pode proporcionar uma mudança positiva, para transformar a tristeza da perdição do materialismo na Terra na alegria de viver em um jardim próspero, rico em possibilidades.

O poder da "vitalidade"

Nosso mundo em colapso nos desafia com uma pergunta implacável: "existe uma experiência de vida, compartilhada tão amplamente, que possa nos unir em uma jornada comum para um futuro próspero?" A resposta é um inequívoco "sim". Por trás de nossas diferenças, todos compartilhamos a experiência de simplesmente estarmos vivos, e essa experiência notável fornece uma base inabalável para que a humanidade se una em uma jornada comum de transição e transformação.[139] Quando nossa vitalidade pessoal se torna transparente para a vitalidade do universo vivo, as experiências de admiração e assombro ocorrem naturalmente. Ao nos abrirmos para as dimensões cósmicas de nosso ser, nos sentimos mais à vontade, menos egocêntricos, mais empáticos com outros e com um desejo maior de servir à vida. Estas mudanças de perspectiva são imensamente valiosas para a construção de um futuro sustentável e com propósito. Um dos principais estudiosos das tradições da sabedoria humana foi Joseph Campbell. Tive o privilégio de ser coautor de um livro com ele, *Changing Images of Man*, que explora os arquétipos profundos que nos levam ao futuro nesses tempos de transição.[140] Em uma entrevista reveladora, perguntaram a Campbell se a busca mais profunda dos seres humanos é a "busca de significado". Ele respondeu:

"As pessoas dizem que todos nós estamos buscando um sentido para a vida. Não acho que seja isto que estamos realmente buscando. Acho que estamos buscando uma sensação de estarmos vivos, de modo que nossas experiências de vida no plano puramente físico sejam refletidas em nosso ser e realidade mais profundos, de modo que realmente percebamos o êxtase de estarmos vivos."[141]

Uma citação atribuída ao filósofo Blaise Pascal: "O objetivo da vida não é a felicidade, paz ou realização, mas a *vitalidade*."[142] Howard Thurman, autor, filósofo, teólogo e líder dos direitos civis, disse a famosa frase: "Não pergunte o que o mundo precisa. Pergunte o que faz você se sentir vivo, e vá fazê-lo. Porque o mundo precisa de pessoas que tenham despertado para a vida."[143]

Vitalidade é nossa única riqueza verdadeira

Erich Fromm, psicólogo e filósofo, escreveu que nossa experiência de vitalidade é o dom mais precioso que podemos compartilhar com os outros. Quando compartilhamos a experiência de vitalidade dentro de nós mesmos — gratidão, medos, compreensão, curiosidade, humor e tristeza — apresentamos a essência de nosso ser. Ao compartilharmos nossa vitalidade, enriquecemos a vida de outras pessoas. Despertamos o senso de vitalidade delas ao compartilharmos nossa própria experiência de estarmos vivo, neste momento. Não compartilhamos com a intenção de receber algo dos outros; em vez disso, o compartilhamento em si é um presente oferecido por nós, que desperta uma vitalidade recíproca nos outros, criando um fluxo de retorno mútuo e crescente.

Joanna Macy, sábia espiritual e ecológica, conecta o ativismo climático com nossa experiência de vitalidade:

"O momento atual é excelente para se estar vivo. Porque a consciência do colapso iminente é um convite para nos perguntarmos questões profundas sobre significados, as quais normalmente deixamos de lado ou nem chegamos a fazê-las. *O desespero climático está convidando as pessoas a voltarem à vida.(…)* O caminho através do desespero envolve experimentar a si como parte de um todo maior, e ceder ao mistério da criação. A crise climática nos convida a enfrentar o mistério da vida com novos olhos e um coração aberto."[144]

A filósofa junguiana Anne Baring descreve como as culturas de consumo têm dificuldade em entender a experiência das culturas indígenas e suas percepções que "(...) a vida do cosmos, da Terra e da humanidade eram uma só vida, impregnada e transmitida por um espírito vivo".[145] Ela escreve que a grande revelação de nosso tempo é que "estamos passando da história de um cosmos morto e inanimado para uma nova história, de um cosmos que está vivo de modo vibrante, sendo a base fundamental de nossa própria consciência."[146]

Um universo sem vida não tem consciência e, portanto, é alheio a qualquer senso de propósito humano. Como formas de vida existencialmente separadas, podemos nos esforçar heroicamente para impor alguma razão para nossa existência no universo, mas isso é, em última análise, infrutífero em um cosmos que desconhece a vida. Em um contraste impressionante, um universo vivo parece ter a intenção de gerar sistemas de autorreferência e organização própria dentro de si, em todos os níveis. Somos expressões de vitalidade que, depois de quase 14 bilhões de anos, permitem que o universo olhe para trás e reflita sobre si. Um paradigma de um universo vivo traz uma mudança profunda em nosso propósito evolucionário:

> *"A vida está ocupada tanto em se perpetuar quanto em se superar; se tudo o que ela faz é se manter, então viver é apenas não morrer."*[147]
> —Simone de Beauvoir

Por trás das diferenças de idioma e história, há um entendimento comum: o universo é um sistema vivo, que ressurge como uma criação a cada momento. Somos uma parte inseparável desse processo renovável. Esse entendimento é famoso e amplamente reconhecido por místicos, poetas e naturalistas:[148]

> *O céu está sob nossos pés, e também sobre nossas cabeças.*
> —Henry David Thoreau[149]

154

Quanto mais intensamente olhamos para a natureza, mais reconhecemos que ela é cheia de vida. A partir desse conhecimento, surge nosso relacionamento espiritual com o universo.

—Albert Schweitzer[150]

E para a floresta eu vou, para deixar a razão e encontrar minha alma.

—John Muir[151]

Mas não apenas belas — as estrelas são como as árvores da floresta, vivas e respirando. E estão me observando.

—Haruki Murakami[152]

O objetivo da vida é fazer com que as batidas de seu coração coincidam com o ritmo do universo, para que sua natureza coincida com a Natureza.

—Joseph Campbell[153]

Se você deseja conhecer o divino, sinta o vento em seu rosto e o sol quente em sua mão.

—Buda[154]

Eu acredito em Deus, só que eu o chamo de Natureza.

—Frank Lloyd Wright[155]

Despertar para nossa conexão consciente com o universo vivo naturalmente expande nosso horizonte de preocupação e solidariedade, e ilumina a perspectiva de trabalharmos juntos para construir um futuro sustentável. Não se trata de filosofia abstrata, mas da experiência íntima de simplesmente estar vivo para a nossa experiência única de nós mesmos. Aos 90 anos, as palavras de Florida Scott-Maxwell descrevem esta visão de forma poderosa: "Você só precisa reivindicar os eventos de sua vida para ser você mesmo.

Quando você se apropria de tudo o que foi e fez, você está alinhado com a realidade."[156]

Ao despertarmos para a vitalidade em nosso íntimo, nos conectamos simultaneamente com a vitalidade do universo.

A vitalidade não custa nada e é dada gratuitamente, como nosso direito de nascença. A experiência da vitalidade está aqui, e disponível para nós, em todos os momentos. A vitalidade é uma experiência integrada, poderosa e universalmente compartilhada. Para demonstrar, solicitei aos participantes de uma comunidade educacional, que auxilio com outras pessoas, que descrevessem o que significa para eles "estar plenamente vivo". As respostas foram imediatas e diretas: "estar em movimento"; "a mente retornando ao lar: seu corpo"; "sentir toda a plenitude de minhas emoções"; "viver com propósito e sem expectativas"; "expressar plenamente minhas aptidões significativas"; "conexão profunda com a natureza."[157]

Uma escolha de vida dedicada ao desenvolvimento da plena vitalidade pode ser considerado uma fantasia por aqueles que vivem dentro da mentalidade do materialismo e consumismo. No entanto, essa visão está mudando. A mentalidade do materialismo está sendo transformada por novas descobertas da ciência, por percepções duradouras de tradições de sabedoria e pela experiência direta de uma grande parte da humanidade. Ao integrar estas diversas fontes de entendimento, descobrimos que a vitalidade é a experiência nova — e eterna —, que oferece à humanidade um lugar de encontro e cura coletivos.

Nossa conexão mais próxima com a sabedoria antiga dos povos ancestrais vem de tradições nativas, com raízes profundas, se estendendo até o passado distante da humanidade. A sabedoria indígena apoiou nossos ancestrais, enquanto eles suportavam condições excepcionalmente severas, por várias centenas de milhares de anos. Como as pessoas que continuam a defender estas tradições antigas vivenciam a vida e o mundo?

A tribo Koyukon da região do norte central do Alasca.
Os Koyukon vivem "em um mundo que observa, em uma floresta de olhos". Eles acreditam que, onde quer que estejamos, nunca estamos realmente sozinhos, pois os arredores, por mais remotos que sejam, estão cientes de nossa presença, e devem ser tratados com respeito.[158]

Povo Kichwa de Sarayaku, selva amazônica equatoriana.
Acredita que "tudo na selva está vivo e possui um espírito".

Luther Standing Bear, Lakota Sioux, da região de Dakota do Norte e do Sul.

"Não existe tal coisa como vazio no mundo. Até mesmo no céu não há lugares vagos. Em toda parte havia vida, visível e invisível, e cada objeto nos proporcionava curiosidade na vida. O mundo estava repleto de vida e sabedoria; não havia solidão completa para os Lakotas."[159]

A ideia e experiência de uma presença viva e consciente, que se espalha pelo mundo, são compartilhadas pela maioria das culturas indígenas (talvez todas). O povo Koyukon do Alasca descreveu o mundo natural como uma "floresta de olhos" ciente de nossa presença, não importando quem somos ou onde estamos. Um instinto relacionado nos diz que uma força vital, ou "vento sagrado", sopra pelo universo, e traz consigo uma capacidade de consciência e comunhão com toda a vida.

Em concordância com as visões indígenas, encontramos uma visão surpreendente sobre a natureza do universo em diversas tradições espirituais. A maioria das tradições espirituais vê o universo como algo novo, que surge de modo contínuo, a cada momento; um todo indivisível, emergindo em um processo único e vasto, de precisão e poder impressionantes:

Cristianismo: *"Deus está criando o universo inteiro, total e plenamente, neste momento* *presente. Tudo foi criado por Deus(...) Deus cria agora tudo, ao mesmo tempo."*[160]

—Meister Eckhart, místico cristão

Islã (Sufista): *"Você tem uma morte e um regresso a todo momento.(...) Em cada momento, o mundo é renovado, mas nós, ao assistirmos à continuidade de seu aparecimento, não temos consciência de que ele está sendo renovado."*[161]

—Jalāl ad-Dīn Muhammad Rūmī, professor e poeta sufista do século XIII

Budismo (Zen): *"Minha proclamação solene é que um novo universo é criado a cada momento."*[162]

—D. T. Suzuki, professor Zen e acadêmico

Hinduísmo: *"O universo inteiro contribui incessantemente para sua existência. Portanto, o universo inteiro é seu corpo."*[163]

—Sri Nisargadatta, professor hindu

Taoismo: *"O Tao é a força vital que sustenta, a mãe de todas as coisas; a partir dele, todas as coisas surgem e desaparecem, sem serem interrompidas."*[164]

—Lao Tzu, fundador do taoismo

Quão difundida está a experiência de semear a vitalidade e a unidade verdadeira na vida cotidiana? Com que frequência as pessoas sentem a vitalidade e conexão íntima com a natureza e o mundo maior? Pesquisas científicas exploraram essa questão fundamental:

- Uma pesquisa global envolvendo 7.000 jovens em 17 países, realizada em 2008, revelou que 75% acreditam em um "poder superior", e uma maioria diz ter tido uma experiência transcendente, acredita na vida após a morte e acha que "provavelmente é verdade" que todos os seres vivos estão conectados.[165]

- Em 1962, uma pesquisa do Gallup com a população adulta dos EUA, descobriu que 22% relataram ter tido experiências de despertar, que revelam nossa conexão íntima com o universo. Em 1976, o Gallup informou que esse número havia aumentado para 31%. Em 1994, uma pesquisa da revista Newsweek constatou que esse número havia aumentado para 33%. Em 2009, uma pesquisa do Pew Research relatou que "momentos de visão ou despertar religioso repentino" haviam aumentado dramaticamente para 49% da população adulta.[166]

- Em uma pesquisa nacional realizada nos EUA em 2014, quase 60% dos adultos relataram que sentem regularmente uma profunda sensação de "paz e bem-estar espiritual", enquanto 46% dizem que experimentam uma profunda sensação de "admiração pelo universo" pelo menos uma vez por semana.[167]

- Um motivo importante para estas mudanças pode ser o aumento drástico da meditação nos últimos anos. Uma novidade da Nova Era na década de 1960, se transformou em um movimento popular no século XXI. A porcentagem de adultos que meditam está crescendo rapidamente: de uma estimativa de 4% da população dos EUA, em 2012, para mais de 14% apenas cinco anos depois (2017).[168] Meditação, dieta e exercício físico são agora considerados atividades comuns para a saúde e o bem-estar.

Figura 5: Crescimento de experiências de despertar nos EUA, de 1962 a 2009, porcentagem da população

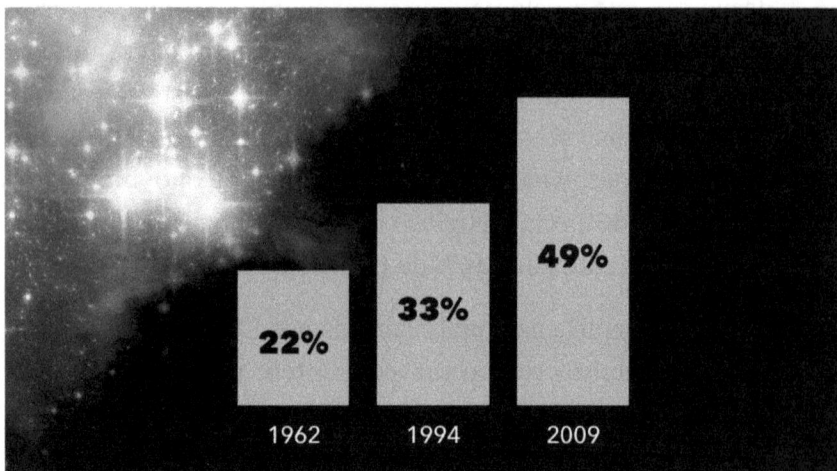

Essas pesquisas mostram que as experiências de despertar, com comunhão e conexão com a vitalidade do universo, não são um fenômeno marginal, mas são familiares para uma grande parte das pessoas. A humanidade está despertando, de forma perceptível, para uma visão de nós mesmos como inseparáveis do universo maior.[169]

Até décadas recentes, qualquer sugestão de que o universo pudesse ser visto como um sistema vivo unificado era considerada uma fantasia pela ciência convencional. Agora, com as descobertas da física quântica e outras áreas, a antiga intuição de um universo vivo unificado está sendo reconsiderada, à medida que a ciência elimina a superstição para revelar o cosmos como um lugar de maravilha, profundidade, dinamismo e unidade inesperados.[170]

- **Um todo unificado**: nas últimas décadas, a física quântica tem confirmado repetidamente que o universo é uma unidade única e vasta, profundamente conectada consigo mesma em todos os lugares e a todo momento. Uma citação famosa de Albert Einstein desafia a visão da separação: "Um ser humano é parte de um todo chamado por nós de 'universo', uma parte limitada no tempo e no espaço. Nós experimentamos a nós mesmos, nossos pensamentos e sentimentos, como algo separado do resto. Uma espécie de ilusão de ótica da consciência. A busca pela libertação dessa escravidão é o único objetivo da verdadeira religião."[171]

- **Predominantemente invisível**: desafiando de modo impressionante a visão de que matéria e energia são tudo o que existe no universo, os cientistas agora acreditam que a predominância do universo é invisível e não material!

Atualmente, cientistas estimam que aproximadamente 95% do universo conhecido é invisível aos nossos sentidos físicos, com 72% composto de energia "escura" (ou invisível) e 23% compostos de matéria "escura" (ou invisível).[172] Nossa biologia é uma manifestação dos 4% do universo composto de matéria luminosa (ou visível). Esse novo entendimento da ciência confirma a percepção original da humanidade de que, subjacente ao mundo físico, existe um mundo invisível muito maior, de energia não vista e imenso poder.

Aqui está uma visão ainda mais abrangente de Albert Einstein: "O que denominamos matéria é energia, cuja frequência foi reduzida a um nível perceptível aos nossos sentidos. Matéria é espírito reduzido a uma situação visível. Não existe matéria."

Figura 6: Composição do universo – porcentagens de matéria e energia luminosa e escura

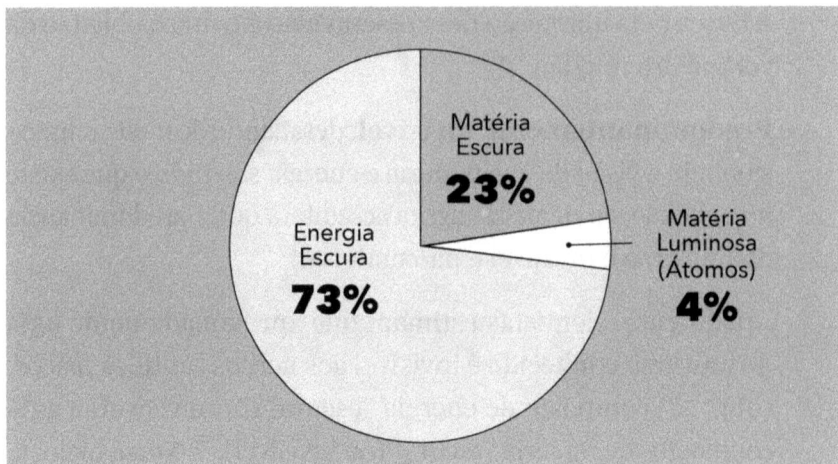

- **Criação contínua**: a todo momento, o universo inteiro emerge como uma música única de expressão cósmica. Nada é permanente. Tudo é um fluxo. Nas palavras do cosmólogo Brian Swimme: "O universo emerge de um abismo não apenas quatorze bilhões de anos atrás, mas a cada momento."[173] Apesar da aparência externa de solidez e estabilidade, quando a ciência explora profundamente, vemos evidências de que o universo é um sistema regenerativo.

- **Consciência em todas as escalas**: um escalonamento de consciência parece estar presente em todo o universo, à medida que exploramos expressões de vida cada vez menores — a consciência nunca se desliga completamente; em vez disso, a consciência diminui à medida que a complexidade orgânica se reduz: de humanos a cães, insetos, plantas e criaturas unicelulares, e depois continua desaparecendo na matéria inorgânica, como elétrons e quarks, que possuem uma forma extremamente simples de consciência, compatível com sua natureza simples.[174] Além disso, como o universo é um todo unificado e não há partes independentes, isto sugere que o próprio universo tem consciência, uma expressão de sua natureza holística, e que pode ser experimentada pelos seres humanos como a consciência do cosmos ou "consciência cósmica".[175] O poder gerador do "universo-mãe" (que deu origem ao nosso "universo-filho") sugere que exista um oceano subjacente de vitalidade e consciência geradoras, do qual um universo inteiro pode surgir e crescer a partir de uma semente menor que um único átomo, chegando a um gigantesco sistema com vários trilhões de galáxias. Max Planck, criador da teoria quântica, declarou: "Considero a consciência como fundamental."[176]

- **Capacidade de reprodução**: uma capacidade vital para qualquer sistema vivo é a capacidade de reprodução. Uma visão crescente na cosmologia é que nosso universo se reproduz por meio de buracos negros. O físico John Gribbin escreve: "Em vez de um buraco negro representar uma viagem só de ida para lugar nenhum, atualmente muitos pesquisadores acreditam que ele é uma viagem só de ida para algum lugar: para um novo universo em expansão, com suas dimensões próprias."[177]

Uma nova imagem de nosso universo está ficando em evidência. A vida existe dentro da vida. Nossa vitalidade é inseparável da vitalidade maior de um cosmos vivo. O universo é um "superorganismo" unificado, continuamente regenerado a cada momento, e isso inclui consciência, uma capacidade de conhecimento que permite que os sistemas em todas as dimensões da existência exerçam alguma medida de liberdade de escolha.

Não somos quem pensávamos ser. Ao considerar a imensidão do universo, com seus bilhões de galáxias se movendo, cada uma com bilhões de estrelas, é natural chegar à conclusão de que somos extremamente minúsculos na escala cósmica das coisas. No entanto, esta visão é radicalmente equivocada. Não somos criaturas pequenas: na escala geral do universo, somos literalmente gigantes! Imagine que você tenha uma régua que consiga medir dos maiores até os menores elementos do universo conhecido. Nas maiores dimensões, vemos centenas de bilhões de galáxias e, nas menores, viajamos para dentro do núcleo de um átomo e, após, para os reinos incrivelmente diminutos de nosso universo renovável. Se avaliarmos os seres humanos por esta regra, verificaremos que estamos na faixa intermediária. Na verdade, *há mais elementos menores do que maiores*! Em escala cósmica, somos criaturas realmente enormes: somos gigantes! Como seres colossais, é fácil ignorarmos os turbilhões de atividade que ocorrem continuamente na escala verdadeiramente microscópica do universo.

Thomas Berry, estudioso das religiões do mundo, descreve a conexão inseparável do indivíduo com o universo: "Nós carregamos o universo em nosso ser, assim como o universo nos carrega em seu ser. Os dois têm uma presença total um no outro, e também naquele mistério mais profundo, do qual tanto o universo quanto nós mesmos emergimos."[178] É extraordinário: um campo de vitalidade cria e sustenta nosso universo, mantendo-o pacientemente em seu amplo abraço por bilhões de anos, enquanto produz expressões cada vez mais conscientes de vitalidade, progressivamente capazes de olhar para trás, com consciência reflexiva, e apreciar suas origens.

À medida que aprendemos a reconhecer nossa experiência de vitalidade e a encontramos na base do universo como experiência vivida — à medida que a vida encontra a vida —, uma janela se abre e as experiências de despertar surgem naturalmente. Quando nossa experiência de vitalidade se conecta com a do universo, reconhecemos, por experiência direta, que fazemos parte da grande plenitude da vida. É isso que somos: tanto uma vitalidade biológica única quanto uma parte inseparável da vitalidade cósmica. Somos de natureza biológica e cósmica: somos seres "biocósmicos". Em um paradoxo surpreendente (descrito lindamente pelo psicoterapeuta Thomas Yeomans), à medida que crescemos em nossa maturidade espiritual e nos tornamos um com toda a vida, simultaneamente nos tornamos mais completos e unicamente nós mesmos.

Quando juntamos estas referências de sabedoria — interpretações indígenas, tradições espirituais, sabedoria da natureza, experiência direta e evidências científicas — eles transformam nossa compreensão da *realidade* (de morta para viva), e isto transforma nossa compreensão da *identidade humana* (de natureza biológica e cósmica), o que, por sua vez, transforma nossa compreensão da *jornada* evolucionária (estamos aprendendo a viver em um universo vivo).

Revisando: o paradigma do materialismo pressupõe que habitamos um universo que não é vivo em suas bases, sem consciência, significado ou propósito. Como resultado, nos identificamos com nossa natureza material ou biológica e nada mais. Eu penso e, portanto, sou os pensamentos que penso e nada mais. Por outro lado, em um universo vivo, nosso ser inclui a consciência, que alcança uma ecologia ilimitada, além do nosso cérebro pensante. Portanto, como seres conscientes, nossa identidade pode ir muito além de nossa natureza biológica e atividade mental. Somos seres de dimensão biológica e cósmica — repetindo: *somos seres biocósmicos*. Assim como podemos estimular e desenvolver nossa capacidade de pensar, também podemos evoluir em nossa capacidade de conhecimento ilimitado na unidade do universo. A expansão e aprofundamento de nossa capacidade natural de consciência cósmica transformam nossa identidade e jornada evolucionárias.

No entanto, sendo totalmente realistas, não parece provável que nos afastemos de um caminho de separação, com suas crescentes desigualdades, consumo excessivo de recursos e danos profundos à Terra, a menos que descubramos um caminho para o futuro tão verdadeiramente notável, transformador e acolhedor, que sejamos atraídos por seu convite. Esse caminho deve ser atraente como possibilidade, para termos o desejo de explorá-lo agora. Esse caminho está sendo revelado por percepções que convergem da ciência e das tradições de sabedoria do mundo.

Estamos descobrindo que, em vez de lutar por
significado e milagre de sobrevivência em um universo

morto, somos convidados a aprender e crescer na
natureza íntima de um universo vivo.

Aceitar o convite de aprender a viver em um universo que está vivo representa uma jornada tão extraordinária, que nos conclama a aceitarmos os erros do passado e reconhecermos um futuro notável, que só poderemos alcançar juntos. À medida que nos abrimos para as dimensões cósmicas do nosso ser, ficamos mais à vontade, menos egocêntricos, mais empáticos em relação aos outros, e cada vez mais atraídos para servir a vida. Estas mudanças de perspectiva são imensamente valiosas para a construção de um futuro sustentável.

Aceitar o convite e aprender a viver conscientemente
em um universo vivo é começar um novo capítulo na
evolução da humanidade, com uma nova compreensão
sobre realidade, identidade humana e nossa jornada
evolucionária.

Mesmo que apenas por breves momentos, *podemos* vislumbrar e conhecer a existência como uma totalidade perfeita. Sentir a vitalidade do universo por alguns segundos pode transformar nossas vidas. O querido poeta sufista, Kabir, escreveu que viu o universo como um corpo vivo e em crescimento "por quinze segundos, e isso o tornou um servo da vida".[179] Não importa quão mundana seja a circunstância, nem quão trivial pareça a situação, sempre podemos nos tornar conscientes da vitalidade inerente e consciência dentro de nós e ao nosso redor. Podemos vislumbrar o universo vivo à luz dourada de um final de tarde, ou em uma velha mesa de madeira lustrada que brilha com uma intensidade e presença inexplicáveis. Também podemos testemunhar a frenética vitalidade da existência em lugares que podem parecer distantes da natureza: uma sala com objetos de plástico, aço cromado e vidro exibirá vitalidade intensa, em sua forma natural. Na contemplação suave de qualquer parte da realidade comum, podemos vislumbrar o grande furacão de energia que sopra com força silenciosa por todas as coisas e, com uma "floresta de olhos", está ciente da nossa existência. O espaço vazio também revelará que é um oceano de vitalidade agitada, uma organização de arquitetura invisível, que ativamente fornece um contexto para a matéria se apresentar.

Nascer como ser humano é um dom raro e precioso. Embora tenhamos a benesse de um corpo para vivermos a nossa experiência, é importante reconhecermos a nossa natureza biocósmica.

Somos seres biocósmicos:
nossos corpos são instrumentos biodegradáveis, para
adquirirmos experiências que enriqueçam a alma.

Como meios temporários para experiências cósmicas de aprendizagem, nossos corpos são expressões de uma vitalidade criativa que, após quase 14 bilhões de anos, permite que o universo olhe para trás e reflita sobre si. Uma vez que o cosmos é um sistema de aprendizagem, o objetivo primordial de estar aqui é aprender tanto com os prazeres quanto com as dores da existência. Se não houvesse liberdade para cometer erros, não haveria dor. Se não houvesse liberdade para uma descoberta autêntica, não haveria êxtase. Na liberdade, experimentamos prazer e dor durante o processo de desenvolvimento de nossa identidade como seres de dimensões terrenas e cósmicas.

Estamos na Terra como agentes de ação reflexiva e criativa, engajados em um momento de grande transição, aprendendo conscientemente a viver em um universo vivo. Um antigo ditado grego fala diretamente para nossa jornada de aprendizagem: "Acenda sua vela antes que a noite chegue." Se o universo fosse inanimado em sua base, seria preciso um milagre para nos salvar da extinção no momento da morte, e, depois, nos levar daqui para um céu (ou terra prometida) de vitalidade contínua. No entanto, se o universo está vivo, então já estamos dentro dele, e crescendo em sua vitalidade.

Todas as coisas acabam. Todo o ser continua.
Essa é a natureza de cada um.

Quando nosso corpo físico morre, o fluxo de vida que somos faz sua passagem para um lar adequado na ecologia mais ampla da vitalidade. Não precisamos de um milagre para nos salvar: já existimos dentro do milagre da vitalidade. Em vez de sermos salvos da morte, nosso trabalho é chamar atenção consciente para a vitalidade sempre emergente, aqui e agora. Estamos deixando de nos ver como criações acidentais, vagando por um cosmos sem vida, sem sentido e sem propósito, para nos vermos envolvidos em uma jornada sagrada de descoberta em um cosmos vivo, de profundidade impressionante e riqueza de propósito. Cynthia Bourgeault, mística moderna e sacerdotisa episcopal, escreve: "Cada um de nós, e cada ação que fazemos, tem uma qualidade de vitalidade, uma fragrância ou vibração, exclusivamente sua. Se a forma exterior de quem somos nesta vida é expressa pelos nossos corpos físicos, a forma interior, nossa verdadeira beleza e autenticidade, está expressa na qualidade da nossa vitalidade. É aqui que reside o segredo do nosso ser."[180]

Aprendendo a viver em um universo vivo, estamos aprendendo a viver na ecologia íntima da existência. Este é um chamado tão surpreendente para a nossa natureza significativa, a partir da profunda benevolência de um universo vivo, que seríamos tolos cósmicos se ignorássemos um convite, cujo valor está além do seu custo ou significado.

Um velho ditado diz: "um homem morto não conta histórias." Da mesma forma: "um universo morto não conta histórias." Por outro lado, um universo vivo é uma vasta história que se desenrola continuamente, com inúmeros personagens interpretando dramas emocionantes de despertar e expressão criativos, inseparáveis do talento de criar o mundo. O universo é uma criação viva e em desenvolvimento. Santa Teresa de Ávila viu isso, quando escreveu: "Permanece a sensação de que Deus também está na jornada."[181] Se nos reconhecemos conscientemente como participantes de um jardim cósmico de vida, que tem crescido pacientemente ao longo de bilhões de anos, podemos despertar para a mudança positiva da vitalidade, e substituirmos sentimentos de separação do cosmos pelos de participação, curiosidade e amor pelo mesmo.

Escolha consciência

"Na história do coletivo, como na história do indivíduo, tudo depende do desenvolvimento da consciência."
—Carl Jung

A sabedoria antiga sugere que existem três milagres na vida. Primeiro: qualquer coisa existe. Segundo: seres vivos (plantas e animais) existem. Terceiro: os seres vivos sabem que existem. O terceiro milagre é a capacidade de consciência reflexiva, e é fundamental para nossa natureza como seres humanos. O nosso nome científico é *Homo sapiens sapiens:* não somos apenas "sábios" (seres com capacidade de saber), somos seres que "sabem que sabem", e podemos perceber a nós mesmos em nossas vidas diárias. Constatamos que, quando não funcionamos automaticamente (quando não seguimos modos de vida habituais e pré-programados), temos liberdade de escolha. Consciência e liberdade são parceiros íntimos na dança da evolução. A consciência reflexiva é uma ajuda poderosa para a melhoria e mudança positiva durante este período de iniciação de nossa espécie.

O primeiro passo na melhoria e evolução é simplesmente ver "o que é": ser um observador ou testemunha imparcial da nossa própria experiência. Reflexão honesta e testemunho isento são fundamentais para melhorar nossas vidas. Prestando atenção as nossas vidas no espelho da consciência, podemos fazer amizade com nós mesmos, e chegarmos a um maior autocontrole. A capacidade de reflexão honesta ajuda a superar a conversa superficial de nossas vidas e descobrir a experiência direta da nossa existência.

Peter Dziuban escreve sobre a relação entre consciência e vitalidade.[182] Ele descreve a "vitalidade" como uma experiência direta, em vez de algo do pensamento. Ele solicita que imaginemos um evento de degustação de vinhos, no qual a degustação é o objetivo. Assim é com a vida. Estamos aqui para degustar o que significa estar vivo: experimentar e viver diretamente a nossa vitalidade. Dziuban escreve: "A vida não é nada se não estiver viva!" Na simplicidade do silêncio, podemos degustar a vitalidade. Ela não é um pensamento, mas uma presença viva. Ela também não é um pensamento *sobre* si mesma, mas a *experiência direta da própria vitalidade.*

> "Você está consciente e vivo. As palavras e pensamentos são aquilo de que você está *consciente*. Palavras e pensamentos, por si só, nunca são conscientes: só você é. Então é isto que você realmente é, essa consciência pura – não palavras e pensamentos inconscientes *sobre* ela. Enorme diferença. Pensar é um processo de mudança. A vitalidade é uma imutável presença."[183]

Perceber ou observar a nós mesmos, enquanto avançamos pela vida não é um processo mecânico, mas uma experiência viva em que, conscientemente, "degustamos" nossas vidas e fazemos amizade com nós mesmos, incluindo aqueles momentos de dúvida, raiva, medo e desejo, que podemos preferir ignorar. Um "eu observador" ou "eu testemunhador" nos dá a capacidade de nos afastarmos da identificação completa com desejos, emoções e pensamentos do corpo. Com o espelho confiável da consciência reflexiva, podemos nos ver à distância. Desta perspectiva, vemos que, embora a nossa experiência corporal seja uma parte de nós mesmos, somos mais do que as sensações, prazeres e dores de nosso corpo. Vemos também que, embora a experiência emocional seja uma parte de nós, somos mais do que nossas experiências de raiva, felicidade e arrependimento.

Ao trazer consciência reflexiva para nossas vidas, experimentamos mais amplitude e liberdade. Já não nos identificamos exclusivamente com sensações, emoções e nosso fluxo interno de diálogo mental. O desprendimento e a perspectiva proporcionados pelo saber reflexivo apoiam a reconciliação necessária para atravessar este tempo de grande transição. Quando existe a consciência reflexiva, já não operamos no automático. Expandir o despertar reflexivo a uma escala social, vendo a si próprio no reflexo dos meios de comunicação (internet, televisão e outras ferramentas do sistema nervoso global), muda tudo. Reconhecer que vivemos em uma ecologia de consciência compartilhada une a família humana em um todo mutuamente agradecido, e, simultaneamente, honram nossas diferenças.

A consciência reflexiva é vital para lidar com tensões e desafios globais intensos. Entramos numa tempestade perfeita de problemas interligados e críticos, que exigem um nível sem precedentes de reflexão global e reconciliação, inspirada por uma visão partilhada de um futuro sustentável. Eis como o eminente cientista Carl Sagan expressou a nossa situação, ao testemunhar perante o Congresso, em 1985, sobre como o efeito estufa mudará o sistema climático global:

> "O que é essencial para este problema é uma consciência global. Uma visão que transcende a nossa identificação exclusiva com o grupo geracional e político nos quais, por acaso, nascemos. A solução destes problemas requer uma perspectiva que abrace o planeta e futuro, porque estamos todos juntos nesta estufa."[184]

É importante ressaltar que o despertar da consciência não termina com conhecimento ou atenção reflexiva. Além da consciência reflexiva e condições opostas de observador e observado, podemos evoluir para a consciência única. Se permanecermos com atenção plena mantida, a distância entre o observador e observado diminui gradualmente, até nos tornarmos um fluxo único e integrado de experiência. À medida que o conhecedor e o conhecido convergem e se tornam um na experiência, percebemos que somos inseparáveis de tudo o que observamos. Como o universo é um todo intimamente unificado, simplesmente permitimos que nosso conhecimento consciente esteja de acordo com o que é conhecido. Deixamos de transformar a realidade em algo concreto, como algo a ser testemunhado "de fora", e percebemos que a realidade pode ser experimentada diretamente "de dentro". Podemos ir além de "refletir sobre" a vida, e passar para a experiência de "convergir com" (ou simplesmente *ser)* ela.[185]

Uma nova atmosfera social surgirá, em uma cultura de consciência solidária. Não importa onde as pessoas estejam no mundo, saberemos cada vez mais que estamos entre parentes. Nosso sentido de identidade se expandirá, e consideraremos todos como "cidadãos solidários do cosmos" — seres imersos no íntimo de um universo vivo, que sentem uma profunda conexão com toda a vida.

A palavra "paixão" significa "sofrer", e a palavra "compaixão" significa, literalmente, "sofrer com". Se observamos as pessoas passarem por uma transição dolorosa, podemos nos tornar um só com a experiência de sofrimento, e iremos, de modo natural, trabalhar para aliviar esse sofrimento. Nadando no oceano maior da vida, sabemos intuitivamente que, se a Terra está sofrendo, todos nós estaremos em um oceano de sofrimento inerente. Reconhecemos que nossa experiência de vida é afetada por outros, e que compartilhamos qualquer felicidade ou tristeza como se fôssemos um só.

À medida que a pressão da necessidade exterior se encontra com o impulso da capacidade interior inexplorada, a humanidade desperta a sua capacidade de reflexão e conhecimento conscientes. Reconhecemos que, se estivermos distraídos e em negação, e ignorarmos a urgência e importância da grande transição em curso, perderemos uma oportunidade evolucionária única, que não se repetirá.

Cada geração faz sacrifícios pela próxima, como uma protetora do futuro. A geração atual está sendo pressionada por uma Terra em agonia, e impulsionada por um universo acolhedor, para ofertar uma dádiva sem precedentes para o futuro da humanidade: um despertar, com serenidade e maturidade, para realizar conscientemente nosso potencial biocósmico, bem como propósito de aprender a viver em um universo vivo.

A consciência reflexiva, ou simplesmente presenciar os eventos, passa de uma condição de um luxo espiritual para poucos, em um mundo antes fragmentado, para o de uma necessidade social para muitos, em nosso mundo moderno interdependente. A qualidade da nossa atenção pessoal e social é o recurso e aptidão mais preciosos que podemos oferecer à vida. A velha sabedoria adquire um novo significado: "O preço da liberdade é a vigilância eterna." Nosso nível de vigilância social é fundamental para o funcionamento de uma sociedade livre. Se não prestarmos atenção enquanto decisões de importância evolucionária são tomadas, então efetivamente perderemos nosso futuro. Agora é o momento de estarmos extremamente atentos, tanto pessoal quanto coletivamente.

Para ficarem livres de interferências desnecessárias do governo, indivíduos e comunidades devem desenvolver sua capacidade de se autorregularem conscientemente, em um ritmo pelo menos equivalente àquele em que a ordem social se torna mais complexa, interdependente e vulnerável. Trazer a consciência reflexiva para o nosso mundo conectado nos permite testemunhar objetivamente, por exemplo, as feridas profundas do racismo, pobreza, intolerância e discriminação de gênero. Observar com consciência nos permite recuar e vivenciar nossa humanidade comum de uma perspectiva desapaixonada, fornecendo os meios para unir a família humana em uma comunidade viável.

Desenvolver uma sociedade mais consciente e reflexiva permite o surgimento de muitas outras competências, inclusive:

- **Autodeterminação**: uma das expressões mais básicas de uma consciência em amadurecimento é uma capacidade aprimorada de autodeterminação. Uma sociedade consciente é capaz de analisar suas opções e observar a si mesma no processo de escolha. Somos capazes de observar nosso eu coletivo "de fora", da mesma forma que uma cultura ou nação pode ver outra. Uma sociedade reflexiva não confia cegamente em uma determinada ideologia, líder ou partido político. Em vez disso, ele se reorienta regularmente, olhando para além de propagandas e metas vagas, para escolher um caminho preferido para o futuro.

- **Aceitação de erros**: uma sociedade consciente reconhece que o aprendizado social inevitavelmente envolve cometer erros. Portanto, os erros não são automaticamente considerados "ruins"; em vez disso, são aceitos como parte importante no processo de aprendizagem.

- **Serenidade**: uma sociedade consciente tende a ser objetiva, e reagir com calma aos impulsos estressantes de tendências e eventos. Ela demonstra uniformidade, equilíbrio e confiança, sem ser afastada de seu eixo pelas paixões do momento.

- **Participação**: uma sociedade consciente busca continuamente a sinergia, à medida que diferentes grupos étnicos, regiões geográficas e perspectivas ideológicas são ativamente convidados a buscar um melhor consenso.

- **Antecipação**: ao ver o mundo de forma mais objetiva, a partir de uma perspectiva mais ampla, uma sociedade reflexiva tende a considerar conscientemente caminhos alternativos para o futuro. Em vez de esperar passivamente que as crises forcem a ação, prestamos mais atenção e respondemos aos sinais de perigo.

- **Criatividade**: uma sociedade consciente não está presa a padrões habituais de pensamento e comportamento. Em vez de responder com soluções pré-programadas, ela explora opções com uma mentalidade nova e flexível.

Estas qualidades de uma consciência reflexiva alerta trazem uma poderosa melhoria para atravessarmos nosso período de iniciação coletiva.

Escolha comunicação

A comunicação é a força vital da civilização. A capacidade de comunicação permitiu que os seres humanos progredissem de coletores e caçadores para o limite de uma civilização ecológica planetária. Com o poder da internet e televisão, a família humana está passando de uma história de separação para um futuro de comunicação e conexão globais instantâneas. A cada dia, mais da metade da humanidade entra na realidade expandida da televisão e internet. Com uma velocidade impressionante, estamos desenvolvendo habilidades de comunicação do nível local para global que estão transformando nossa comunicação coletiva *e consciência* como espécie. À medida que a internet se torna mais rápida, inteligente e abrangente, ela une a humanidade em uma única rede de comunicação, que funciona como um "cérebro" para o planeta Terra.

Não mais isolados uns dos outros, estamos testemunhando coletivamente nosso mundo em profunda transição. Revelações e inovações que acontecem em um lado do planeta são comunicados instantaneamente ao redor do mundo, permitindo uma evolução conjunta. Com uma velocidade impressionante, a humanidade está despertando de seu sono coletivo, para se descobrir como uma única espécie, unida por uma extraordinária rede de comunicação planetária. A Terra está começando a estabelecer uma voz para si mesma, que transcende os interesses locais e nacionais.

Estas ferramentas podem oferecer à humanidade uma janela cristalina para ver o mundo, bem como um espelho para nos enxergarmos. Com a internet e televisão, temos tecnologias extremamente poderosas para nos tirar da negação e desorientação, e nos levar a um futuro de profunda transformação. No entanto, com controles autoritários, estas mesmas ferramentas podem diminuir nossa atenção social em uma realidade restrita e censurada. É importante estar atento a ambas as possibilidades. Podemos crescer a potenciais humanos mais elevados com estas poderosas ferramentas de comunicação, ou cair em um poço escuro de autoritarismo digital.

Historicamente, quando um governo autoritário chega ao poder, uma das primeiras ações que toma é isolar um país, para impedir o livre fluxo de comunicação com o mundo exterior. Em seguida, eles reprimem a liberdade de expressão e dissidência no país. Ditaduras digitais que limitam a comunicação dentro e fora de um país estão crescendo em todo o mundo. Países como China e Rússia estão fechando sites da internet, subjugando a oposição e impondo penas de prisão draconianas para dissidentes on-line.

Em outros países, como EUA, as restrições à liberdade de imprensa são impostas não pelo governo, mas pela própria censura das empresas de mídia, que buscam maximizar seus lucros produzindo programas de entretenimento repletos de publicidade comercial. Nos Estados Unidos, podemos ver os resultados desse viés consumista nos níveis grosseiramente inadequados de atenção dados à catástrofe climática, extinção de espécies e outras áreas da crescente crise da Terra. Para ilustrar: se somarmos a quantidade de minutos de cobertura climática das redes de TV aberta (ABC, CBS, NBC e Fox), *durante um ano inteiro,* observamos que o tempo de notícias sobre o assunto foi reduzido de pouco mais de quatro horas em 2017 para pouco mais de duas horas em 2018.[186] *Duas horas de atenção coletiva à nossa crise climática global durante um ano inteiro! Esse é um nível de atenção surpreendentemente inadequado para uma democracia moderna enfrentando uma crise planetária!* Outros fatores, como a extinção em massa de espécies, estão sendo essencialmente ignorados.

Figura 7: tempo de transmissão na TV aberta sobre mudanças climáticas:

Tempo total de cobertura na ABC, CBS, NBC e Fox

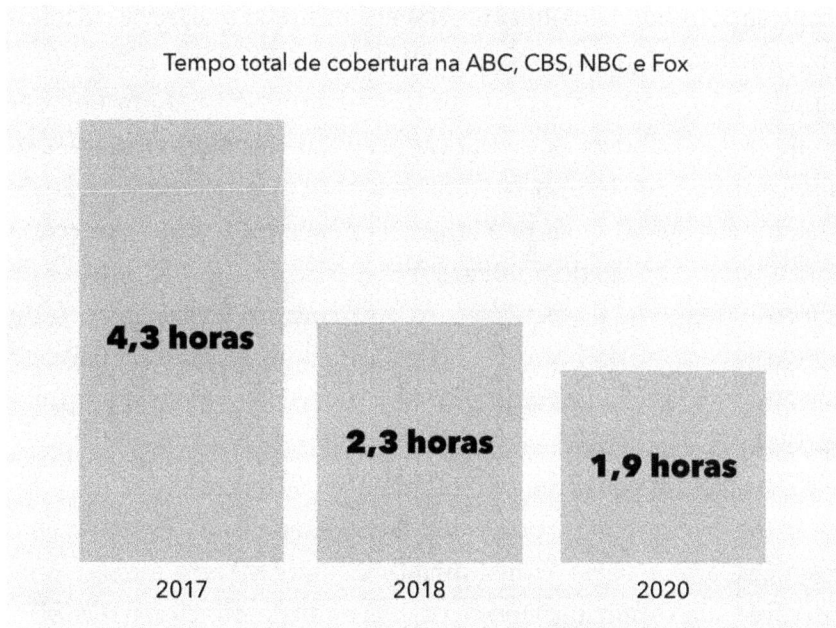

| 4,3 horas | 2,3 horas | 1,9 horas |
| 2017 | 2018 | 2020 |

Em 2020, a cobertura geral da mudança climática nos noticiários da TV aberta caiu ainda mais: 53%. Ao longo de um ano inteiro (2020), esses programas de notícias cobriram a mudança climática por um total de 112 minutos (menos de duas horas) — a menor quantidade de cobertura desde 2016.[187] Essa redução drástica na cobertura climática ocorreu apesar de vários eventos climáticos extremos, relatórios importantes sobre os efeitos da mudança climática, ataques repetidos ao meio ambiente por interesses políticos e comerciais, além de uma eleição presidencial na qual a mudança do clima foi o centro das atenções. No geral, a cobertura climática em 2020 representou apenas 0,4% dos noticiários em televisão aberta. *Esse nível terrível de atenção ilustra, com uma clareza surpreendente, como os EUA estão sendo alienados de forma espantosa pelas redes de TV aberta, a serviço de lucros corporativos.*

Como a humanidade pode ir além deste empobrecimento debilitante e desnecessário de nossa consciência e compreensão coletivas?

Na minha opinião, devemos usar os próprios meios de comunicação para mudá-los. Em vez de direcionar protestos em massa a uma empresa petrolífera ou uma burocracia governamental, se os cidadãos direcionassem o mesmo nível de protesto às empresas e emissoras de televisão, demonstrando seu fracasso quase total em atender ao interesse público, isto poderia produzir um aumento drástico na quantidade de tempo de transmissão dedicado à exploração de desafios críticos para o nosso futuro. Por exemplo, o que aconteceria com a compreensão do público sobre a crise da Terra se, em vez de 0,5% de tempo de transmissão, as emissoras dedicassem 10%, ou até mesmo 20%, do horário nobre a esta ameaça existencial? Isto certamente geraria um aumento rápido e revolucionário na preocupação, compreensão e engajamento do público!

É vital que reconheçamos o papel principal dos meios de comunicação em promover a loucura coletiva do materialismo. É literalmente insano, como espécie, consumirmos demais a Terra e forçar-nos em direção ao autoritarismo digital ou extinção funcional. Os EUA são o principal exemplo desta loucura: um americano médio assiste mais de quatro horas de televisão por dia, o que significa que, *como civilização, os americanos assistem mais de um bilhão de horas de televisão por dia.* Por sua vez, estima-se que o americano médio assistirá mais de 25.000 comerciais em um ano! Comerciais são muito mais do que anúncios de produtos; são mensagens e histórias altamente sofisticadas, que priorizam e promovem valores e modos de vida materialistas.

Talvez não haja desafio mais perigoso para o nosso futuro do que a hipnose cultural criada pelos comerciais de televisão, que banalizam a vida humana e distrai a humanidade do nosso ritual de passagem para o início da vida adulta. *Ao programar a televisão para o sucesso comercial, a mentalidade das civilizações é programada para a estagnação evolucionária e fracasso ecológico.* As empresas de mídia nos dizem que devemos consumir mais, enquanto nossas preocupações ecológicas com a Terra nos dizem que precisamos consumir menos. Carl Jung disse que a esquizofrenia é uma condição em que "o sonho se torna realidade". O sonho americano de estilos de vida consumistas se tornou nossa principal realidade, cada vez mais fora de contato com a realidade da Terra e nossos potenciais evolucionários. Décadas atrás, o professor Gene Youngblood alertou sobre a possibilidade de que os meios de comunicação pudessem se apegar a uma mentalidade materialista e atrasar a evolução humana, simplesmente controlando a percepção de alternativas.

> "A situação industrial perdura não por conspiração, mas simplesmente por padrão, porque não há demanda popular por uma alternativa especificamente definida(…) Desejo é aprendido. Desejo é cultivado. É um hábito formado por repetição contínua(…) Mas não podemos cultivar aquilo que não está disponível. Não pedimos um prato que não está no cardápio. Não votamos em um candidato que não está na cédula(…) Raramente escolhemos o que está precariamente disponível, raramente enfatizado e infrequentemente apresentado(…) O que poderia ser um exemplo mais radical de totalitarismo do que o poder dos meios de comunicação de resumir a única realidade politicamente relevante, especificando para a maioria das pessoas, na maior parte do tempo, o que é real e o que não é, o que é importante e o que não é(…)? Eu proponho que a verdadeira essência do totalitarismo seja o controle do desejo, por meio do controle da percepção(…) O que evita nossa frustração, ao moldarmos novas instituições, é a incapacidade de perceber alternativas, resultando na ausência de desejo e, portanto, de demanda por essas alternativas."[188]

Nossa situação é sem precedentes na história. Nós enfrentamos o desafio pioneiro de nos unirmos em prol de um futuro sustentável e significativo para todos nós. Martin Luther King Jr. descreveu o desafio desta forma:

Somos desafiados a nos elevar acima dos limites estreitos de nossas preocupações individualistas para as preocupações mais amplas de toda a humanidade(...) Por meio de nossa genialidade científica, fizemos do mundo uma vizinhança; agora, por meio da nossa genialidade moral e espiritual, devemos fazer dele uma irmandade.[189]

Estes são anos cruciais para o futuro das comunicações da humanidade. A comunicação, força vital de nossa espécie, será fraca, apagada e pálida — ou forte, criativa e empolgante? Quão bem nos comunicamos fará uma enorme diferença em nossa capacidade de causar uma mudança positiva suficiente para superar a correnteza da extinção ou autoritarismo.

É útil reconhecer os pontos fortes e fracos das duas tecnologias que estão no centro da revolução das comunicações: televisão e internet.

- A televisão tem grande amplitude de alcance, mas é geralmente superficial.

- A internet tem grande profundidade de alcance, mas é geralmente limitada.

Isoladas uma da outra, estas ferramentas geram uma comunicação que tende a ser *superficial e limitada*. No entanto, se combinarmos o poder de cada uma deles, poderemos despertar uma comunicação *profunda e ampla*! Essas tecnologias não são concorrentes, mas complementares e altamente sinérgicas. As ferramentas para uma revolução na comunicação estão a nossa volta, se fizermos uso consciente delas.

Quanto ao empoderamento local, podemos nos basear em mais de um século de experiência nos EUA, com as "Reuniões Municipais da Nova Inglaterra", em que os moradores de uma pequena cidade votavam em questões de interesse comum. Na era moderna, podemos considerar toda área metropolitana (São Francisco, Filadélfia, Paris, etc.) como "cidade", e os residentes dessa área podem "votar" e oferecer suas opiniões sobre as principais preocupações, como a crise climática.

Uma reunião municipal eletrônica, em escala metropolitana, não é uma fantasia: a viabilidade dessa abordagem foi demonstrada décadas atrás, em 1987, na região da Baía de São Francisco. Eu era codiretor de uma organização sem fins lucrativos e apartidária chamada "Bay Voice", a voz eletrônica da área da baía. Em colaboração com a emissora de TV ABC, produzimos uma reunião municipal eletrônica de uma hora, apartidária, em horário nobre. *Entendemos que, nos EUA, as emissoras de TV aberta (ABC, CBS, NBC e Fox) que usam as ondas de comunicação de uso público têm uma obrigação legal estrita de "atender ao interesse público, conveniência e necessidade" da comunidade a que servem, antes de atenderem a seus próprios interesses lucrativos.*[190] Para criar nossa organização de *Voz Comunitária*, reunimos uma aliança diversificada de grupos urbanos, incluindo diferentes grupos étnicos e organizações empresariais, trabalhistas e ambientais. Essa ampla coalizão representou genuinamente os diversos pontos de vista e interesses da comunidade da Área da Baía. Para produzir o piloto da reunião municipal eletrônica, trabalhamos com duas grandes universidades (Universidades de Stanford e da Califórnia), desenvolvendo uma amostra científica, ou aleatória, de cidadãos que poderiam participar, fornecendo respostas de seus lares. Aqueles que concordaram receberam uma lista de números de telefone, que correspondiam às várias opções que poderiam ser discadas (esse experimento foi realizado mais de uma década antes da internet se tornar amplamente utilizada).

O piloto da "Reunião Municipal Eletrônica" (ETM — Electronic Town Meeting) começou com um pequeno documentário informativo, para contextualizar nossa questão. Após o mesmo, passamos para um diálogo no estúdio, com especialistas e público diversificado. À medida que as principais perguntas surgiam na discussão de estúdio, elas eram apresentadas à amostra científica, que assistia ao programa

Voz Comunitária em suas casas. Eles discaram seus votos, que eram exibidos para os participantes no estúdio e espectadores em casa. Seis votos foram facilmente obtidos durante o programa de uma hora em horário nobre, assistido por mais de 300.000 pessoas na Área da Baía. Com seis votos, a visão geral e posições do público da Área da Baía foram claramente estabelecidas. (Assista os 3 primeiros minutos e meio deste videoclipe.)[191]

O sucesso de nosso piloto em 1987 apenas começou a demonstrar o potencial para alcançar um aumento drástico na extensão e profundidade do diálogo em escala metropolitana, além da construção de consenso. Agora é totalmente possível desenvolver organizações não partidárias de *Voz Comunitária*, ou ETMs, que combinem a transmissão de televisão com respostas pela internet, de uma amostra cientificamente selecionada de cidadãos. Com essas ferramentas simples, o público pode conhecer sua mente coletiva com um alto grau de precisão. Com a realização regular de Reuniões Municipais Eletrônicas, as perspectivas e prioridades dos cidadãos podem ser rapidamente levadas ao conhecimento público, e o processo democrático pode ser elevado a um novo nível de envolvimento e função.

O valor e o objetivo das organizações de *Voz Comunitária* não é gerenciar o governo por meio da democracia direta; em vez disso, é para que os cidadãos descubram suas preocupações e prioridades compartilhadas, e possam orientar seus representantes no governo. Em minha opinião, o objetivo das organizações de *Voz Comunitária* não é se envolver diretamente em decisões políticas complexas; em vez disso, é permitir que os cidadãos expressem suas opiniões gerais, as quais podem orientar a formulação de políticas. Envolver os cidadãos na escolha de nosso caminho para o futuro não garante que as escolhas "certas" serão sempre feitas, mas garantirá que os cidadãos se envolvam e invistam nestas escolhas. Em vez de se sentirem céticos e impotentes, os cidadãos se sentirão engajados e responsáveis pelo nosso futuro coletivo.

As principais áreas metropolitanas de todo o mundo são os locais lógicos para organizar este novo nível de diálogo com cidadãos e construção de consenso. A liderança em uma comunidade poderia inspirar outras comunidades a criarem suas próprias organizações de *Voz Comunitária*, e um tipo totalmente novo de diálogo sustentado e significativo poderia rapidamente se espalhar pelos países e pela Terra. Os cidadãos poderiam expressar seus pontos de vista, propor e debater soluções e ajudar a superar impasses.

Ao colocar organizações de *Voz Comunitária* em funcionamento, nenhum fator terá um impacto maior sobre o projeto, características e implementação das reuniões municipais eletrônicas do que quem as patrocina. Considere três possibilidades principais:

- Primeira: se as ETMs forem patrocinadas por emissoras de TV comerciais, elas serão projetadas para vender publicidade e entreter o público, não para informar os cidadãos e envolvê-los na escolha de seu futuro.

- Segunda: se as ETMs forem patrocinadas por governos locais, estaduais ou nacionais, elas serão provavelmente utilizadas como ferramentas de relações públicas, não como um fórum autêntico para o diálogo aberto com a comunidade.

- Terceira: se as ETMs forem patrocinadas por organizações ou instituições voltadas para questões que representam um determinado grupo étnico, racial ou de gênero, provavelmente se concentrariam nas preocupações desses grupos.

Surge uma conclusão importante: *uma organização independente e não partidária de* Voz Comunitária é necessária para agir em nome de todos os cidadãos, como patrocinadora das reuniões municipais eletrônicas. Uma vez que as organizações de *Voz Comunitária* estejam estabelecidas e operando nas principais áreas metropolitanas, seria lógico sua união, para criarem ETMs regionais; por exemplo, as cidades da costa costeira poderiam se unir, em um esforço comum, para responder ao aumento do nível do mar. Uma vez que as ETMs regionais estejam em funcionamento e firmemente estabelecidas com uma comunicação confiável, a próxima etapa seria criar diálogos nacionais para o futuro que desejamos. Olhando para além das ETMs regionais e nacionais, já temos a capacidade tecnológica de criar ETMs globais, com um sistema de *Voz da terra que poderia impulsionar a melhoria da humanidade em escala planetária. A Voz da Terra* é possível e realizável:

- *Televisão*: entre 3 a 4 bilhões de pessoas já assistem aos Jogos Olímpicos pela televisão, em todo o mundo.[192]A maioria dos cidadãos do planeta tem acesso a aparelhos de televisão dentro do alcance de sinal de transmissão.[193]

- *Internet*: em 2021, aproximadamente 65% da população global tinha acesso à internet.[194] Espera-se que tal acesso atinja 75% da comunidade global até o final desta década.[195]

Embora sejamos lentos para reconhecer o imenso poder de um movimento não partidário de *Voz da Terra,* já possuímos ferramentas com capacidade de nos permitir comunicação para nosso caminho em direção a um futuro viável e com propósito.

*A próxima grande superpotência não será uma nação,
ou mesmo um conjunto de nações;
em vez disso, serão os bilhões de cidadãos comuns
espalhados pela Terra e que clamam, com uma
voz coletiva, por cooperação e ação criativa sem
precedentes para cuidar de nossa Terra em perigo,
e para que a humanidade cresça e se torne uma
civilização planetária madura.*

Uma nova superpotência está surgindo, a partir da voz e consciência combinadas dos cidadãos do mundo, mobilizadas por meio de uma revolução nas comunicações do nível local para global. Quando as pessoas forem mais do que receptoras passivas de informações (como *testemunhas* das perturbações climáticas, pobreza intensa e extinção de espécies), e também forem capazes de demonstrar uma *voz* coletiva para a mudança, uma nova e poderosa força de transformação criativa será liberada no mundo. E bem na hora! *Nunca, na história, tantas pessoas foram convocadas para fazer mudanças tão abrangentes, em tão pouco tempo.*

Uma vez que os cidadãos saibam o que outros espalhados pelo mundo estão dispostos a fazer, e uma vez que estejam decididos em seus próprios corações e mentes sobre o que constitui uma ação apropriada, então eles e seus representantes no governo poderão agir rapidamente e com autoridade. A democracia tem sido frequentemente chamada de a arte do possível. Se não soubermos como nossos concidadãos pensam e se sentem em relação aos esforços coletivos para criar um futuro sustentável e com propósito, então flutuamos impotentes em um mar de ambiguidade, incapazes de mobilizar-nos para uma ação construtiva. Uma democracia e sociedade maduras exigem participação ativa e consentida de um público informado, não apenas aquiescência passiva. Quando a humanidade desenvolver a simples capacidade de reflexão social autêntica e sustentada, teremos os meios para alcançar um entendimento compartilhado e um consenso prático em relação às ações apropriadas para um futuro positivo. Então, ações podem ocorrer de forma rápida e voluntária. Podemos nos mobilizar de forma proposital, com cada pessoa contribuindo com seus talentos exclusivos para construir um futuro que confirme a vida. Concordo com Lester Brown, presidente do Worldwatch Institute, que disse: "O setor de comunicações é o único instrumento com capacidade de educar em uma escala necessária, e no tempo disponível."

Escolha maturidade

Nos últimos 40 anos, ao falar para diversos públicos em todo o mundo, sempre começo fazendo uma pergunta simples: "Quando você observa a família humana e nosso comportamento, qual é a sua opinião sobre o estágio de vida da nossa espécie? Estamos nos comportando como crianças, adolescentes, adultos ou idosos?" Fiz essa mesma pergunta a diversos líderes empresariais, no Brasil, EUA e Europa; líderes espirituais no Japão e EUA; mulheres que se formaram como professoras na Índia; grupos sem fins lucrativos e grupos de estudantes nos EUA, Canadá e Europa; comunidade internacional de mulheres líderes, entre outros. Em todos os lugares em que fiz esta pergunta, a resposta foi imediata e esmagadora: *aproximadamente três quartos dizem que a humanidade, considerada em sua totalidade, está em seu estágio adolescente de comportamento como espécie!* Os motivos mais comuns oferecidos para esse ponto de vista são:

- Adolescentes geralmente são *rebeldes* e querem provar sua independência. A humanidade tem se rebelado contra a natureza, tentando demonstrar sua independência e superioridade.

- Adolescentes podem ser *imprudentes* e inclinados a viver sem levar em conta as consequências de seu comportamento, muitas vezes sentindo que são imortais. A família humana tem consumido, de forma imprudente, os recursos naturais, como se eles fossem durar para sempre, poluindo o ar, água e terra, e eliminando uma parte significativa da vida animal e vegetal na Terra.

- Adolescentes frequentemente se preocupam com a *aparência* externa e com o materialismo em voga no momento. Muitos seres humanos se preocupam em como expressar sua identidade e condição por meio de bens materiais.

- Os adolescentes são inclinados à *gratificação* instantânea. Como espécie, buscamos prazeres de curto prazo, ignorando amplamente as necessidades de longo prazo de outras espécies ou de nossas próprias gerações futuras.

- Os adolescentes tendem a se reunir em grupos ou círculos e, muitas vezes, expressam isso por meio de pensamentos e comportamentos do tipo *"dentro ou fora"*. Grande parte da humanidade está agrupada em grupos políticos, socioeconômicos, raciais, religiosos, etc., os quais nos separam uns dos outros, promovendo uma mentalidade de "nós contra eles".

Vejo uma possibilidade promissora nestes resultados. Se pudermos passar de nossa adolescência coletiva para o início da vida adulta, a rebeldia pode mudar para colaboração; imprudência pode se transformar em discernimento; dedicação à aparência externa pode ceder à atenção da integridade pessoal; foco na gratificação pessoal pode se transformar em um desejo de servir aos outros; separação em círculos e pequenos grupos pode se transformar em preocupação com o bem-estar de uma comunidade maior.

Adolescentes têm qualidades importantes, as quais são necessárias à medida que amadurecemos e chegamos ao início da vida adulta: eles geralmente têm uma enorme quantidade de energia e entusiasmo e, com sua coragem e ousadia, estão prontos para mergulhar na vida e fazer a diferença no mundo. Muitos adolescentes têm um senso oculto de grandeza e sentem que, se lhes for dada uma chance, podem realizar coisas extraordinárias. Ao entrarmos no início da vida adulta como espécie, podemos nos libertar das dificuldades do passado, despertando energia, criatividade e coragem inexploradas, bem como trabalhando para alcançar a grandeza que agora está oculta.

Crescer é totalmente natural, mas é importante reconhecer o quanto essa jornada é exigente. Maya Angelou escreveu esses versos poderosos, descrevendo a dificuldade de crescer:

> Estou convencida de que a maioria das pessoas não cresce. Encontramos vagas de estacionamento e honramos nossos cartões de crédito. Nos casamos e nos atrevemos a ter filhos, e chamamos isso de crescimento. Acho que o que fazemos é, principalmente, envelhecer. Temos um acúmulo de anos em nossos corpos e rostos, mas, em geral,

nosso verdadeiro eu, as crianças dentro de nós, ainda são inocentes e tímidas como magnólias.[196]

Toni Morrison disse, em um discurso de abertura: "A verdadeira vida adulta é uma beleza difícil, uma glória intensa e duramente conquistada, da qual as forças comerciais e cultura inútil não devem privá-los."[197]

Quando pergunto às pessoas o que as motivou a passar da adolescência para a vida adulta, surgem temas comuns, instrutivos para a iniciação e grande transição da humanidade. As pessoas mencionam com frequência:

- *Um encontro com a morte* — a morte de um amigo ou membro da família despertou a compreensão de nossa mortalidade, e de como temos um tempo limitado na Terra para aprender e crescer. A ameaça da nossa extinção é uma poderosa motivação para iniciarmos nossa vida adulta.

- *Exemplos* inspiram adolescentes a irem além dos comportamentos atuais e explorar novos potenciais. Os exemplos atuais tendem a ser estrelas de cinema, esporte e música popular. No entanto, estes exemplos tendem a encorajar comportamentos adolescentes, em vez de nos levarem à maturidade precoce.

- Direcionados para assumir *responsabilidade pelo bem-estar dos outros*: cuidar de um irmão, pai idoso, amigo doente ou aceitar um emprego extra para ganhar dinheiro para a família. Agora estamos sendo direcionados para além de nós mesmos, para assumirmos a responsabilidade pelo bem-estar da Terra.

- Direcionados para *"nos olharmos no espelho"*, e percebermos como vivemos de modo adolescente, priorizando o consumo ao serviço, por exemplo. A internet e televisão fornecem uma resposta reflexa e uma visão íntima de nós mesmos. Podemos ver mais claramente as consequências do nosso comportamento, bem como a necessidade de avançar para um nível mais elevado de maturidade.

Se a comunidade humana continua na adolescência, isto explica muito do nosso comportamento atual, e sugere como poderíamos nos comportar de maneira diferente, se nos movermos coletivamente para o início da vida adulta:

- **Adultos que amadurecem tendem a dar prioridade aos outros antes de si**. Com uma maior maturidade, os adultos são capazes de olhar além dos desejos e necessidades egocêntricos e, em vez disso, considerar como eles podem servir ao bem-estar dos outros e da Terra. Em vez de serem egocêntricos, adultos podem ser altruístas e fazer sacrifícios pelos outros, sem se sentirem ressentidos. Uma pessoa e sociedade maduras podem encontrar alegria no sucesso dos outros, além de obter satisfação ao partilhar a sua boa sorte com os outros.

- **Adultos que amadurecem tendem a manter compromissos de longo prazo e a optar pela gratificação tardia**. Se quisermos fazer um compromisso para o bem-estar das gerações futuras, e afastar-nos do consumo excessivo da Terra, então um nível mais elevado de maturidade é essencial. Para além da generosidade simbólica, a sociedade e economia globais precisam de ser reconfiguradas para igualdade e bem comum. Trata-se de um verdadeiro empreendimento para adultos maduros.

- **Adultos que amadurecem tendem a ter um maior sentido de humildade**. Adultos são mais despretensiosos, e sentem menos preocupação em se mostrarem aos outros; em vez disso, tendem a escolher modos de ser e viver mais modestos. Com maior maturidade, surge maior preocupação com a justiça e igualdade de direitos dos outros.

- **Adultos que amadurecem tendem a se aceitar mais, bem como aceitar os outros**. Uma pessoa ou sociedade madura foi moldada pela experiência de vida, e tende a perceber que estamos aqui para mais do que a procura de prazer: estamos aqui para aprender, crescer e auxiliar, para o bem-estar dos outros. Na maturidade, aceitamos a nossa humanidade e temos maior compaixão por nós e pelos outros.

- **Adultos que amadurecem tendem a falar menos e ouvir mais**. Uma pessoa madura tende a ouvir para entender, não procurando oportunidades para interromper e argumentar a favor de seu ponto de vista. Em nosso momento atual de crescentes tensões e conflitos, temos que ouvir com atenção, especialmente as populações mais jovens e marginalizadas. Ouvir e aprender andam juntos, como aptidões inestimáveis para um mundo em grande transição.

- **Adultos que amadurecem tendem a resolver seus próprios problemas**. Adultos não esperam que os outros resolvam as situações criadas por eles mesmos. Em vez de esperar que os outros lidem com os problemas, eles se encarregam de suas próprias vidas.

- **Adultos que amadurecem reconhecem que fracassos e erros são parte do crescimento**. Nem sempre viveremos de acordo com nossos ideais, moralidades ou qualidades mais elevados. Pessoas maduras reconhecerão quando se desviaram de seus valores e compromissos e, após, integrarão o que aprenderam para poderem fazer melhor.

- **Adultos que amadurecem estão cientes de que cada um de nós possui pontos cegos**. Amadurecer envolve reconhecer que nossos pontos de vista podem limitar como vemos e entendemos a nós mesmos, aos outros e ao mundo em geral. Amadurecer significa reconhecer nossos próprios preconceitos e limitações e, com certa humildade, desenvolver empatia pelas perspectivas e pontos de vista de outras pessoas.

Estas mudanças práticas e significativas, tomadas em conjunto, poderiam trazer uma enorme melhoria à jornada humana. Elas revelam que uma das mudanças necessárias, e mais significativas, é que a humanidade reconheça como estamos profundamente inseridos em uma rede interconectada de relações. A sobrevivência humana depende agora da humanidade despertar e ocupar o seu lugar na rede da vida, tornando-se cocriadora responsável com a mesma, e vivendo com consideração, respeito e cuidado conscientes pelo bem-estar de toda a vida.

Escolha reconciliação

As muitas divisões em nosso mundo absorvem uma enorme quantidade de tempo e energia e, se fossem encerradas, poderiam libertar a energia e atenção necessárias para a promoção e criação de um mundo viável e com propósito. Conflitos, agitação, resistência, antagonismo, etc., ocupam a atenção pessoal e pública, nos distraindo da tentativa de atingirmos um consenso mais elevado para lidarmos com a crise existencial de nosso futuro coletivo. Na verdade, enfrentamos a possibilidade da nossa extinção funcional como espécie e, sem resolver essas divisões, os nossos esforços para um futuro sustentável e renovável fracassarão.

Injustiça e desigualdades florescem à sombra da desatenção. Estar exposto ao poder de cura da conscientização pública cria uma nova consciência entre todos os envolvidos. Com a revolução na comunicação, o mundo passou a ser transparente para si. Cada vez mais, a mídia mostra injustiça, opressão e violência para o tribunal da atenção e opinião públicas. No nosso mundo abundante em comunicações e fortemente interdependente, será difícil para as velhas formas de repressão e violência continuarem, sem que a opinião pública mundial se volte contra os opressores.

À medida que a nossa capacidade de consciência coletiva desperta, as profundas feridas psíquicas que pioraram ao longo da história da humanidade serão revistas. Ouviremos as vozes que não foram reconhecidas e a dor que não foi expressa. O professor Christopher Bache explica:

> "A base do inconsciente coletivo parece emergir. Conforme isto ocorre, ele está trazendo consigo o aspecto psíquico tenebroso da história. O primeiro passo para a compreensão é sempre a purificação. O resíduo cármico das escolhas feitas por inúmeras gerações de humanos semiconscientes está aumentando em nossas consciências individual e coletiva, à medida que confrontamos, *unidos e simultaneamente*, o legado do nosso passado."[198]

Pode parecer imprudente trazer o lado sombrio do passado da humanidade para a luz do dia, mas, a menos que o façamos, esta dor não resolvida estará sempre atormentando nossa consciência e diminuindo nossos potenciais futuros. Felizmente, a clareza solidária da consciência reflexiva fornece o espaço psicológico para que a cura ocorra.

Ser ouvido é o primeiro passo para ser curado. Quando nos sentimos acolhidos e ouvidos, sendo escutados por outros, aceitamos mais plenamente nossas tristezas, bem como as dos outros. Ao reconhecer e ouvir histórias daqueles que sofreram, construímos uma base de solidariedade para auxiliar no processo de cura. A escuta coletiva de histórias das feridas da humanidade é vital para a cura da sociedade. Cura significa reconhecer publicamente e lamentar injustiças legítimas, além de procurar soluções justas e realistas.

Em termos mais simples, a cura cultural significa superar as nossas profundas separações: uns dos outros, da Terra e do cosmos vivo. Cura ocorre quando percebemos que a força vital que nos une é mais profunda do que as diferenças que nos dividem. Com cura cultural consciente, a família humana pode avançar para além do conflito étnico crônico, opressão racial, injustiça econômica, discriminação de gênero e outras desumanidades que nos dividem. Se pudermos testemunhar a quantidade de dor não resolvida e acumulada ao longo da história, liberaremos uma enorme reserva de criatividade e energia reprimidas. Podemos realizar uma melhoria evolucionária significativa com a libertação da energia coletiva da humanidade a serviço da construção de um futuro positivo e estimulante. Que projeto-espécie extraordinário poderia ser. À medida que o mundo interior da experiência engaja conscientemente o mundo exterior da ação, podemos começar o nosso trabalho comum de construir uma civilização-espécie sustentável, positiva e satisfatória.

Todas as pessoas compartilham o oceano comum da consciência. Independentemente das diferenças de gênero, raça, riqueza, religião e outros aspectos, todos nós participamos da natureza íntima da consciência, e isso proporciona uma base comum para o encontro, compreensão mútua e reconciliação. Reconciliação não significa que as injustiças e queixas do passado sejam apagadas; ao contrário, ao serem conscientemente reconhecidas e associadas a esforços sinceros de restauração, elas deixam de ser um obstáculo ao nosso progresso coletivo. Quando as injustiças são conscientemente reconhecidas, acompanhadas de desculpas públicas e reparação, existe uma libertação de ambos os lados da necessidade de continuar o processo de culpa e ressentimento e, deste modo, ambos podem concentrar-se em ações restauradoras e cooperativas para a construção de um futuro. A comunidade da Terra enfrenta uma escolha difícil para o futuro — será que:

- **Nos unimos** como uma comunidade humana, aceitando todos os *sacrifícios* que estarão envolvidos?

- **Nos separamos** em grupos, suportando toda a *violências* que inevitavelmente resultará?

Com reconciliação e união, nós podemos de fato obter conquistas surpreendentes. Melhorias genuínas pode decorrer da resolução de diferenças e subsequente união de esforços, como espécie. Isto não é fantasia, mas a realidade evidente da nossa atual situação mundial. Estamos divididos de tantas maneiras, que trabalhar em conjunto em um esforço comum parece quase impossível. No entanto, a passagem impetuosa através do nosso tempo de grande iniciação pode derrubar as barreiras que agora dividem nossa união como um só, bem como o esforço coletivo como espécie.

Se a comunidade da Terra optar por se unir e colaborar para o bem-estar de todos, uma sequência de ações e inovações pode surgir rapidamente, a partir da transparência de nossa vontade social unificada. Contudo, se a vontade social do povo não for despertada em nome do nosso bem-estar *coletivo*, e permanecer profundamente dividida, então parece provável que nos voltaremos para a aparente segurança do autoritarismo, ou nos separemos em inúmeros grupos, à medida que os atritos e divisões não resolvidos continuem, gerando uma separação cada vez mais profunda e um aumento da violência.

Somente juntos podemos realizar uma grande transição para a comunidade planetária. A transição é um esforço de equipe — todos ao trabalho! É impossível realizar um trabalho em equipe se estivermos profundamente divididos como comunidade humana. O mundo está assoberbado de discriminação racial e de gênero, genocídio, guerras religiosas, opressão de minorias étnicas e extinção de outras espécies. Algumas destas tragédias cresceram e agravaram-se ao longo de milhares de anos, o que torna extremamente difícil reunir-se em um esforço comum. Apesar disto, sem uma reconciliação profunda e autêntica, que ultrapasse estas e outras barreiras, a humanidade permanecerá separada e desconfiada, e nosso futuro coletivo estará gravemente ameaçado.[199] Por mais difícil e desconfortável que esse processo possa ser, a reconciliação consciente, que inclui dizer a verdade, pedir desculpas publicamente e fornecer reparação verdadeira, é uma parte vital de nossa cura coletiva, sendo essencial para que a humanidade avance unida em nossa jornada.

Um mundo dividido contra si é uma receita para o colapso global e extinção funcional da humanidade. Podemos reconhecer a sabedoria do dr. Martin Luther King Jr.: "Devemos aprender a viver juntos como irmãos, ou morrer juntos como tolos."[200] Nas palavras do ativista sul-africano contra o apartheid Alan Paton: "Não é 'perdoar e esquecer', como se nada de errado tivesse acontecido, mas 'perdoar e seguir em frente', melhorando com os erros do passado e com a energia gerada pela reconciliação, criando um novo futuro."[201]

Embora possamos ver as linhas gerais de um futuro sustentável, a família humana está longe de estar pronta para trabalhar em conjunto. Para juntar-se, a família planetária deve empenhar-se em um processo de reconciliação autêntica em vários domínios:

- **Reconciliação de gênero, racial, sexual e étnica**: a discriminação divide profundamente a humanidade contra si mesma. Para trabalharmos juntos em prol de nosso futuro comum, temos de construir uma cultura global de respeito mútuo, que nos permita trabalhar juntos como iguais. Isto não significa que ignoraremos as diferenças de gênero, raciais, sexuais e étnicas; em vez disso, aprenderemos a respeitar e incluir tais diferenças, e depois trabalharemos para transformar estruturas e sistemas opressivos. Iremos além dos julgamentos limitantes dos outros, e criaremos uma nova cultura de respeito, inclusão e justiça.

- **Reconciliação entre gerações**: aceita-se o desenvolvimento sustentável como aquele que satisfaz as necessidades do presente, sem comprometer a capacidade de fazer o mesmo pelas gerações futuras.[202] Uma vez que muitas nações industrializadas estão utilizando recursos vitais não renováveis no curto prazo, as opções disponíveis para as gerações futuras atenderem as suas necessidades serão severamente limitadas. Para nos unirmos, deve haver reconciliação entre gerações. Por exemplo, os adultos podem apoiar os jovens, ouvindo suas necessidades, ressaltando os movimentos e preocupações destes, e ouvindo como os estilos de vida da geração atual ajudaram a criar a crise climática.

- **Reconciliação econômica**: existem enormes disparidades entre ricos e pobres. A reconciliação exige a redução destas diferenças e estabelecimento de um padrão mínimo global para o bem-estar econômico, o qual apoie as pessoas a atingirem seus potenciais. O Professor Narasimha Rao, de Yale, afirma: "Reduzir a desigualdade, dentro dos países e entre os mesmos, melhoraria nossa capacidade de mitigar alguns dos piores efeitos das mudanças climáticas, e proporcionaria um futuro climático mais estável(...) alterações climáticas, em sua forma mais essencial, são uma questão de justiça."[203] Pesquisa das Nações Unidas revela que a desigualdade global está comumente relacionada a diferenças de oportunidades, e não diferenças de rendas.[204] Talvez a mudança mais profunda seja desvincular como o valor pessoal está associado à posição de alguém em uma hierarquia de riqueza ou de classe social.

- **Reconciliação ecológica**: viver em harmonia sagrada com a biosfera da Terra é essencial, se quisermos sobreviver e evoluir como espécie. A restauração da biosfera é vital, pois nosso futuro comum depende da presença de uma ampla diversidade de plantas e animais. Passar da indiferença e exploração para a gestão cuidadosa, exigirá reconciliação com a comunidade mais ampla de toda a vida na Terra, além de honrar aqueles que preservaram culturas de reciprocidade sagrada com toda a vida. As culturas de consumo colocam as necessidades materiais de alguns acima das necessidades da comunidade terrestre, o que ocasionou desastres ecológicas. Nós somos uma parte inseparável da Terra, e o que acontece com ela, acontece conosco.

- **Reconciliação religiosa**: a intolerância religiosa desencadeou algumas das guerras mais sangrentas da história. É vital para o futuro da humanidade a reconciliação entre as tradições espirituais do mundo: por exemplo, católicos e protestantes, na Irlanda do Norte; árabes e judeus, no Oriente Médio; muçulmanos e hindus, na Índia. À medida que as tradições religiosas e espirituais do mundo se tornam mais acessíveis por meio da internet e mídias sociais, podemos descobrir os valores fundamentais de cada tradição, e observá-las como faces distintas da joia comum da sabedoria espiritual humana.

Muitas destas divisões são claramente evidentes no nosso mundo e, com as perturbações climáticas, terão um impacto desproporcional nas mulheres e nos mais pobres. Aqui está um resumo emocionante de um recente encontro da Oxfam:

"Nos países, em geral são comunidades mais pobres, e particularmente mulheres, as mais vulneráveis. Comunidades empobrecidas tendem a viver em casas mal construídas, em áreas precárias, nas quais correm maior risco de condições meteorológicas extremas, como tempestades ou inundações. Eles frequentemente residem em zonas com infraestruturas precárias, o que dificulta o acesso a serviços essenciais, como cuidados de saúde ou educação, após uma emergência. É pouco provável que disponham de seguros ou reservas financeiras que os ajudem a reconstruir suas vidas após um desastre. E muitos dependem da agricultura ou da pesca, atividades particularmente vulneráveis a condições climáticas mais extremas e erráticas. Com o aumento da frequência e intensidade dos riscos relacionados ao clima, a capacidade das pessoas que vivem na pobreza de resistir a estes impactos está sendo gradualmente reduzida. Cada desastre leva-os em uma espiral descendente de pobreza e fome e, eventualmente, migração(...) Quando forçados a sair de casa, as mulheres e as crianças são particularmente vulneráveis à violência e ao abuso(...) Muitas vezes, crianças desalojadas não têm acesso à educação, o que as prende em um ciclo de pobreza que se repete entre gerações."[205]

O surgimento de um paradigma de "universo vivo" desperta uma profunda perspectiva feminina, que honra a união da vida.[206] De, aproximadamente, 50.000 até 6.000 anos atrás, uma perspectiva de "Deusa da Terra" guiou a relação dos humanos com o mundo.[207] O arquétipo feminino reconheceu e honrou a vitalidade e poderes regenerativos da natureza, bem como a fertilidade da vida. Então, aproximadamente 6.000 anos atrás, com o surgimento das cidades-estado, classes mais diferenciadas (sacerdotes, guerreiros, mercadores) e culturas mais complexas, uma mentalidade masculina e uma espiritualidade baseada em um "Deus no céu" tornaram-se dominantes, e apoiaram o desenvolvimento da sociedade humana organizada em estruturas e instituições maiores. Uma mentalidade masculina e patriarcal cresceu e desenvolveu-se por milhares de anos, e incentivou a crescente individualização, diferenciação e empoderamento das pessoas. Também apoiou a crescente separação da natureza, bem como sua exploração, o que ocasionou nossa atual crise ecológica. Uma perspectiva de "Deusa Cósmica", por outro lado, considera a natureza geradora e sustentável do universo do ponto de vista feminino. Superar milhares de anos de separação mediante uma profunda reconciliação, que honre o sagrado feminino e sua afirmação da unidade da vida é vital, se quisermos superar as divisões do passado. É necessária uma grande maturidade pessoal e social para reconhecer e remediar as injustiças e danos, para que a família humana possa trabalhar em conjunto para o nosso bem-estar comum. Trazer injustiças legítimas à consciência pública, lamentar os erros do passado, assumindo responsabilidade por eles e, em seguida, buscar soluções justas e realistas — estas tarefas difíceis estão no centro da era da reconciliação.

Precisamos de uma comunicação sem precedentes,
para descobrirmos a nossa humanidade comum, a
partir de uma mentalidade de humildade individual.

Com reconciliação e restauração, a energia social, que antes estava presa na opressão e injustiça, pode ser liberada e se tornar disponível para relações de trabalho produtivas.

O processo de reconciliação é complexo e envolve três etapas principais: os prejudicados devem ser ouvidos publicamente, os infratores devem se desculpar publicamente e assumir a responsabilidade pelos impactos de suas ações e, em seguida, devem oferecer restituição ou reparações que façam as pazes com o passado, fornecendo uma base para que todos possam avançar juntos para o futuro.

Ser ouvido é o primeiro passo em ser curado. Ao ouvir e reconhecer as histórias daqueles que sofreram, iniciamos o processo de cura. Nossa escuta coletiva das feridas do psíquico e alma da humanidade é vital para nossa cura coletiva. Ouvir não significa esquecer; em vez disso, significa trazer as chagas da divisão para a consciência coletiva e lembrar das mesmas, à medida que buscamos maneiras de avançar para o futuro.

O arcebispo Desmond Tutu sabia mais sobre o processo de reconciliação do que a maioria das pessoas. Ele foi presidente da Comissão da Verdade e Reconciliação, criada para investigar os crimes cometidos durante a era do apartheid na África do Sul, de 1960 a 1994. Quando o apartheid acabou, a maioria negra da África do Sul teve de escolher entre três caminhos para buscar justiça e conviver com a minoria branca do país. Eles poderiam escolher a justiça baseada em *punição*: olho por olho; justiça baseada em *esquecimento*: não pense no passado, apenas avance para o futuro; justiça baseada em *restauração*: conceder anistia em troca da verdade. O arcebispo Tutu explicou a sua escolha:

"Acreditamos na justiça reparadora. Na África do Sul, estamos tentando encontrar nosso caminho para a cura e restauração da harmonia em nossas comunidades. Se justiça punitiva é tudo o que você pretende com a aplicação da lei, você é história. Você nunca conhecerá o equilíbrio. Você precisa de algo além de represália. Precisa de perdão."[208]

O segundo passo para a cura é que o malfeitor ofereça um sincero pedido público de desculpas. Aqui estão alguns exemplos de desculpas públicas importantes:[209]

- Em 1988, um Ato do Congresso pediu desculpas "em nome do povo dos Estados Unidos" pelo isolamento forçado de nipo-americanos durante a Segunda Guerra Mundial.

- Em 1996, autoridades alemãs pediram desculpas pela invasão da Checoslováquia em 1938, e criaram um fundo para a reparação das vítimas checoslovacas de abusos nazistas.

- Em 1998, o primeiro-ministro japonês expressou "profundo remorso" pelo tratamento japonês aos prisioneiros britânicos durante a Segunda Guerra Mundial.

- Em 2008, o Congresso dos EUA pediu formalmente desculpas pelo "pecado original" do país: seu tratamento aos afro-americanos durante a era da escravidão e as leis subsequentes, que discriminavam os negros como cidadãos de segunda classe na sociedade dos EUA.

Outro exemplo poderoso de desculpas públicas e cura social é uma tentativa melhorar a relação entre o povo aborígene e colonos europeus na Austrália. Em 1998, a Austrália comunicou o seu primeiro "Dia do Perdão", para expressar arrependimento e compartilhar o pesar por um episódio trágico da história australiana: a remoção sistemática de crianças nativas de suas famílias, com base na raça.

Durante grande parte do século XX, as crianças aborígenes foram retiradas à força de suas famílias, visando serem adaptadas à cultura ocidental.[210] O "Dia do Perdão" marca uma maneira dos australianos aceitarem sua história e se lembrarem de forma conjunta, como uma forma de construir um futuro com base no respeito mútuo. Patricia Thompson, membro do conselho indígena, declarou: "O que queremos é reconhecimento, compreensão, respeito e tolerância de cada um, por cada um e para cada um." Nas grandes e pequenas cidades, centros rurais, escolas e igrejas, as pessoas param as suas atividades cotidianas para reconhecer esta injustiça. Além disso, centenas de milhares de australianos assinaram "Livros de Perdão". Um requisito essencial para a reconciliação são os pedidos conscientes de perdão, bem como a recordação.

O terceiro passo na reconciliação é restituição ou pagamento de reparações. O arcebispo Desmond Tutu explicou o papel da restituição quando disse que a reconciliação envolve mais que reconhecimento e recordação da injustiça: "Se você rouba minha caneta e fala 'sinto muito' sem devolvê-la, seu pedido de desculpas não significa nada."[211] A restituição também é necessária. Desculpas criam uma memória verdadeira. Restituições criam uma memória nova. O objetivo da reparação é melhorar as condições materiais de um grupo, e restabelecer equilíbrio ou igualdade de poder e oportunidades materiais.[212]

Com uma reconciliação autêntica, que inclui ouvir, recordar, desculpar-se e restaurar, as divisões e sofrimento do passado não precisam ficar no caminho da harmonia futura. Isto não é tão simples como fornecer dinheiro, terras ou políticas destinadas a eliminar desigualdades. A ferida profunda dos oprimidos também se manifesta como um trauma geracional, que nenhuma quantia de dinheiro resolverá. A verdadeira reparação deve proporcionar cura e ser completa.

Por mais difícil e desconfortável que seja esse processo, é um estágio vital em nossa cura coletiva, que pode trazer uma tremenda melhoria à humanidade em seu avanço na jornada comum. Assim como a subida da maré eleva todos os barcos, também um nível crescente de comunicação global pode elevar todas as injustiças ao processo de cura na consciência pública. A nossa capacidade de comunicação entre nós, como uma espécie planetária, sobre estas feridas dolorosas será fundamental para obtermos a reconciliação.

Escolha comunidade

O assunto "escolha a Terra" levanta outra questão: temos o sentimento de pertencer à Terra? Nos sentimos em casa aqui, sendo "casa" não apenas um lugar físico, mas também um sentimento em nosso corpo, coração e alma? Nossa casa, como estrutura física, nos liga a uma comunidade local que, por sua vez, se conecta com a Terra? A casa e comunidade que habitamos carregam uma linguagem e sentimento invisíveis, que se comunicam com a existência física. O arquiteto Christopher Alexander escreve sobre a "linguagem padrão" comunicada pelas casas, comunidades e cidades que habitamos.

> "Uma linguagem padrão expressa a sabedoria mais profunda do que traz vitalidade à vida de nossa comunidade. Vitalidade é um termo para 'a qualidade que não tem nome': um senso de plenitude, espírito ou bondade, que, embora se apresente de formas variáveis, é preciso e verificável em nossa experiência direta."[213]

As qualidades de vitalidade expressas nos padrões físicos das nossas casas e comunidades comunicam uma mensagem, que pode ser silenciosa aos nossos ouvidos, mas audível as nossas intuições. Como podemos "escolher a Terra" se não nos sentimos parte dos seus padrões, ou que pertencemos a este lugar?

Pessoas em países materialmente desenvolvidos muitas vezes procuram viver em isolamento esplêndido. Nos bairros extensos, casas unifamiliares são projetadas para serem separadas de outras casas, muitas vezes com uma cerca, para uma separação clara dos vizinhos. Vivendo em isolamento, tudo o que precisamos para apoiar nossa vida cotidiana pode ser comprado em lojas bem abastecidas, ou encomendado on-line para entrega rápida. Não há necessidade de incomodar os outros ou que eles nos incomodem. Os anos podem passar sem conhecermos vizinhos próximos.

O projeto físico de nossas casas e comunidades cria uma experiência de pertencimento animador ou isolamento existencial. Nossas vidas modernas foram concebidas para uma separação deliberada, o que contrasta profundamente com as antigas raízes da existência tribal, fundamentadas em relações próximas com outras pessoas, natureza local e forças invisíveis no mundo. A palavra africana *ubuntu* comunica a importância da comunidade. *Ubuntu* refere-se à ideia de que nos descobrimos através das nossas relações com os outros. *Ubuntu* é definido como saber que *"eu sou quem eu sou devido a quem todos somos"*. Nos desenvolvemos através de nossas interações com os outros. Por sua vez, a natureza destas relações está no cerne de nossas vidas. Com *ubuntu*, estamos receptivos e disponíveis para outros, e nos sentimos parte de um todo maior. *Ubuntu* é relacionamento e melhoria. Isolamento é alienação e decadência.

Uma existência exclusiva e isolada pode funcionar bem, com acesso à abundância material e cadeias de abastecimento que funcionem para se obter alimentos e produtos para nossas vidas. No entanto, quando as cadeias de abastecimento se desfazem e o dinheiro não consegue comprar um acesso fácil às coisas de que precisamos, a qualidade das nossas relações com outros define, mais uma vez, nossas vidas.

Inovações no projeto físico das comunidades são vitais para transformar como vivemos na Terra. Padrões de vida que priorizam a expansão de bairros e residências isoladas não são adequados para a sustentabilidade. Padrões de vida individualizados ao extremo criam barreiras formidáveis para inovações adicionais. Crescimento cria forma, e forma limita crescimento. O crescimento urbano cria um padrão de vida, como um bairro em expansão, e, uma vez que essas formas físicas estão sedimentadas na terra, elas limitam a capacidade de criar outros padrões de vida.

Um mundo em transformação requer novas configurações de vida, mais bem-adaptadas a uma ecologia, sociedade e economia em rápida mudança. Por sua vez, um espectro de inovação está começando a crescer do nível local para global:

- **Áreas de vizinhança** geralmente consistem em algumas casas conectadas, para promover um sentimento comunitário de união e amizade, com um aumento revigorante do nível de conexão.

  Áreas de vizinhança são, geralmente, grupos de casas ou apartamentos próximos, reunidos em torno de um espaço aberto compartilhado, como um pátio ajardinado, rua de pedestres, quintais unidos ou uma pequena rua revitalizada, todos com um claro senso de território e administração compartilhados. Elas podem ser em áreas centrais, bairros ou zonas rurais. Uma área de vizinhança *não* é o bairro, com várias centenas de residências e rede de ruas, mas uma área de aproximadamente uma dúzia de vizinhos, que interagem diariamente em torno de um local comum compartilhado, uma espécie de bairro dentro de um bairro.

- **Vilas ecológicas** são concebidas desde a sua construção, ou, mais comumente, adaptadas para proporcionar um modo de vida integrado, com cerca de uma centena de pessoas. As vilas ecológicas são comunidades voluntárias, unidas por valores compartilhados e visando se tornarem social, cultural, econômica e ecologicamente mais sustentáveis. Normalmente, eles são pertencentes aos próprios moradores e gerenciadas por processos participativos. Características comuns de muitas vilas ecológicas, ou comunidades de vivência comum, é a existência de: estrutura comunitária para reuniões, celebrações e refeições regulares; horta comunitária orgânica; áreas de reciclagem e compostagem; pequena rede de energia renovável; espaço aberto para reuniões comunitárias; talvez um espaço para brincadeiras e conversas para adolescentes; oficina com ferramentas para artes, artesanato e reparos.

Vilas ecológicas podem incluir uma microeconomia, em que os membros da comunidade trocam horas de trabalho para criar uma economia local, oferecendo serviços como assistência médica, cuidados com crianças e idosos, jardinagem, educação, construção ecológica, resolução de conflitos, internet e suporte eletrônico, preparação de alimentos e outras habilidades que proporcionem conexão e contribuição satisfatórias para a comunidade. A dimensão é pequena o suficiente para que todos se conheçam, e grande o suficiente para sustentar uma microeconomia, com trabalhos significativos para muitos. Vilas ecológicas têm a cultura e coesão de uma pequena cidade, além da sofisticação de uma cidade maior, já que quase todos estão conectados ao mundo devido à internet e outras formas eletrô-nicas de comunicação. Vilas ecológicas incentivam expressões únicas de sustentabilidade, pois promovem a simplicidade de vida, criação de filhos saudáveis, celebração da vida em comunidade e a busca para honrar a Terra e gerações futuras. O florescimento de diversas vilas ecológicas pode ocasionar uma poderosa melhoria para nossas vidas.[214]

- **Cidades de transição** reúnem áreas de vizinhança e vilas ecológicas em uma cidade com milhares de pessoas. Em geral, elas apoiam projetos populares, que visam aumentar a autos-suficiência local e reduzir os efeitos nocivos das alterações climáticas e instabilidade econômica. O "Transition Network", fundada em 2006, inspirou a criação de iniciativas de cidades de transição em todo o mundo.[215]

- **Cidades sustentáveis** procuram agregar áreas de vizinhança, vilas ecológicas e cidades de transição em um sistema maior de vida sustentável e ecológica. Uma cidade sustentável é projetada com base na estrutura adaptável e autossustentável dos ecossistemas naturais. Uma cidade ecológica procura proporcionar uma vida saudável aos seus habitantes, sem consumir mais recursos renováveis do que produz, sem gerar mais resíduos do que pode assimilar e sem ser tóxica para si ou os ecossistemas próximos.[216] Os habitantes tendem a escolher modos de vida ecológicos, que incorporam princípios de imparcialidade, justiça e igualdade.

- **Civilizações ecológicas** utilizam as lições aprendidas em dimensões menores para aplicá-las em nações, grupos de nações e a comunidade terrestre inteira. Civilizações ecológicas respondem às perturbações climáticas globais e injustiças sociais com abordagens alternativas para a vida, baseadas em princípios ecológicos. Uma civilização ecológica caminha para um futuro sustentável, com um conjunto de projetos econômicos, educativos, políticos, agrícolas e sociais para uma vida sustentável.[217]

Diversas inovações em moradia, atividade econômica e modos de vida ecológicos demonstra como estamos começando a reconfigurar nossas vidas locais, para nos adaptarmos às novas realidades globais. A urgência de adotar uma economia de carbono zero está afastando a humanidade de uma "economia de ego", que está devastando a Terra, rumo a uma "economia de vitalidade", que estimula nossa relação com o planeta.

Em nosso mundo em rápida transformação, projetos para adaptar nossas vidas a formas encorajadoras de vivência ecológica estão surgindo de modo amplo: desde áreas de vizinhança a civilizações ecológicas. À medida que o século avança, milhões de experiências de formas inovadoras de vida sustentável se desenvolverão. Comunidades alternativas, de todos os tipos imagináveis, se adaptarão às condições locais e fornecerão áreas de sustentabilidade, segurança e apoio mútuo. No entanto, é necessário cuidar para que a força das vilas ecológicas e comunidades locais não se tornem sua fraqueza, se passarem a ser vistas como refúgios isolados de segurança no enfrentamento das tempestades de transição. *Botes salva-vidas não bastarão quando a Terra inteira estiver afundando e se tornando inóspita à vida.* É vital que a coesão que se desenvolve nas colaborações locais tenha um alcance mais amplo, e seja o elo entre redes maiores. As sinergias entre áreas de vizinhança e vilas ecológicas locais precisam evoluir para cidades de transição e sustentáveis e, finalmente, para uma civilização ecológica mundial. Estas sinergias criam um poderoso impulso ao longo de todo o espectro da inovação.

Escolha simplicidade

A magnitude e velocidade da perturbação climática em curso são surpreendentes, e exigirão mudanças dramáticas na forma como vivemos na Terra. Nas últimas centenas de anos, as sociedades orientadas para o consumismo têm explorado os recursos globais em benefício de uma fração da humanidade. O objetivo desta abordagem tem sido encontrar a felicidade por meio do consumo e satisfação de nossos *desejos* materiais, sem consideração com as *necessidades* de uma Terra habitável. Esta abordagem egoísta arruína a Terra e futuro da humanidade. Em vez de sermos questionados sobre o que *queremos* (aquilo que desejamos, ansiamos ou somos ávidos), estamos sendo chamados a responder a uma pergunta muito mais importante: o que a ecologia da vida *necessita* (o que é essencial, básico, necessário) para construir um futuro renovável para a Terra? Para vivermos de forma sustentável na Terra, temos de escolher formas de viver que combinem o nosso consumo com as capacidades renováveis da Terra e necessidades do resto da vida, com quem partilhamos a biosfera. Em vez de uma minoria rica arrastar a humanidade para baixo, uma maioria generosa pode viver com moderação e benevolência, trazendo uma enorme melhoria à vida na Terra.

Um estudo sobre o que é necessário para a "Vida Além do Crescimento" constatou que "um país como o Japão teria de reduzir seu consumo de recursos e impacto ambiental, em, termos genéricos, em mais de 50%, enquanto os Estados Unidos precisariam reduzir em 75%".[218] Portanto, quando perguntamos: "o que podemos fazer para apoiar a ecologia da vida?", a primeira ação poderosa que podemos tomar é alinhar nossas vidas pessoais com as necessidades de sustentabilidade da Terra. Além disto, a minoria privilegiada precisa reconhecer que uma maioria empobrecida vive à margem da existência material e, para ela, a simplicidade de vida é involuntária: ela tem poucas opções e menos escolhas em sua luta diária pela sobrevivência.

Embora a simplicidade seja extremamente relevante para a construção de um mundo viável, essa abordagem de viver não é uma ideia nova. A simplicidade tem raízes profundas na história, e encontra expressão em todas as tradições de sabedoria do mundo. Há mais de dois mil anos, no mesmo período histórico em que os cristãos diziam: "Não me conceda nem pobreza, nem riqueza" (Provérbios 30:8), Lao Tzu, fundador do taoismo, declarou: ""Eu tenho apenas três coisas a ensinar — simplicidade, paciência, compaixão. Estes três são os seus maiores tesouros;" Platão e Aristóteles proclamaram a importância do "meio-termo", um caminho através da vida, sem excesso ou falta; os budistas encorajaram um "caminho do meio", entre pobreza e acumulação irracional. Claramente, a sabedoria da simplicidade não é uma nova revelação.[219] Nova é a realidade da humanidade, que pressiona os limites para o crescimento material e reconhece a importância de construir uma nova relação com os aspectos materiais da vida.

Simplicidade não se opõe ao consumo de recursos, mas coloca o consumo material em um contexto mais amplo. A simplicidade não encoraja o afastamento do progresso material; ao contrário, uma relação avançada com o lado material da vida está no cerne de uma civilização em amadurecimento. Arnold Toynbee, um renomado historiador que investiu uma vida inteira no estudo da ascensão e queda de civilizações por todo o mundo, resumiu a essência do crescimento de uma civilização no que ele chamou de *A Lei da Simplificação Progressiva*.[220] Ele escreveu que o progresso de uma civilização não deveria ser medido pela sua conquista de terras e pessoas; em vez disso, a verdadeira medida do crescimento é a capacidade de uma civilização de transferir quantidades crescentes de energia e atenção do lado material da vida para o não material: crescimento pessoal, relações familiares, tempo com a natureza, maturidade psicológica, exploração espiritual, expressão cultural e artística e fortalecimento da democracia e cidadania.

Lembre-se de que a física moderna reconhece que 96% do universo conhecido é invisível e não físico. O aspecto físico (incluindo galáxias, estrelas, planetas e seres biológicos) representa apenas 4% do universo conhecido. Se aplicarmos estas proporções as nossas vidas, então é conveniente dar uma maior atenção aos aspectos invisíveis, que muitas vezes são ignorados, e que representam os mesmos aspectos que Toynbee descreve como sendo os que expressam nosso progresso enquanto civilização.

Toynbee também cunhou a palavra "eterialização", para descrever o processo pelo qual os humanos aprendem a atingir os mesmos resultados (ou até maiores) usando menos tempo, recursos materiais e energia. Buckminster Fuller chamou esse processo de "efemeralização", embora sua ênfase estivesse em realizar maior desempenho material em menos tempo, força e energia investidos. Com base nas percepções de Toynbee e Fuller, podemos redefinir o progresso como um processo duplo, que envolve o aperfeiçoamento simultâneo dos lados material e não material da vida.

Com simplificação progressiva, o lado material da vida torna-se mais leve, menos penoso, mais fácil, elegante e sem esforço e, ao mesmo tempo, o lado não material da vida torna-se mais essencial, expressivo e artístico.

A simplicidade envolve a evolução conjunta dos aspectos internos e externos da vida. A simplicidade não nega o lado material da vida, mas suscita uma nova parceria, em que os aspectos materiais e não materiais da vida evoluem conjuntamente. Aspectos externos incluem necessidades básicas, como habitação, transporte, produção de alimentos e geração de energia. Aspectos internos incluem aprender as habilidades de sentir o mundo de forma cada vez mais leve e amorosa: a nós mesmos, relacionamentos, trabalho e experiências ao longo da vida. Ao aperfeiçoar os aspectos externos e internos da vida (simplicidade externa combinada com prosperidade interna), podemos promover o progresso genuíno e construir um mundo sustentável *e* significativo para bilhões de pessoas, sem devastar a ecologia da Terra. Uma ética de moderação e "suficiência" crescerá em importância, à medida que as comunicações globais revelarem vastas desigualdades no bem-estar material. Justiça econômica não exige a repetição global do modo de vida da era industrial; em vez disso, significa que cada pessoa tem direito a uma parcela justa da riqueza mundial, adequada para garantir um padrão de vida "decente": comida, abrigo, educação e saúde, suficientes para um padrão razoável de decência humana.[221] Considerando os projetos inteligentes para viver sem pressão e de forma simples, um padrão e modo de vida decente podem variar significativamente, dependendo dos costumes, ecologia, recursos e clima locais.

Para realizar uma grande transição dentro de algumas décadas, é necessário inventar novas abordagens para a vida, que transformem todos os seus aspectos: trabalhos que fazemos, comunidades e casas em que vivemos, alimentos que consumimos, transporte que usamos, roupas que vestimos, símbolos de condição que moldam nossos padrões de consumo, etc. Podemos chamar este modo de viver de "simplicidade voluntária", "simplicidade consciente" ou "vida ecológica".[222] Não importa como seja chamado, precisamos de mais do que uma mudança em nosso estilo de vida.

Uma mudança em *estilo* implica uma mudança superficial ou exterior: um novo capricho, mania ou moda Precisamos de uma mudança mais profunda em nosso *modo* de vida, uma que reconheça que a Terra é a nossa casa, e deve ser preservada para o futuro a longo prazo. A vida ecológica começa com a compreensão de que vivemos em incerteza mútua, e que também criamos conjuntamente segurança, conforto e solidariedade em nossas vidas.

Uma economia ecologicamente consciente mudará sua ênfase da pura expansão física para um crescimento mais qualitativo, com maior riqueza, profundidade e conexão. Produtos serão concebidos com eficiência crescente (fazendo mais com menos), enquanto aumentam simultaneamente sua beleza, força e integridade ecológica.

Simplicidade voluntária não encoraja uma vida de pobreza, deficiência e privação, quando a vida pode ser transformada por um projeto inteligente em simplicidade elegante.[223] O nível de satisfação e beleza na vida pode ser aumentado, enquanto se reduz a quantidade de recursos consumidos e poluição gerada.

Como despertar para uma nova maneira de viver de modo simples, em um mundo tão centrado no consumo material? Para nos direcionar à simplicidade e sustentabilidade, é útil recordar o paradigma da vitalidade e como, durante dezenas de milhares de anos, nossos antepassados estavam conscientes de viver em uma ecologia de vitalidade inerente. Essa consciência foi temporariamente substituída pela visão de que nosso universo consiste principalmente em matéria morta e espaço vazio, sem propósito ou significado. Recordando a lógica dos dois paradigmas considerados anteriormente:

- Se o universo é visto como morto desde a sua base, então é natural explorar a Terra e se servir da mesma.

- Se o universo é visto como vivo desde a sua base, então é natural valorizar a Terra e cuidar dela.

Como podemos nos voltar para uma mentalidade de vida sustentável, quando grande parte do mundo vive atualmente em uma mentalidade de vida exploratória? Uma citação perspicaz de Antoine de Saint-Exupéry sugere uma maneira: "Se você quiser construir um navio, não reúna pessoas para coletar madeira e não lhes atribua tarefas e trabalho, mas ensine-as a ansiar pela imensidão infinita do mar." Esta sabedoria sugere que, se quisermos construir um mundo sustentável, então não atraiamos pessoas para coletar materiais e atribuir tarefas a elas; em vez disso, *ensine-as a ansiar pela imensidão infinita de nosso universo vivo, e as maneiras únicas de participação no mesmo.* Despertar o desejo de viver na imensidão e prosperidade ilimitada do nosso universo vivo irá naturalmente extrair energia e criatividade das pessoas, para a construção de um mundo sustentável e belo.

Se considerarmos a vitalidade como a nossa maior riqueza, então é natural escolher modos de vida que proporcionem maior tempo e oportunidade para desenvolvermos as áreas das nossas vidas em que nos sentimos mais vivos: cultivar relações, cuidar de comunidades, experimentar a natureza, expressar criatividade e auxiliar outros. Ao ver o universo como algo vivo, naturalmente mudamos nossas prioridades, de uma economia egocêntrica orientada para o consumo de coisas mortas, para uma economia orientada para experiências crescentes de vitalidade.

Uma economia de vitalidade procura preencher a vida de forma mais leve, ao mesmo tempo que gera uma abundância de significado e satisfação. O teólogo Matthew Fox escreveu: "Viver luxuosamente não é o que significa viver. *Viver* é o que viver significa! Mas viver exige disciplina, desapego e realização com menos, em uma cultura que se desenvolveu com muito. É preciso um compromisso com desafio, aventura, sacrifício e paixão."[224] Nas sociedades mais abastadas, o consumismo é cada vez mais considerado uma busca de vida menos gratificante e, em vez disso, novas fontes de bem-estar são, cada vez, mais valorizadas.[225] Um importante estudo realizado nos EUA pelo Pew Research ilustra a importância crescente da experiência direta sobre o consumo material. Quando questionados sobre o que traz mais significado para suas vidas, as pessoas responderam: "passar tempo com a família" (69%), "estar ao ar livre" (47%), "passar tempo com amigos" (47%), "cuidar de animais de estimação" (45%) e "fé religiosa" (36%). Tempo de qualidade com a família, amigos, animais de estimação e natureza não custa caro, e é uma fonte de riqueza disponível para quase todos.

Evidência adicional que nações mais ricas estão dispostas a trocar redução de consumo material por aumento de riqueza de vivências é encontrada em um estudo publicado no *Wall Street Journal:*

> "As pessoas pensam que as experiências só vão proporcionar felicidade temporária, mas, na verdade, elas proporcionam mais felicidade e valor duradouro [do que o consumo material]. As experiências tendem a satisfazer mais nossas necessidades psicológicas subjacentes. Elas são frequentemente compartilhados com outras pessoas, fornecendo-nos um maior senso de conexão e formando uma parte maior do nosso senso de identidade."[226]

Uma mudança em direção a valores "pós-materialistas" também é encontrada no conceituado *World Values Survey,* que concluiu que, durante um período de aproximadamente três décadas (1981 a 2007), uma "mudança pós-moderna" de valores tem ocorrido em um grupo de nações, particularmente Estados Unidos, Canadá e no norte da Europa. Nestas sociedades, a ênfase está mudando da realização econômica para valores pós-materialistas, os quais enfatizam a expressão individual, bem-estar subjetivo e qualidade de vida.[227]

Embora a simplicidade tenha uma longa história, neste momento estamos entrando em tempos de mudanças radicais (ecológica, social, econômica e psicoespiritual), e devemos esperar que as expressões de simplicidade no mundo evoluam e cresçam em resposta. Simplicidade não é simples. Uma grande diversidade de expressões retrata a vida simples, e a maneira mais útil de descrever esta abordagem da vida é com a metáfora de um jardim.

Sugerindo a riqueza da simplicidade, aqui estão dez diferentes manifestações de expressão que vejo florescerem no "jardim da simplicidade". Embora se sobreponham até certo ponto, cada expressão de simplicidade parece suficientemente distinta para justificar uma categoria separada (a ordenação é aleatória, sem favoritismos).

1. **Simplicidade artística**: significa que o modo como vivemos as nossas vidas representa um trabalho de desenvolvimento artístico. Leonardo da Vinci disse: "A simplicidade é a máxima sofisticação." Gandhi disse: "Minha vida é a minha mensagem." Frederic Chopin disse: "Simplicidade é a conquista final(...) a maior recompensa da arte." Nessa ideia, a simplicidade artística refere-se a uma estética discreta e orgânica, que contrasta com o excesso de estilo de vida consumista. Extraindo influências do zen aos quakers, a simplicidade é um caminho de beleza, que celebra elementos naturais e expressões leves e funcionais.

2. **Simplicidade de escolhas**: significa assumir o controle de vidas que estão muito ocupadas, estressadas e fragmentadas. Simplicidade significa escolher nosso próprio caminho através da vida de forma consciente, deliberada e por nossa vontade própria. Significa viver inteiramente, e não viver separados uns dos outros. Esse caminho enfatiza os desafios da liberdade, em detrimento do conforto do consumismo. Simplicidade consciente significa manter o foco, mergulhar fundo e não se distrair com a cultura do consumo. Significa organizar conscientemente nossas vidas, para podermos entregar nossas "verdadeiras aptidões" ao mundo, oferecendo a nossa essência. Como disse Ralph Waldo Emerson: "O único dom verdadeiro é uma parte sua."[228]

3. **Simplicidade solidária**: significa experimentar um sentimento tão forte de afinidade com os outros que, como disse Gandhi: "Escolhemos viver de modo simples, para que outros

possam simplesmente viver." Simplicidade solidária significa sentir um vínculo com a comunidade da vida, e ser atraído para um caminho de reconciliação, especialmente com outras espécies e gerações futuras. Simplicidade solidária segue um caminho de cooperação e igualdade, procurando um futuro de desenvolvimento assegurado para todos.

4. **Simplicidade ecológica**: significa escolher modos de vida que afetem menos a Terra, reduzindo nosso impacto ecológico. Esse caminho de vida recorda as nossas raízes profundas com o mundo natural. Encoraja a conexão com a natureza, estações do ano e cosmos. Simplicidade natural responde a um profundo respeito pela comunidade da vida, e aceita que os domínios não humanos das plantas e outros animais também têm a sua dignidade e direitos. Albert Schweitzer escreveu: "A partir da simplicidade ingênua, chegamos a uma simplicidade significativa."

5. **Simplicidade econômica**: significa consumir de modo consciente e economia de partilha. Simplicidade econômica reconhece que gerimos a nossa relação com a nossa casa (a Terra) desenvolvendo formas adequadas de "meios de subsistência corretos". Também reconhece a profunda transformação necessária da atividade econômica para vivermos de forma sustentável, através da reformulação de produtos e serviços de todos os tipos: sistemas habitacionais, energéticos, alimentares e de transporte.

6. **Simplicidade familiar**: significa priorizar à vida dos nossos filhos e família, e não ser desviados pela sociedade de consumo. Um número crescente de pais está escolhendo não aderir a estilos de vida consumistas, e procurar formas de introduzir valores e experiências que melhorem a vida de seus filhos e família.

7. **Simplicidade parcimoniosa**: significa reduzir gastos que não são verdadeiramente necessários e praticar uma gestão hábil das nossas finanças pessoais, o que pode nos ajudar a alcançar uma maior independência financeira. Parcimônia e cuidadosa gestão financeira trazem maior liberdade financeira, bem como oportunidade de escolher, de modo mais conscientemente, o nosso caminho ao longo da vida. Viver com menos também diminui o impacto do nosso consumo na Terra e libera recursos para outros.

8. **Simplicidade política**: significa organizar nossas vidas coletivas de modo a nos permitir viver com mais leveza e sustentabilidade na Terra, e isso, por sua vez, envolve mudanças em quase todas as áreas da vida pública: zoneamento, educação, transporte e sistemas energéticos. Tudo isto implica escolhas políticas. Política de simplicidade envolve, também, a política dos meios de comunicação, uma vez que eles são o principal veículo que promove o consumo em massa.

9. **Simplicidade significativa**: significa abordar a vida como uma meditação, e cultivar uma conexão íntima com tudo o que existe. Uma presença espiritual preenche o mundo e, ao viver de modo simples, podemos despertar de modo mais direto para o universo vivo que nos envolve e sustenta a todo momento. Simplicidade significativa preocupa-se mais em degustar conscientemente a vida na sua riqueza natural, do que com um determinado padrão ou modo de vida material. Ao cultivar uma conexão significativa com a vida, tendemos a olhar para além das aparências superficiais, e trazer a nossa vitalidade interior para relações de todos os tipos.

10. **Simplicidade organizada**: significa reduzir distrações triviais, tanto materiais quanto imateriais, concentrando-se no essencial, seja o que isso for para cada um de nós. Como disse Thoreau: "A nossa vida é desperdiçada pelos detalhes(...) Simplifique, simplifique." Ou, como escreveu Platão: "Para

buscar a sua própria direção, é preciso simplificar a mecânica da vida cotidiana comum."

Como essas abordagens demonstram, a crescente cultura da simplicidade contém um jardim florescente de expressões, cuja grande diversidade e unidade entrelaçadas criam uma ecologia, fortalecida e resistente, de aprendizado sobre como viver de modo mais sustentável e com propósito. Tal como acontece com outros ecossistemas, a diversidade de expressões promove flexibilidade, adaptabilidade e resiliência. Como muitos caminhos diferentes podem nos levar ao jardim da simplicidade, este modo de vida tem um enorme potencial para crescer, especialmente se forem nutridos e cultivados nos meios de comunicação como um caminho legítimo, criativo e promissor para um futuro além do materialismo e consumismo.

Escolha nosso futuro

"Comece fazendo o que é necessário; depois, faça o que é possível; de repente, você fará o impossível."
—São Francisco de Assis

A transição para o início da vida adulta como uma espécie é a transição mais vital, importante e de longo alcance que nós seremos chamados a fazer. Estamos fechando a porta do passado e despertando para um novo começo. Podemos recorrer a forças de enorme melhoria, à medida que caminhamos para a nossa maturidade como espécie. Podemos nos aventurar com capacidades edificantes e inspiradoras de uma humanidade que desperta, subindo em um mundo e vida novos. Nossa aparente queda é o prelúdio da nossa ascensão. Com coragem, podemos navegar na corrente de possibilidades e erguer-nos como comunidade humana.

Revendo os potenciais extremamente poderosos, e ainda pouco explorados, para o crescimento em direção a um futuro transformador, é muito claro que podemos atingir este objetivo. Enfrentaremos terríveis consequências se não aproveitarmos a oportunidade de escolher um novo caminho à frente: extinção funcional da nossa espécie e grande parte da vida na terra, ou declínio aterrorizante ao autoritarismo, onde renunciamos para sempre muitos dos nossos potenciais mais preciosos. Não nos resta tempo para negação ou atrasos. O tempo do acerto de contas chegou. Embora estejamos atrasados, o potencial para ascender a um caminho transformador continua existindo. Mudanças positivas não são fantasias ou esperanças vãs. As forças de mudança positiva convidam-nos a realizar, conjuntamente, uma transição difícil como espécie, que mudará profundamente nossa percepção de quem somos e o caminho em que estamos. A mudança positiva clama por uma nova humanidade; o chamado e os potenciais são reais, atuais e genuínos. Vamos resumi-los, para enfatizar sua promessa autêntica. Mudança positiva envolve:

1. Escolher viver da nossa experiência direta de *vitalidade* oferece um guia confiável para aprender a viver em um universo vivo.

2. Escolher a *consciência reflexiva* traz um julgamento maduro para observar a vida e escolhas para nossa jornada futura.

3. Escolher mobilizar nossos potenciais de *comunicação* do nível local para global reúne nossas vozes coletivas em uma conversa compartilhada sobre o futuro.

4. Escolher crescer até o início da idade adulta desperta maior *maturidade*, com respeito consciente pelo bem-estar da vida.

5. Escolher *reconciliação*, e buscar conscientemente curar as chagas da história, nos permite seguir em frente, em um esforço comum.

6. Escolher nos unirmos com um sentimento de *comunidade* do nível local para global traz uma sensação acolhedora de lar para a jornada futura.

7. Escolher *simplicidade* como um modo de vida, que é externamente mais simples e internamente mais rico, traz realismo e equilíbrio a nossa abordagem de vida.

Quando estes sete fatores se juntam em um apoio mútuo para uma abordagem de vida, eles trazem o potencial para uma mudança positiva crescente na jornada humana. Se escolhermos, coletivamente, *vitalidade, consciência, comunicação, maturidade, reconciliação, comunidade* e *simplicidade*, podemos despertar uma força quase incontrolável para avançarmos através da nossa iniciação coletiva como espécie, em direção a um futuro acolhedor. Se pudermos imaginar como podemos atravessar este ritual de passagem, então é nossa responsabilidade tentar. O que é possível se torna essencial. O que é viável se torna vital. O que é realizável se torna fundamental.

Uma humanidade e Terra transformadas podem emergir pelo despertar dessas capacidades de mudanças positivas. O poder desses potenciais é muito maior do que podemos imaginar. Com confiança, podemos viver conscientemente neles e, no processo, descobrir-nos mais profundamente. Roger Walsh, psiquiatra, praticante de meditação e professor durante toda a vida, escreve: "Nos aprofundamos em nós mesmos para podermos nos lançar ao mundo de forma mais efetiva, e nos lançamos ao mundo para nos aprofundarmos em nós mesmos."[229] Estamos sendo chamados para uma jornada de mudança positiva, na qual podemos investir inteiramente nossas vidas únicas e preciosas.

Agradecimentos

Este livro foi um trabalho de equipe, e quero expressar minha enorme gratidão a todos os que ajudaram a trazê-lo à vida. Pesquisa, redação e assistência para *Escolha a Terra* foi apoiado pelo financiamento corajoso e generoso da Roger and Brenda Gibson Family Foundation. Roger e Brenda foram aliados fundamentais, e amigos sinceros, neste trabalho profundamente exigente. Eu não teria sido capaz de completar este livro — o ápice de uma vida de pesquisa, escrita e aprendizagem—, sem o apoio, amizade e confiança deles. Eles não apenas apoiaram este livro, mas também o projeto maior e recursos de aprendizagem que o acompanham. Estou profundamente grato pela sua parceria para ajudar o nascimento deste trabalho para o mundo.

O meu grande apreço dirige-se também a Fred e Elaine LeDrew, pelas suas contribuições anuais para este trabalho pioneiro. As suas modestas doações foram significativas, como uma mensagem de apoio e amor. Estou imensamente grato a outros colaboradores que contribuíram de forma vital para este projeto: Bill Melton e Mei Xu, Lynnaea Lumbard, Vivienne Verdon-Roe, Betsy Gordon Foundation, Scott Elrod, Ben Elgin, Justyn LeDrew, Barbara e Dan Easterlin, Chris Bache, Carol Normandi, Lyra Mayfield e Charlie Stein, Arthur Benz, Lorraine Brignall, Frank Phoenix, Erik Schten, Scott Wirth, Sandra LeDrew, Charles Gibbs, Marianne Rowe, Kathy Kelly e Darlene Goetzman. Roger Walsh contribuiu de várias formas para este projeto, e estou muito grato pelo seu apoio e amizade.

Minha parceira e esposa, Coleen LeDrew Elgin, tem sido uma colaboradora essencial em todas as etapas deste empreendimento criativo. Ela produziu e dirigiu o documentário perspicaz, integrador e altamente conceituado que acompanha este projeto: *Enfrentando Adversidades: Escolha a Terra, Escolha a Vida*. Coleen também ensinou comigo, liderou o desenvolvimento do programa para os cursos que acompanham este livro e forneceu uma liderança importante como diretora conjunta do projeto. De modo geral, esta iniciativa não poderia ter criado raízes sem os enormes e hábeis esforços de Coleen, pelos quais sou tremendamente grato.

Aprecio imensamente a hábil edição de Christian de Quincey, que trouxe seu olhar aguçado para corrigir e suavizar a fluência da escrita nessa edição extensamente revisada. Também estou extremamente grato pelo retorno ponderado e sugestões perspicazes que as seguintes pessoas ofereceram a este livro: Coleen LeDrew Elgin, Laura Loescher, Sandy Wiggins, Roger Gibson, Brenda Gibson, David Christel, Ben Elgin, Scott Elrod, Marga Laube, Bill Melton, Chris Bache, Eden Trenor e Liz Moyer.

Agradeço aos que fizeram parte da equipe de promoção e ensino dos cursos que acompanharam este livro: Carol Normandi, Barbara Easterlin, Sandy Wiggins, Marianne Rowe, Jim Normandi, Kathy Kelly, Diana Badger e James Wiegel.

Birgit Wick trouxe sua arte e habilidades para o projeto e configuração desse livro, bem como para outros materiais neste projeto. Ela trouxe um espírito cuidadoso e atenção meticulosa a todas as fases do projeto e configuração do livro. Por tudo isto, estou muito grato. Meus agradecimentos a Karen Preuss, que fotografou as mãos para a capa. Agradeço a Isabel Elgin por ajudar na imagem da capa.

Um imenso agradecimento à equipe de tradução da edição em português. Fernando Bergel Lipp e Gabrielly Rossi colaboraram no desenvolvimento de uma excelente tradução deste livro, ofertando um grande presente ao projeto Escolha a Terra (Choosing Earth). Fernando e Gabrielly foram além da simples tradução do texto, dedicando uma atenção incrível e detalhada à edição e revisão. Sua dedicação à alta qualidade de tradução é imensamente apreciada. Que o presente representado por sua tradução ilumine o caminho da humanidade em direção a uma comunidade planetária madura.

Andrew Morris, coordenador do ProZ Pro Bono, tem sido um aliado inestimável. Ele tem proporcionado uma liderança inabalável, orientando as equipes na complexidade dos vários idiomas envolvidos neste projeto. Andrew é um modelo para a construção de uma comunidade global, sendo um prazer trabalhar com ele.

Sou grato a Fabio Laniado por sua cuidadosa diagramação da edição em português.

Uma jornada pessoal

Nascido em 1943, eu cresci em uma pequena fazenda, na zona rural de uma pequena cidade no sul de Idaho. Vivíamos perto da terra, passagem das estações, animais e uns dos outros. Não vi uma televisão até os onze anos. Assim, sem um jornal periódico, e com apenas três estações de rádio locais (que tocavam principalmente música country e comerciais), meus companheiros regulares eram nossos animais da fazenda (cães, gatos, galinhas, porcos, um cavalo e uma vaca), a terra que nos rodeava e os vizinhos em fazendas próximas. Eu era curioso quando jovem, e adorava ler. Eu também gostava de construir ao lado do meu pai, em sua marcenaria bem equipada, onde ele construía barcos, móveis e outros utensílios, durante os longos meses de inverno, quando a agricultura era suspensa. Crescendo em uma fazenda, aprendi em primeira mão como as culturas são vulneráveis às mudanças climáticas, invasões de insetos e doenças das plantas.

Fui inspirado pela minha mãe, que era enfermeira, e isso me levou a estudar na área médica, com a intenção de me tornar médico ou veterinário. Depois de dois anos de faculdade, eu estava inquieto e queria ver o mundo. Por isso, abandonei os estudos durante um ano, e ganhei o suficiente trabalhando em diversas fazendas para comprar um bilhete de avião, de ida e volta, de Idaho para França. Em 1963, viajei para Paris, para viver como estudante durante um semestre. Após chegar, soube que minha residência ficava no mesmo prédio estudantil do capelão: um padre jesuíta chamado Daniel Berrigan. Padre Berrigan era um conhecido ativista contra a guerra, pacifista e, enquanto vivia em Paris, falamos inúmeras vezes, particularmente sobre três temas: guerra no Vietnã, racismo nos Estados Unidos e no mundo e a importância de se expor a vida plena e de modo pacífico. Ele deixou uma impressão duradoura em mim: seu profundo compromisso com a paz e justiça social, sua resistência ativa à guerra no Vietnã e a maneira simples como ele vivia.

Após morar na Europa por meio ano, durante um período de agitação social estudantil, percebi que estava menos motivado para me tornar um médico tradicional. Em vez da cura física, eu me sentia atraído por uma vida de cura social, mas não tinha uma ideia clara de formas como isso poderia acontecer. Após concluir minha graduação, cursei quatro anos de pós-graduação na Universidade da Pensilvânia, onde obtive um MBA pela Wharton School e um mestrado em História Econômica.

Após a conclusão da pós-graduação, em 1972, comecei meu primeiro trabalho em escritório, trabalhando como pesquisador sênior na equipe da "Comissão Presidencial sobre o Crescimento Populacional e o Futuro Americano", em Washington, DC. Foi uma experiência reveladora, para este garoto do interior, trabalhar em uma comissão presidencial. Nossa tarefa: olhar para o futuro em trinta anos, de 1970 para 2000, e explorar o crescimento da população e urbanização. Embora a comissão tivesse um orçamento e vida útil de apenas dois anos, esta foi uma introdução inestimável à investigação sobre o futuro a longo prazo. Foi também uma excelente oportunidade para observar a política na Casa Branca e ver como funcionava o governo. Fiquei surpreendido ao ver em que medida as políticas são dominadas por considerações de curto prazo e pelo poder de interesses especiais.

Desiludido, deixei Washington e fui para a Califórnia, para começar a trabalhar como cientista social sênior no "grupo de pesquisa sobre cenários futuros", no laboratório de ideias do Stanford Research Institute (SRI International). Nos seis anos seguintes, fui coautor de numerosos estudos sobre o futuro a longo prazo, como: *Anticipating Future National and Global Problems* (para a National Science Foundation), *Alternative Futures for Environmental Policy: 1975–2000* (para a Environmental Protection Agency) e *Limits to the Management of Large, Complex Systems* (para o assessor de ciências do presidente). Também fui coautor, com Joseph Campbell e uma pequena equipe de estudiosos, de um estudo pioneiro intitulado

Changing Images of Man. Esta pesquisa explorou arquétipos que levam a humanidade a um futuro transformador, e impactou profundamente minha compreensão da jornada evolucionária da humanidade. Esses anos de pesquisa deixaram claro que nós estávamos em um caminho insustentável e, dentro de algumas décadas, começaríamos a consumir em demasia os recursos da Terra e nos encaminharíamos para uma condição de colapso e ruptura planetária. Vi como a humanidade teria de fazer mudanças profundas, se quiséssemos evitar a destruição da biosfera. Ao mesmo tempo, meu crescimento pessoal estava sendo estimulado de maneiras surpreendentes.

Enquanto trabalhava no SRI, surgiu uma oportunidade extraordinária: tornar-me um paciente em uma pesquisa psíquica que estava começando. O governo dos EUA estava começando a financiar suas primeiras pesquisas para explorar as habilidades intuitivas e capacidades psíquicas da humanidade. A pesquisa inicial começou no SRI no início da década de 1970, financiado pela NASA e disponível ao público. Tive a sorte de me tornar um dos quatro pacientes iniciais, e de participar de uma ampla gama de experimentos que pesquisavam os aspectos de "recepção" e "envio" da consciência. A recepção incluía "visão remota": ver lugares e pessoas à distância, com intuição direta. O envio incluía a "psicocinese" e envolvia a participação intuitiva com sistemas físicos. Ao longo de três anos, aprendi uma lição fundamental repetidas vezes: o mundo está vivo e permeado de consciência e uma energia inerente. Nosso corpo físico fornece uma base estável para aprendermos sobre a natureza da consciência, que não se limita a ele, mas se estende ao universo, como um conhecimento e vitalidade inteligentes e sempre presentes. Por sua vez, somos muito mais do que nosso corpo físico, e dotados de capacidades muito mais sutis do que eu imaginava anteriormente. Estamos apenas começando a usar tecnologias altamente sensíveis para nos fornecer respostas, e desenvolvermos uma "alfabetização da consciência". As lições aprendidas neste trabalho de laboratório continuam a melhorar meu entendimento, meio século depois.

Deixei o SRI em 1977 e comecei a concentrar meus esforços em me tornar um "ativista da mídia". Durante décadas, observei como os meios de comunicação dominam e orientam a mente de civilizações inteiras. Nossa consciência coletiva estava sendo profundamente afetada, tanto pela enorme quantidade de anúncios que vendiam uma mentalidade materialista, quanto pela mídia ignorando os principais desafios, como mudanças climáticas, pobreza e racismo. Comecei a fazer trabalho comunitário, não partidário, na Área da Baía de São Francisco, visando tornar os meios de comunicação mais sensíveis às necessidades dos cidadãos. Para isto, criamos uma organização sem fins lucrativos, a Bay Voice, que contestou as licenças das principais emissoras de TV da Área da Baía de São Francisco, alegando que elas não estavam atendendo aos direitos legais dos cidadãos de serem informados. Em 1987, a Bay Voice colaborou com a emissora ABC para produzir uma histórica "reunião eletrônica da cidade", com duração de uma hora, em horário nobre, vista por mais de 300.000 pessoas, e incluiu seis votos de uma amostra científica de cidadãos durante o programa ao vivo. O público forneceu à emissora um retorno muito forte e valioso sobre a sua programação. Uma expressão contemporânea desta obra é a iniciativa *Voz da Terra*, descrita neste livro, que utilizará a tecnologia de internet, agora acessível à maioria dos cidadãos da terra, para criar uma voz em escala planetária para o planeta.

Escrever e investigar têm sido uma parte significativa do meu trabalho. Para mim, escrever é muito mais do que um exercício mental: é uma experiência completa de sentir e processar o significado de algo, de modo que as palavras incorporam a experiência que as origina. Vendo e sentindo como estamos consumindo demais a terra, comecei a escrever sobre a simplicidade de viver, na metade da década de 1970. Meu livro **Simplicidade Voluntária:** *Em busca de um estilo de vida exteriormente simples, mas interiormente* *rico*, foi publicado pela primeira vez em 1981, e republicado em 2009. Minha experiência de trabalho no projeto *Changing Images of Man* parecia incompleta, e investi quase 15 anos escrevendo minha própria versão deste trabalho — *A Dinâmica da Evolução Humana: Explorando a Evolução da Cultura e Consciência Humanas*, publicado em 1993. Percebendo a lentidão com que estávamos caminhando em direção a um futuro mais construtivo e sustentável, escrevi *Promise Ahead: A Vision of Hope and Action for Humanity's Future*, publicado em 2000. Enquanto envolvido nos experimentos de parapsicologia no início da década de 1970, comecei a escrever sobre a natureza do universo como um sistema vivo e consciente, culminando, mais de 30 anos depois, em meu livro *The Living Universe: Where Are We? Who Are We? Where Are We Going?*, publicado em 2009. Além destes livros, contribuí com capítulos para mais de duas dúzias de livros e publiquei mais de uma centena de artigos. Estas décadas de pesquisa e redação convergiram e contribuíram para a realização de *Escolha a Terra*.

Ao longo destas décadas, tive a sorte de viajar para diferentes partes do mundo e dar palestras sobre diversos temas, a públicos variados. Realizei mais de 350 palestras a diferentes audiências: líderes empresariais, organizações sem fins lucrativos, universidades, grupos cinematográficos e de comunicação, organizações religiosas e outras. Também tive a satisfação de participar de reuniões e encontros com pessoas de todas as áreas da vida, incluindo líderes, professores, estudantes e trabalhadores.

Em 2006, tive a honra de receber o "Goi Peace Award" em Tóquio, no Japão, em reconhecimento pelas minhas contribuições para uma "perspectiva, consciência e estilo de vida" globais, que fomentam uma "cultura mais sustentável e espiritual". Em 2001, recebi um doutor honoris causa em Filosofia do California Institute of Integral Studies, em reconhecimento pelo meu trabalho para a "transformação ecológica e espiritual". Olhando para trás, para os últimos 50 anos, posso ver como a minha carreira profissional me levou a escrever este último livro, *Escolha a Terra*. Minha intenção agora é levar este livro, bem como os documentos e cursos complementares, para o mundo, mediante colaborações, organização, consultoria, palestras e ensino. Visite minhas páginas para saber mais: www.DuaneElgin.com (página pessoal) e www.ChoosingEarth. org (página profissional).

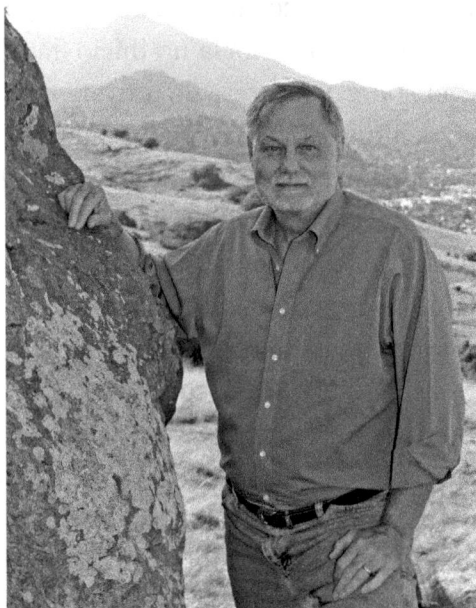

Notas finais e referências

1   James Hillman. *Re-Visioning Psychology*. New York: Harper and Row, 1975, 16.

2   Robin Wall Kimmerer. *Braiding Sweetgrass*. Minneapolis, MN: Milkweed Editions, 2013, 359.

3   Alexis Pauline Gumbs. *Undrowned*. Chico, CA: AK Press, 2020, 15.

4   Mia Birdsong. *How We Show Up*. New York: Hachette Books, 2020, 38.

5   Corpo editorial. *The Beginning of the End*. New Scientist, 10 de outubro de 2018. https://www.newscientist.com/article/mg24031992-900-weve-missed-many-chances-to-curb-global-warming-this-may-be-our-last/

6   *The Report of The Commission on Population Growth and the American Future*. https://www.population-security.org/rockefeller/001_population_growth_and_the_american_future.htm

7   Willis Harman e Peter Schwartz. *Assessment of Future National and International Problem Areas*. National Science Foundation, Contrato NSF/STP76-02573, Projeto SRI 4676, fevereiro de 1977. Além de contribuir para o relatório geral, também escrevi um relatório individual, de 77 páginas: *Limits to the Management of Large, Complex Systems*, publicado como um volume complementar, em fevereiro de 1977.

8   Duane Elgin, ibid. Um resumo deste relatório de 77 páginas, apresentado em *Limits to the Management of Large, Complex Systems,* foi publicado como artigo — *Limits to Complexity: Are Bureaucracies Becoming Unmanageable*. The Futurist, dezembro de 1977. https://duaneelgin.com/wp-content/uploads/2014/11/Limits-to-Large-Complex-Systems.pdf

9   Uma descrição resumida desse semestre de meditação, em 1978, foi incluído como apêndice no meu livro *Awakening Earth*. Este livro está disponível para download gratuito na minha página pessoal. https://duaneelgin.com/wp-content/uploads/2016/03/AWAKENING-EARTH-e-book-2.0.pdf. Percepções desta experiência de meditação forneceram a base para explorar além do paradigma materialista atual, e são descritas como uma teoria da "evolução dimensional". *A Dinâmica da Evolução Humana* apresenta os meados da década de 2020 como o período aproximado de avanço para o próximo contexto dimensional, mais amplo, de um paradigma do universo vivo, e sua visão da realidade, identidade humana e jornada evolucionária.

10   Agradeço ao monge budista Thich Nat Hanh, por oferecer esta descrição

11   Caroline Hickman *et al. Young people's voices on climate anxiety, government betrayal and moral injury: a global phenomenon.* Universidade de Bath, Reino Unido, 07 de setembro de 2021. https://papers.ssrn.com/sol3/papers.cfm?abstract_id=3918955

12   *Peoples' Climate Vote*. Programa das Nações Unidas para o Desenvolvimento (PNUD) e Universidade de Oxford, janeiro de 2021. https://www.undp.org/publications/peoples-climate-vote#modal-publication-download

13   *World Scientists' Warning to Humanity*. Union of Concerned Scientists, 1992 em diante. https://www.ucsusa.org/resources/1992-world-scientists-warning-humanity

14   Ibid.

15   Owen Gaffney. *Quit Carbon, and Quick*, New Scientist, 05 de janeiro de 2019. https://www.sciencedirect.com/science/article/abs/pii/S0262407919300181

16   Eugene Linden. *How Scientists Got Climate Change So Wrong*. The New York Times, 08 de novembro de 2019. https://www.nytimes.com/2019/11/08/opinion/sunday/science-climate-change.html

      Veja também: *Climate Change Speed-Up*. Atmospheric Sciences & Global Change Research Highlights, março de 2015. O aumento de temperatura nas próximas décadas irá se acelerar, de acordo com novas pesquisas. As mudanças de temperatura da terra estão acontecendo mais rapidamente do que os níveis históricos, e estão acelerando. https://www.pnnl.gov/science/highlights/highlight.asp?id=3931

      "Quão rápido o clima está mudando? Aconteceu em uma vida." David Wallace-Wells, jornalista climático e autor de *The Uninhabitable Earth*, explica. https://www.youtube.com/watch?v=RA4mIbQo52k

17   Embora a escala de tempo dos eventos descritos como "abruptos" possa variar drasticamente, há evidências muito perturbadoras de que ela pode ser de anos! Cita-se: "Alterações registradas no clima da Groenlândia no final do Dryas Recente (aproximadamente 11.800 atrás), conforme mensurado em amostras de gelo, implicam um aumento súbito de temperatura superior a 10 °C (18 °F) em um período de alguns anos." Grachev, A.M. e Severinghaus, J.P. *A revised +10±4° C magnitude of the abrupt change in Greenland temperature at the Younger Dryas termination using published GISP2 gas isotope data and air thermal diffusion constants.* Quaternary Science Reviews, março de 2005. https://ui.adsabs.harvard.edu/abs/2005QSRv...24..513G/abstract

18   Uma exceção é a Suécia: Christian Ketels e K. Persson. *Sweden´s ministry for the future: how governments should think strategically and act horizontally.* Centre for Public Impact, 29 de novembro de 2018. https://www.centreforpublicimpact.org/swedens-ministry-for-the-future-how-governments-should-think-strategically-and-act-horizontally/

19   Gus Speth, citado no Canadian Association of the Club of Rome, 27 de março de 2016. https://canadiancor.com/scientists-dont-know

20   John Vidal. *The Lost Decade: How We Awoke To Climate Change Only To Squander Every Chance To Act.* HuffPost, 30 de dezembro de 2019. https://www.huffpost.com/entry/lost-decade-climate-change-action-2020_n_5df7af92e4b0ae01a1e459d2

21   *Workers Flee and Thieves Loot Venezuela's Reeling Oil Giant.* The New York Times, 14 de junho de 2018. https://www.nytimes.com/2018/06/14/world/americas/venezuela-oil-economy.html

22   Natalie Kitroeff e Maria Abi-Habib. *Gangs Rule Much of Haiti. For Many, It Means No Fuel, No Power, No Food.* The New York Times, 27 de outubro de 2021. https://www.nytimes.com/2021/10/27/world/americas/haiti-gangs-fuel-shortage.html

Corpo editorial. *Haiti descends into chaos, yet the world continues to look away.* Washington Post, 31 de outubro de 2021. https://www.washingtonpost.com/opinions/2021/10/31/haiti-descends-into-chaos-yet-world-continues-look-away/

23   Como exemplo: Future of Life Institute. https://futureoflife.org/background/existential-risk/

24   Um movimento "transumanista" está ocorrendo na cultura popular, e tem sido descrito como "um movimento social e filosófico dedicado a promover a pesquisa e desenvolvimento de tecnologias robustas de aprimoramento humano. Estas tecnologias aumentariam, ou ampliariam, a recepção sensorial humana, habilidade emotiva ou capacidade cognitiva, bem como melhorariam radicalmente a saúde humana, estendendo a expectativa de vida". https://en.wikipedia.org/wiki/Transhumanism

25   Embora altamente controverso, é importante reconhecer o papel da edição genética para o futuro. Reescrever o código da vida está rapidamente se tornando uma tecnologia que poderia alterar o futuro evolucionário da humanidade, particularmente dentro dos próximos 50 anos. CRISPR é a ferramenta de edição de genes que funciona como a função localizar e substituir do aplicativo Word. Em vez de necessitar de um laboratório de ciências gigantesco, essa tecnologia é de fácil uso, e tem fomentado numerosos empreendedores "de fundo de garagem", que procuram criar e vender novas linhagens de genes para a humanidade. A Organização Mundial da Saúde observou que *as ferramentas de edição genética não requerem conhecimentos ou competências bioquímicas excepcionais, fundos significativos ou tempo em demasia.* Compreensivelmente, estas ferramentas passaram de enormes laboratórios sofisticados em universidades, para garagens e salas de estar de "hackers biológicos", que estão trabalhando, sem regulamentação, para desenvolverem alterações genéticas que são, essencialmente, impossíveis de serem desfeitos. A edição genética é uma tecnologia de duplo efeito, o que significa que pode trazer grandes benefícios ou danos ao mundo.

Os benefícios potenciais desta tecnologia são enormes. A edição genética pode ajudar a alimentar o mundo, com plantas resistentes a doenças e tolerantes à seca. Estas ferramentas também podem ser usadas para criar seres humanos projetados, com tolerância a altas temperaturas e estresse, bem como resistência a muitas doenças. Por exemplo, pode auxiliar na cura de aproximadamente 7.000 doenças humanas causadas por mutações genéticas. Poderia tornar as pessoas mais resistentes ao vírus do HIV e outras doenças, como anemia falciforme, fibrose cística, doenças cardíacas, leucemia, resistência à malária e, talvez, doença de Alzheimer. Outro exemplo de grande benefício seria em relação à contagem de espermatozoides humanos, a qual vem declinando dramaticamente. Se eles caírem para próximo de zero, então a extinção funcional da espécie humana torna-se provável, pois seremos incapazes de nos reproduzir. Por sua vez, é provável haver esforços conjuntos para usar a edição genética na produção de espermatozoides mais fortes e resiliente, que possam sobreviver às pressões evolucionárias de nosso mundo em profunda transição.

O mal que podem surgir desta tecnologia também é enorme. Além das alterações climáticas, existem apenas duas tecnologias que podem matar rapidamente bilhões de pessoas: armas nucleares e biológicas. Cita-se, como exemplo, a varíola, uma das doenças mais contagiosas, desfigurantes e mortais do mundo, que afetou a humanidade por milhares de anos, tendo matado aproximadamente 30% dos infectados. Embora a varíola tenha sido erradicada da Terra, os cientistas descobriram que ela pode ser recriada em laboratórios clandestinos, reunindo componentes disponíveis no mundo. A edição genética também poderia ser usada para projetar antraz resistente a medicamentos, gripe altamente transmissível e muito mais.

A edição genética é um curinga evolucionário, que pode mudar a direção da evolução por caminhos desconhecidos. O historiador e futurista Yuval Noah Harari escreve em seu livro controverso *Homo Deus* que, se usarmos essa tecnologia, a humanidade começará a quebrar as leis da seleção natural que moldaram a vida nos últimos quatro bilhões de anos, e as substituirá por "leis do projeto inteligente possível". Dentro de algumas décadas, a Terra poderia ser habitada por seres humanos geneticamente ampliados, cujas vantagens poderiam torná-los essenciais e quase invencíveis, produzindo, desse modo, uma sociedade geneticamente estratificada. Cada geração de seres humanos "melhorados" poderia estabelecer uma nova linha de base para atualizar a próxima geração, produzindo assim tipos radicalmente diferentes de seres humanos. Mas com que parâmetros? Se as capacidades ampliadas se basearem no paradigma superficial do materialismo, parece provável que criem um futuro sombrio para a humanidade. Para ilustrar, Harari escreve que os humanos geneticamente ampliados serão homenageados pela "contribuição que fazem aos fluxos de dados fornecidos, que os vários algoritmos de computador estão usando para gerar valor e criar produção".

O paradigma do materialismo fornece a base para esta visão pobre e superficial dos potenciais evolutivos da humanidade. Harari escreve: "no futuro, poderemos ver lacunas reais nas habilidades físicas e cognitivas aumentarem entre uma alta classe melhorada e o resto da sociedade, e poderíamos ter 'super-humanos melhorados que dominam o mundo', criando assim 'uma nova casta super-humana', que abandonará suas raízes liberais e tratará os humanos normais não melhor do que os europeus do século XIX trataram os africanos". Por sua vez, ele afirma que a estratégia evolucionária mais implacável pode ser descartar os pobres e não qualificados do mundo, e impulsionar apenas os melhorados. Sem um contexto ético transcendente para orientar esta revolução genética emergente, existe um enorme perigo de criar um novo sistema de castas, e um futuro profundamente reduzido e distorcido para a humanidade (veja Yuval Harari. *Homo Deus*, Nova Iorque: Harper Collins, 2017, p. 352-355.) Também: entrevista de Ezra Klein — *Yuval Harari, author of* Sapiens*, on how meditation made him a better historian*. Vox, 28 de fevereiro de 2017. https://www.vox.com/2017/2/28/14745596/yuval-harari-sapiens-interview-meditation-ezra-klein

26   Corpo editorial. *We've missed many chances to curb global warming. This may be our last*. New Scientist, 10 de outubro de 2018. https://www.newscientist.com/article/mg24031992-900-weve-missed-many--chances-to-curb-global-warming-this-may-be-our-last/

27   Jared Diamond. *Collapse: How Societies Choose to Fail or Succeed*, New York: Penguin Group, 2005.

Também: Jared Diamond. *Easter's End*, Discover Magazine, 31 de julho de 1995. https://www.discovermagazine.com/planet-earth/easters-end

28   Op. cit., *Collapse*, p. 109

29   Ibid., p. 119

30   Garry Kasparov e Thor Halvorssen. *Why the rise of authoritarianism is a global catastrophe*. Washington Post, 13 de fevereiro de 2017. https://www.washingtonpost.com/news/democracy-post/wp/2017/02/13/why-the-rise-of-authoritarianism-is-a-global-catastrophe/

31   Maria Repnikova. *China's "responsive" authoritarianism*. Washington Post, 27 de novembro de 2018. https://www.washingtonpost.com/news/theworldpost/wp/2018/11/27/china-authoritarian/

Também: Paul Mozur e Aaron Krolik. *A Surveillance Net Blankets China's Cities, Giving Police Vast Powers*. The New York Times, 17 de dezembro de 2019. https://www.nytimes.com/2019/12/17/technology/china-surveillance.html?action=click&module=Top%20Stories&pgtype=Homepage /

32   Nicholas Wright. *How Artificial Intelligence Will Reshape the Global Order*. Foreign Affairs, 10 de julho de 2018. https://www.foreignaffairs.com/articles/world/2018-07-10/how-artificial-intelligence-will-reshape-global-order?fa_anthology=1123571

33   Mathew Macwilliams. *Trump is an authoritarian. So are millions of Americans*. Politico, 23 de setembro de 2020. https://www.politico.com/news/magazine/2020/09/23/trump-america-authoritarianism-420681

Zack Beauchamps. *Call it authoritarianism*. Vox, 15 de junho de 2021. https://www.vox.com/policy-and-politics/2021/6/15/22522504/republicans-authoritarianis m-trump-competitive

34   Duane Elgin. *The Living Universe*, op. cit., 2009, p. 141-142

35   *World Income Inequality Report*. World Inequality Lab, dezembro de 2021. https://wid.world/news-article/world-inequality-report-2022/

36   Outra indicação do perigo que se aproxima é descrita no relatório do IPCC sobre alterações climáticas e terra: Chris Mooney e Brady Dennis. *The world has just over a decade to get climate change under control, U.N. scientists say.* Washington Post, 07 de outubro de 2018. Não há precedentes históricos documentados para a magnitude das mudanças necessárias, constatou o órgão. Aqui está uma resposta importante de Jennifer Morgan, diretora-executiva do Greenpeace, ao novo relatório do IPCC, *Climate Change and Land*: "1.5 °C é o novo 2 °C". Especificamente, o documento constata que as instabilidades na Antártida e Groenlândia, que poderiam levar ao aumento do nível do mar em metros, em vez de centímetros, "poderiam ser desencadeada com aquecimento global de 1,5 °C a 2 °C". Além disso, a perda total de recifes de corais tropicais é uma possibilidade, uma vez que se espera que 70% a 90% desapareçam com um aumento de 1,5 °C, segundo o relatório. Com 2 °C, este número cresce para mais de 99%. O relatório afirma claramente que um aquecimento de 1,5°C seria muito prejudicial, e que 2°C, que costumava ser considerado um objetivo razoável, poderia produzir consequências intoleráveis em partes do mundo. https://www.ipcc.ch/report/srccl/

Também: relatório atualizado do IPCC — Chris Mooney e Brady Dennis. *New U.N. climate report: Massive change already here for world's oceans and frozen regions.* Washington Post, 25 de setembro de 2019. https://www.washingtonpost.com/climate-environment/2019/09/25/new-un-climate-report-massive--change-already-here-worlds-oceans-frozen-regions/

Pörtner Habs-Otto *et al. Special Report on the Ocean and Cryosphere in a Changing Climate.* IPCC: Intergovernmental Panel on Climate Change, 2019. https://www.ipcc.ch/srocc/. Para download: https://www.ipcc.ch/site/assets/uploads/sites/3/2022/03/00_SROCC_Frontmatter_FINAL.pdf

37   Um exemplo de danos causados pelo aumento do nível do mar é a erosão severa das praias do mundo: metade das praias pode desaparecer até o final do século, e, em 2050, algumas áreas costeiras podem estar irreconhecíveis. Michalis I. Vousdoukas *et al. Sandy coastlines under threat of erosion.* Nature: Climate Change, 02 de março de 2020. https://www.nature.com/articles/s41558-020-0697-0

38   Pörtner Hans-Otto *et al. Special Report on the Ocean and Cryosphere in a Changing Climate.* IPCC: Intergovernmental Panel on Climate Change, 2019. https://www.ipcc.ch/srocc/

39   Oliver Milman. *Sea levels set to keep rising for centuries even if emissions targets met.* The Guardian, 06 de novembro de 2019. O intervalo de tempo entre o aumento das temperaturas globais e o impacto da inundação costeira significa que o mundo lidará com o aumento constante do nível do mar até os anos além de 2300, independentemente da rápida ação para abordar a crise climática, de acordo com novo estudo. https://www.theguardian.com/environment/2019/nov/06/sea-level-rise-centuries-climate-crisis

Veja o estudo: Alexander Nauels *et al. Attributing long-term sea-level rise to Paris Agreement emission pledges.* PNAS: Proceedings of the

National Academy of Sciences, 04 de novembro de 2019. https://www.pnas.org/content/early/2019/10/31/1907461116

Também: Zeke Hausfather. *Common Climate Misconceptions: Atmospheric Carbon Dioxide*. Yale Climate Connections, 16 de dezembro de 2010. Este estudo evidenciou que, embora uma boa parte das emissões de gases de efeito estufa possa ser removida da atmosfera em algumas décadas, mesmo que as emissões cessem imediatamente, aproximadamente 10% continuaria a aquecer a Terra por milhares de anos. Estes 10% são significativos, porque mesmo um pequeno aumento dos gases de efeito de estufa pode ter um grande impacto nas camadas de gelo e nível do mar, se persistir por milênios. Mais importante: o maior perigo não é o aquecimento global, mas sim o clima extremo produzido pela superação dos pontos críticos, o que, por sua vez, leva a uma fome catastrófica e imensa agitação cívica. https://www.yaleclimateconnections.org/2010/12/common-climate-misconceptions-atmospheric-carbon-dioxide/

40 *BP Statistical Review of World Energy*. British Petroleum, 68ª ed., 2019. https://www.bp.com/content/dam/bp/business-sites/en/global/corporate/pdfs/energy-economics/statistical-review/bp-stats-review-2019-full-report.pdf

41 *Hothouse Earth Fears*. New Scientist, 11 de agosto de 2018. https://www.sciencedirect.com/journal/new-scientist/vol/239/issue/3190. "Na maior parte dos últimos 500 milhões de anos, a terra tem sido muito mais quente do que hoje, sem gelo permanente nos polos: o estado de estufa da Terra. Então, aproximadamente três milhões de anos atrás, com a queda dos níveis de CO_2, as temperaturas começaram a oscilar entre dois momentos de menor temperatura: eras glaciais, com grandes camadas de gelo cobrindo grande parte do hemisfério norte, e eras interglaciais, como o presente. Com o aumento do CO_2, podemos forçar o planeta a sair do estado interglacial atual e entrar no estado de estufa da Terra. As consequências vão além da catástrofe."

Matt McGrath. *Climate change: "Hothouse Earth" risks even if CO_2 emissions slashed* .BBC, 06 de agosto de 2018. https://www.bbc.com/news/science-environment-45084144

Robert Monroe. *New Climate Risk Classification Created to Account for Potential "Existential" Threats*, Scripps Institute of Oceanography, 14 de setembro de 2017. "Um aumento de temperatura superior a 3 °C (5,4 °F) poderia levar ao que os investigadores chamam de efeitos 'catastróficos', e um aumento superior a 5 °C (9 °F) poderia ocasionar consequências 'desconhecidas', que eles descrevem como além da catástrofe, incluindo a possibilidade de ameaças existenciais. O espectro dessas ameaças existenciais é ressaltado, para refletir os graves riscos para a saúde humana e extinção de espécies pelo aquecimento além de 5 °C, o que não ocorre a, pelo menos, 20 milhões de anos." https://scripps.ucsd.edu/news/new-climate-risk-classification-created-account-potential-existential-threats

Will Steffen *et al. Trajectories of the Earth System in the Anthropocene.*,

PNAS: Proceedings of the National Academy of Sciences, 06 de agosto de 2018. "Exploramos o risco de que ciclos de retorno reforçados possam levar o sistema da Terra a um limiar planetário que, se ultrapassado, poderia impedir a estabilização do clima em temperaturas intermediárias, e provocar um aquecimento contínuo para uma 'Terra-estufa', mesmo com as reduções das emissões humanas. Ultrapassar o limiar levaria a uma temperatura média global mais elevada do que qualquer temperatura interglacial nos últimos 1,2 milhão de anos, com níveis do mar significativamente mais elevados do que em qualquer momento do Holoceno." https://doi.org/10.1073/pnas.1810141115

42 *How Do We Know Climate Change is Real?* NASA: Global Climate Change, Vital Signs of the Planet, última atualização da página: 27 de outubro de 2023. https://climate.nasa.gov/evidence/

Veja o consenso científico sobre aquecimento climático: https://climate.nasa.gov/scientific-consensus/

Alistair Woodward. *Climate change: Disruption, risk and opportunity.* Science Direct (publicado originalmente na *Global Transitions,* Volume 1, 2019, pp. 44-49). O estudo conclui: a mudança climática é perturbadora porque os seres humanos se adaptaram a uma estreita variação de condições ambientais. A mudança é particularmente arriscada na presença de baixa previsibilidade, grande escala, início rápido e irreversibilidade. https://doi.org/10.1016/j.glt.2019.02.001

Global Warming Science: The science is clear. Global warming is happening. Union of Concerned Scientists, 2019. https://www.ucsusa.org/our-work/global-warming/science-and-impacts/global-warming-science

Op. cit., *Special Report on the Ocean and Cryosphere in a Changing Climate.* IPCC: Intergovernmental Panel on Climate Change, 2019.

Bob Berwyn. *Ocean Warming Is Speeding Up, with Devastating Consequences, Study Shows.* Inside Climate News. 14 de janeiro de 2020. Em 25 anos, os oceanos absorveram calor equivalente à energia de 3,6 bilhões de explosões de bombas atômicas equivalentes àquela de Hiroshima, disse o principal autor do estudo. https://insideclimatenews.org/news/14012020/ocean-heat-2019-warmest-year-argo-hurricanes-corals-marine-animals-heatwaves

Sabrina Shankman. *Dead Birds Washing Up by the Thousands Send a Warning About Climate Change.* Inside Climate News, 15 de janeiro de 2020. Um novo estudo desvenda o mistério sobre o fato de tantas aves marinhas, normalmente resistentes, morressem de fome em meio a uma onda de calor oceânica alimentada, em parte, pelo aquecimento global. https://insideclimatenews.org/news/15012020/seabird-death-ocean-heat-wave-blob-pacific-alaska-common-murre

43 *Urgent health challenges for the next decade.* OMS, 13 de janeiro de 2020. https://www.who.int/news-room/photo-story/photo-story-detail/urgent-health-challenges-for-the-next-decade

44 *Powerful actor, high impact bio-threats — initial report.* Wilton Park/ UK, 09 de novembro de 2018. https://www.wiltonpark.org.uk

Nafeez Ahmed *Coronavirus, Synchronous Failure and the Global Phase-Shift*. Insurge Intelligence, 02 de março de 2020. https://medium.com/ insurge-intelligence/coronavirus-synchronous-failure--and-the-global-phase-shift-3f00d4552940

Jennifer Zhang. *Coronavirus Response Shows the World May Not Be Ready for Climate-Induced Pandemics*. Columbia University, 24 de fevereiro de 2020. https://blogs.ei.columbia.edu/2020/02/24/coronavirus-climate-induced-pandemics/

Brina Deese e Ronald A. Klain. *Another deadly consequence of climate change: The spread of dangerous diseases*. Washington Post, 30 de maio de 2017. https://www.washingtonpost.com/opinions/another-deadly-consequence-of--climate-change-the-spread-of-dangerous-diseases/2017/05/30/fd3b8504-34b1-11e7-b4ee-434b6d506b37_story.html

Aprecio as percepções de Sandy Wiggins na diferenciação entre os desafios de responder às pandemias e alterações climáticas.

45 Outro estudo conclui já que: "Dois terços da população mundial (4 bilhões de pessoas) vivem com grave escassez de água por, pelo menos, 1 mês no ano." https://www.seametrics.com/blog/future-water/

Mesfin M. Mekonnen e Arjen Y. Hoekstra. *Four billion people facing severe water scarcity*. Science Advances, 12 de fevereiro de 2016. https://advances.sciencemag.org/content/2/2/e1500323.full

Outro estudo revelou que, entre 1995 e 2025, as zonas afetadas por "grave estresse hídrico" irão se expandir e se intensificar, e o número de pessoas que vivem nessas zonas também crescerá, de 2,1 para 4 bilhões de pessoas. Os autores declaram que "o estresse contínuo sobre os recursos hídricos aumenta o risco de que a escassez simultânea de água possa ocorrer em todo o mundo, e, até mesmo, desencadear uma espécie de crise global de água". Joseph Alcamo, Thomas Henrichs e Thomas Rösch. *World Water in 2025: Global modeling and scenario analysis for the World Commission on Water for the coming century*. Center for Environmental Systems Research University of Kassel, fevereiro de 2000. http://www.env-edu.gr/Documents/World%20Water%20in%202025.pdf

46 *The Water Crisis*. Water.org, 2019. https://water.org/our-impact/water-crisis/

47 *World Water Development Report*. OMS, 2019. https://www.unwater.org/publications/world-water-development-report-2019/ e https://water.org/our-impact/water-crisis/

48 O número de pessoas subnutridas no mundo tem aumentado desde 2015, tendo retornado aos níveis do período de 2010 a 2011. http://www.fao.org/state-of-food-security-nutrition/en/

The Hungry Planet: Global Food Scarcity in the 21st Century. Wilson Center Staff, 16 de agosto de 2011. https://www.newsecuritybeat.org/2011/08/the-hungry-planet-global-food-scarcity-in-the-21st-century/

Julian Cribb. *The Coming Famine*. Editora da Universidade da Califórnia: 1ª edição, 2010. https://www.perlego.com/book/551417/the-coming-famine-pdf

49   Nafeez Ahmed. *West's 'Dust Bowl' Future now 'Locked In', as World Risks Imminent Food Crisis*. Insurge Intelligence, 06 de janeiro de 2020. https://www.resilience.org/stories/2020-01-06/wests-dust--bowl-future-now-locked-in-as-world-risks-imminent-food-crisis/

50   Anup Shah. *Poverty Facts and Stats*. Global Issues, atualizado em 07 de janeiro de 2013. http://www.globalissues.org/article/26/poverty-facts-and-stats#src1

Anup Shah. *Poverty Around The World*. Global Issues, atualizado em 12 de novembro de 2011. https://www.globalissues.org/print/article/4#WorldBanksPovertyEstimatesRevised

51   Julian Cribb. *The coming famine*. Editora da Universidade da Califórnia: 1ª edição, 2010. https://www.perlego.com/book/551417/the-coming-famine-pdf

52   Izabella Koziell. *Our Food Systems Are in Crisis*. Scientific American, 15 de outubro de 2019. https://blogs.scientificamerican.com/observations/our-food-systems-are-in-crisis/

53   *Migration, Agriculture and Climate Change*. Food and Agricultural Organization of the United Nations, 2017.

http://www.fao.org/3/I8297EN/i8297en.pdf

54   *Rates 'Accelerating'*. Intergovernmental Science-Policy Platform on Biodiversity and Ecosystem Services (IPBES), *06 de maio de 2019*. https://www.ipbes.net/news/Media-Release-Global-Assessment e https://www.washingtonpost.com/climate-environment/2019/05/06/one-million-species-face-extinction-un-panel-says-humans-will--suffer-result/

55   Damian Carrington. *Plummeting insect numbers 'threaten collapse of nature'*. The Guardian, 10 de fevereiro de 2019. https://www.theguardian.com/environment/2019/feb/10/plummeting-insect-numbers-threaten-collapse-of-nature. Um número crescente de estudos está alertando que os **insetos** do mundo estão com sérios problemas. Por exemplo, um estudo na Alemanha encontrou uma redução de 76% em insetos alados, apenas nas últimas décadas. Outro estudo, sobre florestas tropicais de Porto Rico, descobriu que os insetos diminuíram em até 60 vezes.

Damian Carrington. *Car 'splatometer' tests reveal huge decline in number of insects*. The Guardian, 12 de fevereiro de 2020. Pesquisas demonstram que as populações de insetos, em certos locais da Europa, foram reduzidas em até 80%, em duas décadas. https://www.theguardian.com/environment/2020/feb/12/car-splatometer-tests-reveal-huge-decline-number-insects

Damian Carrington. *'Insect apocalypse' poses risk to all life on Earth, conservationists warn*. The Guardian, 13 de novembro de 2019. Relatório afirma que 400.000 espécies de insetos enfrentam a extinção, em meio ao uso intensivo de pesticidas.

https://www.theguardian.com/environment/2019/nov/13/insect-apocalypse-poses-risk-to-all-life-on-earth-conservationists-warn

Dave Goulson. *Insect declines and why they matter.* A pedido da South West Wildlife Trusts, 2019. "(...) evidências recentes sugerem que a quantidade de insetos pode ter sido reduzido em 50% ou mais, desde 1970. Isto é preocupante, uma vez que os insetos são de vital importância como alimento, polinizadores e recicladores, entre outras funções." https://www.somersetwildlife.org/sites/default/files/2019-11/FULL%20AFI%20REPORT%20WEB1_1.pdf e https://doi.org/10.1016/j.biocon.2019.01.020

56   *Pollinators Help One-third Of The World's Food Crop Production.* Science Daily, 26 de outubro de 2006. https://www.sciencedaily.com/releases/2006/10/061025165904.htm. Abelhas são os principais responsáveis pela reprodução das plantas, transferindo o pólen dos estames machos para os pistilos fêmeas.

57   Carl Zimmer. Birds Are Vanishing from North America. The New York Times, 19 de setembro de 2019. https://www.nytimes.com/2019/09/19/science/bird-populations-america-canada.html

58   Keneth Rosenberg *et al. Decline of the North American avifauna.* Science, 19 de setembro de 2019. https://science.sciencemag.org/content/366/6461/120

59   J. Emmet Duffy *et al. Science study predicts collapse of all seafood fisheries by 2050.* Stanford Report, 02 de novembro de 2006. "Todas as espécies de frutos do mar entrarão em colapso dentro de 50 anos, de acordo com um novo estudo realizado por uma equipe internacional de ecologistas e economistas(...) Com base nas tendências globais atuais, os autores previram que todas as espécies de frutos do mar capturados na natureza, do atum à sardinha, entrarão em colapso até o ano 2050. 'Colapso' foi definido como um desaparecimento de 90% da quantidade da espécie."

Jeff Colarossi. *Climate Change And Overfishing Are Driving The World's Oceans To The 'Brink Of Collapse.* Think Progress, 18 de setembro de 2015. https://thinkprogress.org/climate-change-and-overfishing-are-driving-the-worlds-oceans-to--the-brink-of-collapse-2d095e127640/. "Em uma única geração, a atividade humana danificou severamente quase todas as características dos nossos oceanos Esta é a conclusão de um novo estudo do World Wildlife Fund, que relatou o declínio de 49% das populações marinhas, entre 1970 e 2012(...) O quadro é mais claro do que nunca: a humanidade administrou terrivelmente os oceanos, deixando-os à beira do colapso."

Living Blue Planet Report: Species, habitats and human well-being. World Wildlife Fund, 2015. http://assets.wwf.org.uk/downloads/living_blue_planet_report_2015.pdf?_ga=1.259860873.2024073479.1442408269

Ivan Nagelkerken e Sean D. Connell. *Global alteration of ocean ecosystem functioning due to increasing human CO_2 emissions.* PNAS:

Proceedings of the National Academy of Sciences, 12 de outubro de 2015. https://doi.org/10.1073/pnas.1510856112

60   Adam Vaughan. *Humanity driving 'unprecedented' marine extinction*. The Guardian, 14 de setembro de 2016. https://www.theguardian.com/environment/2016/sep/14/humanity-driving-unprecedented-marine-extinction

O estudo: Jonathan L. Payne *et al. Ecological selectivity of the emerging mass extinction in the oceans*. Science, 14 de setembro de 2016. https://science.sciencemag.org/content/353/6305/1284

61   *Saving Life on Earth: a plan to halt the global extinction crisis.* Center for Biological Diversity, janeiro de 2020. https://www.biologicaldiversity.org/programs/biodiversity/elements_of_biodiversity/extinction_crisis/pdfs/Saving-Life-On-Earth.pdf

62   População mundial atual (planetômetro). https://www.worldometers.info/world-population/

63   Rob Smith. *These will be the world's most populated countries by 2100*. Fórum Econômico Mundial, 28 de fevereiro de 2018. https://www.weforum.org/agenda/2018/02/these-will-be-the-worlds-most-populated-countries-by-2100/

Jeff Desjardins. *The world's biggest countries, as you've never seen them before*. Fórum Econômico Mundial, 04 de outubro de 2017. https://www.weforum.org/agenda/2017/10/the-worlds-biggest-countries-as-youve-never-seen-them-before

64   Crescimento Populacional Mundial. Fontes: Population Division of the Department of Economic and Social Affairs of the United Nations Secretariat, 2013 e World Population Prospects The 2012 Revision, New York, United Nations. Regiões subdesenvolvidas: África, Ásia (excluindo Japão), América Latina, Caribe e Oceania (excluindo Austrália e Nova Zelândia). Regiões desenvolvidas: Europa, América do Norte (Canadá e Estados Unidos), Japão, Austrália e Nova Zelândia. https://kids.britannica.com/students/assembly/view/171828

65   Fred Pearce. *A killer plague wouldn't save the planet from us*. New Scientist, 29 de outubro de 2014. Uma aproximação da capacidade da Terra de nos sustentar pode ser encontrada no artigo. Os autores estimam que uma população humana sustentável, dados os atuais padrões e tecnologias de consumo ocidentais, estaria entre 1 e 2 bilhões de pessoas. https://www.newscientist.com/article/mg22429934-100-a-killer-plague-wouldnt-save-the-planet-from-us/

Outra perspectiva da capacidade de sustentabilidade da Terra é oferecida: Christopher Tucker. *A Planet of 3 Billion*, Atlas Observatory Press, agosto de 2019. http://planet3billion.com/index.html

Cientista visionário, James Lovelock acredita que a população da Terra cairá para apenas 500 milhões em 2100, com a maioria dos sobreviventes vivendo nas latitudes do extremo norte: Canadá, Islândia, Escandinávia e Bacia do Ártico. Veja a entrevista: Jeff Goodell. *Hothouse Earth Is Merely the Beginning of the End*. Rolling Stone

Magazine, 09 de agosto de 2018. https://www.rollingstone.com/politics/politics-features/hothouse-earth-climate-change-709470/

4 Degrees Hotter, a Climate Action Centre Primer. Climate Action Centre, fevereiro de 2011. Melbourne, Austrália. https://www.scribd.com/fullscreen/78620189 . O estudo cita o professor Kevin Anderson, diretor do *Tyndall Centre for Climate Change*, que "acredita que aproximadamente 10% da população do planeta (500 milhões de pessoas) sobreviverá se as temperaturas globais subirem em 4 °C. Ele disse que as consequências foram 'aterrorizantes'". Suas palavras: "Para a humanidade, é uma questão de vida ou morte(...) Nem todos os seres humanos serão extintos, pois algumas poucas pessoas, com recursos adequados, podem se deslocar para os melhores locais e sobreviverem. Mas acho extremamente improvável que não tenhamos mortalidade em larga escala a 4 °C". Em 2009, o professor Hans Joachim Schellbhuber, diretor do *Instituto Potsdam*, e um dos cientistas climáticos mais eminentes da Europa, disse a sua audiência que, a 4 °C, "(...) a estimativa da capacidade de sustentabilidade está abaixo de 1 bilhão de pessoas".

Capacidade de carga. Wikipedia, 2019. "Várias estimativas da capacidade de sustentabilidade foram feitas, com uma ampla variação de números populacionais. Um relatório da ONU, de 2001, reportou que 66% das estimativas se encontram na faixa de 4 a 16 bilhões, com erro padrão incerto, e uma média de aproximadamente 10 bilhões. Estimativas mais recentes são mais baixas, particularmente se exaustão de recursos e consumo exagerado são considerados." https://en.wikipedia.org/wiki/Carrying_capacity

How many people can Earth actually support? Australian Academy of Science, 2019. https://www.science.org.au/curious/earth-environment/how-many-people-can-earth-actually-support. "Se todos na Terra vivessem como um norte-americano de classe média, então o planeta poderia suportar aproximadamente 2 bilhões." No entanto, se as pessoas consumissem apenas o que realmente precisam, a terra potencialmente suportaria um número muito maior.

Alex Casey. *What is the Carrying Capacity of Earth?* Population Connection, 14 de maio de 2021. https://populationconnection.org/blog/carrying-capacity-earth/. "Já estamos consumindo os recursos renováveis da Terra uma vez e meia acima da taxa sustentável. E com bilhões de pessoas vivendo na pobreza e consumindo quase nada. Imagine o que aconteceria se as pessoas desesperadamente pobres tivessem a sorte de viver um estilo de vida de classe média. E então imagine o que aconteceria se as pessoas pobres se juntassem à classe média, *e* a população humana crescesse dos atuais 7,5 bilhões para 9, 10, ou 11 bilhões."

Andrew D. Hwang. *The human population is 7.5 billion and counting — a mathematician counts how many humans the Earth can actually support*. Business Insider, 10 de julho de 2018. https://www.businessinsider.com/how-many-people-earth-can-hold-before-runs-out-resources-2018-7. De acordo com o Worldwatch Institute, um laboratório de ideias ambientais, a Terra possui 1,9 hectare de terra por pessoa para o cultivo de alimentos e têxteis para vestuário, fornecimento de madeira e absorção de resíduos. O norte-americano médio utiliza aproximadamente 9,7 hectares. Somente estes dados sugerem que a terra pode suportar no máximo 20% da população atual (1,5 bilhão de pessoas) em um padrão de vida norte-americano. A Terra suporta os padrões de vida industrializados apenas porque estamos consumindo nossa "conta poupança" de recursos não renováveis, incluindo solo fértil, água potável, florestas, pesca e petróleo.

Natalie Wolchover. *How Many People Can Earth Support?* Live Science, 11 de outubro de 2011. https://www.livescience.com/16493-people-planet-earth-support.html. "Dez bilhões de pessoas é o limite máximo populacional quanto à alimentação. Sendo extremamente improvável que todos concordem em parar de comer carne, E. O. Wilson acredita que a capacidade de sustentabilidade da Terra, baseada em recursos alimentares, provavelmente será menor que 10 bilhões."

Conforme David Satterthwaite, membro sênior do International Institute for Environment and Development, em Londres: "A questão não é o número de pessoas no planeta, mas o número de consumidores, bem com a magnitude e natureza do seu consumo." Ele cita Gandhi: "'O mundo tem o suficiente para as necessidades de todos, mas não o suficiente para a ganância de todos.'(...) A verdadeira preocupação seria se as pessoas que vivem nessas áreas decidissem exigir os estilos de vida e taxas de consumo atualmente consideradas normais nos países de alta renda, algo que muitos argumentariam ser justo(...) Apenas quando os grupos mais abastados estiverem dispostos a adotar estilos de vida com baixa produção de carbono, e permitirem que os seus governos apoiem um movimento aparentemente tão impopular, conseguiremos reduzir a pressão sobre as questões globais relativas ao clima, recursos e resíduos(...) No futuro previsível, a Terra é a nosso único lar, e temos de encontrar uma forma de viver nela de forma sustentável. Parece claro que isto requer uma redução do nosso consumo, em particular a transição para estilos de vida com baixa produção de carbono e melhoria da condição das mulheres em todo o mundo. Somente quando tivermos cumpridos estas metas poderemos realmente estimar quantas pessoas o nosso planeta pode manter de forma sustentável."

One Planet, How Many People? A Review of Earth's Carrying Capacity. UNEP, junho de 2012. https://na.unep.net/geas/archive/pdfs/GEAS_Jun_12_Carrying_Capacity.pdf. Embora existam diversas estimativas da capacidade de sustentabilidade da Terra, a maioria situa-se entre 8 e 16 bilhões de pessoas (3). A população global está se aproximando rapidamente do limite inferior dessa faixa, e espera-se que ela se aproxime de 10 bilhões antes do final do século.

66 Ecological Footprint. https://www.footprintnetwork.org/our-work/ecological-footprint

67 Kimberly Amadeo. *Consumer Spending Trends and Current Statistics*. The Balance, atualizado em 18 de janeiro de 2023. https://www.thebalance.com/consumer-spending-trends-and-current-statistics-3305916

Hale Stewart. *Consumer Spending and the Economy*. The New York Times, 19 de setembro de 2010. "A economia dos EUA é predominantemente impulsionada pelos gastos dos consumidores, que respondem por aproximadamente 70% de todo o crescimento econômico. Mas, para os consumidores continuarem a impulsionar a economia, eles necessitam de uma situação financeira sólida; se ficarem sobrecarregados com dívidas, não serão capazes de manter a sua posição como o principal estímulo ao crescimento econômico." https://fivethirtyeight.blogs.nytimes.com/2010/09/19/consumer-spending-and-the-economy/

68   Roger Harrabin. *Climate change: Big lifestyle changes 'needed to cut emissions'*. BBC, 29 de agosto de 2019. https://www.bbc.com/news/science-environment-4949952

69   Relatório elaborado pela Organização Meteorológica Mundial, sob os auspícios do Grupo de Aconselhamento de Ciência do U.N. Climate Action Summit 2019. https://wedocs.unep.org/bitstream/handle/20.500.11822/30023/climsci.pdf?sequence=1&isAllowed=y

70   Katherine Rooney. *Climate change will shrink these economies fastest*. Fórum Econômico Mundial, 30 de setembro de 2019. https://www.weforum.org/agenda/2019/09/climate-change-shrink-these-economies-fastest/

71   Nicholas Stern. *Climate change will force us to redefine economic growth*. Fórum Econômico Mundial, 11 de julho de 2018. https://www.weforum.org/agenda/2018/07/here-are-the-economic-reasons-to-act-on-climate-change-immediately

72   Paul Buchheit. *These 6 Men Have as Much Wealth as Half the World's Population*. Common Dreams, 20 de fevereiro de 2017. https://www.ecowatch.com/richest-men-in-the-world-2274065153.html

73   *Oxfam says wealth of richest 1% equal to other 99%*. BBC, 18 de janeiro de 2016. https://www.bbc.com/news/business-35339475

74   David Leonhardt. *The Rich Really Do Pay Lower Taxes Than You*", The New York Times, 06 de outubro de 2019. https://www.nytimes.com/interactive/2019/10/06/opinion/income-tax-rate-wealthy.html?action=click&module=Opinion&pgtype=Homepage

75   Jason Hickel. *Global inequality may be much worse than we think*. The Guardian, 08 de abril de 2016. "A desigualdade global é pior do que em qualquer outro período desde o século XIX(...) Não importa como você enxergue as coisas: a desigualdade global está ficando pior. Muito pior. A teoria da convergência revelou-se extremamente incorreta. A desigualdade não desaparece automaticamente: tudo depende do equilíbrio do poder político na economia global. Enquanto alguns países ricos possuírem o poder de definir as regras em seu próprio benefício, a desigualdade continuará a piorar." https://www.theguardian.com/global-development-professionals-network/2016/apr/08/global-inequality-may-be-much-worse-than-we-think

76   Isabel Ortiz e Matthew Cummins. *Global Inequality: Beyond the Bottom Billion*. UNICEF, documento de trabalho, abril de 2011. https://childimpact.unicef-irc.org/documents/view/id/120/

lang/120_Global_Inequality_REVISED_-_5_July.pdf. Veja a Figura 7 para representação da "taça de champanhe" das desigualdades, extraído do *Relatório do Desenvolvimento Humano das Nações Unidas*, publicado em 1992, inclusive pela Editora da Universidade de Oxford no mesmo ano. Outra versão da "taça de champanhe", amplamente utilizada para representar desigualdades, é mostrada na Figura 1 de um relatório: *Extreme Carbon Inequality: why the Paris climate deal must put the poorest, lowest emitting and most vulnerable people first.* Oxfam Media Briefing, Oxfam.org, 02 de dezembro de 2015. https://oi-files-d8-prod.s3.eu-west-2.amazonaws.com/s3fs--public/file_attachments/mb-extreme-carbon-inequality-021215-en.pdf?te=1&nl=climate-fwd:&emc=edit_clim_20191113?campaign_id=54&instance_id=13827&segment_id=18753&user_id=d0fffc2f-cb270a87206ab8a9cc08a01f&regi_id=63360062

77   *Extreme Carbon Inequality*, ibid

78   *Climate Justice.* Wikipedia. https://en.wikipedia.org/wiki/Climate_justicef

79   Andrew Hoerner e Nia Robinson. *A Climate of Change: African Americans, Global Warming, and a Just Climate Policy for the US.* Environmental Justice & Climate Change Initiative, 2008. http://sustainablecommunitydevelopmentgroup.org/wordpress/wp-content/uploads/2013/06/A-Climate-of-Change-African-Americans-Global-Warming-and-Just-Climate-Policy-for-the-US.pdf

80   Moira Fagan e Christine Huang. *A look at how people around the world view climate change.* PEW Research, 18 de abril de 2019. https://www.pewresearch.org/fact-tank/2019/04/18/a-look-at-how--people-around-the-world-view-climate-change/

81   Ibid., 2019.

82   Reconheço como essa terminologia pode ser problemática, porque pressupõe que a direção que as nações atualmente "desenvolvidas" tomaram (em direção ao consumo excessivo e à individualização extrema) é o objetivo acordado, e que as nações "em desenvolvimento" estão simplesmente atrasadas na realização deste objetivo.

83   *How Do We Know Climate Change is Real?* NASA: Global Climate Change, Vital Signs of the Planet, última atualização da página: 27 de outubro de 2023. https://climate.nasa.gov/evidence/. Veja o consenso científico sobre aquecimento climático: https://climate.nasa.gov/scientific-consensus/

Alistair Woodward. *Climate change: Disruption, risk and opportunity.* Science Direct (publicado originalmente na *Global Transitions*, Volume 1, 2019, pp. 44-49). O estudo conclui: a mudança climática é perturbadora porque os seres humanos se adaptaram a uma estreita variação de condições ambientais. A mudança é particularmente arriscada na presença de baixa previsibilidade, grande escala, início rápido e irreversibilidade. https://doi.org/10.1016/j.glt.2019.02.001

Global Warming Science: The science is clear. Global warming is happening. Union of Concerned Scientists, 2019. https://www.

ucsusa.org/our-work/global-warming/science-and-impacts/
global-warming-science

84   Timothy M. Lenton *et al. Climate tipping point — too risky to bet
      against*. Nature, 27 de novembro de 2019. https://www.nature.com/
      articles/ d41586-019-03595-0

      Arthur Neslen. *By 2030, We Will Pass the Point Where We
      Can Stop Runaway Climate Change*. HuffPost, 05 de setem-
      bro de 2018. https://www.huffingtonpost.com/entry/
      runaway-climate-change-2030-report_us_5b8ecba3e4b0162f4727a09f

      A década de 2030 pode ser um período de alta instabilidade nas ten-
      dências climáticas, talvez envolvendo um "chicote" climatológico. Por
      exemplo, um estudo de 2015 prevê esfriamento, e não aquecimento,
      nesta década: *Solar activity predicted to fall 60 percent in 2030s, to
      mini-ice age levels: Sun driven by double dynamo*. Royal Astronomical
      Society, 09 de julho de 2015, publicado no Science Daily. https://www.
      sciencedaily.com/releases/2015/07/150709092955.htm

      Alexander Robinson, Reinhard Calov e Andrey Ganopolski.
      Multistability and critical thresholds of the Greenland ice sheet.
      Nature Climate Change, 11 de março de 2012. "(...) o manto de gelo da
      Groenlândia é mais sensível às alterações climáticas de longo prazo do
      que se pensava anteriormente. Estimamos que o limite de aquecimento
      que ocasiona uma situação de derretimento total esteja na faixa de 0,8
      °C a 3,2 °C, com a melhor estimativa em 1,6 °C." https://www.nature.
      com/articles/nclimate1449#citeas

      Michael Marshall. *Major methane release is almost inevitable*. New
      Scientist, 21 de fevereiro de 2013. "Estamos próximos a um ponto
      crítico na questão climática. Se o clima global aquecer mais alguns déci-
      mos de grau, uma grande extensão do permafrost siberiano começará a
      derreter incontrolavelmente." https://www.newscientist.com/article/
      dn23205-major-methane-release-is-almost-inevitable/#ixzz5zQ199XTi

      Jessica Corbett. *'Boiling with methane': Scientists reveal 'truly
      terrifying' sign of climate change under the Arctic Ocean. Alter
      Net*, 09 de outubro de 2019. https://www.alternet.org/2019/10/
      boiling-with-methane-scientists-reveal-truly-terrifying-sign-of-clima-
      te-change-under-the-arctic-ocean/

85   *Temperature rise is 'locked-in' for the coming decades in the Arctic*.
      UNEP, 13 de março de 2019. "Mesmo que os compromissos existentes
      no Acordo de Paris sejam cumpridos, as temperaturas de inverno sobre
      o Oceano Ártico aumentarão de 3 °C a 5 °C até meados do século, em
      comparação com os níveis de 1986 a 2005. O degelo do permafrost
      poderia despertar o 'gigante adormecido', constituído de mais gases de
      efeito estufa, potencialmente frustrando as metas climáticas globais."
      https://www.unenvironment.org/news-and-stories/press-release/
      temperature-rise-locked-coming-decades-arctic

      Will Steffen *et al. Trajectories of the Earth System in the
      Anthropocene*. PNAS: Proceedings of the National Academy of
      Sciences, 06 de agosto de 2018. Este estudo avalia a Terra-estufa e
      como o aquecimento global descontrolado ameaça a habitabilidade

do planeta para os seres humanos. https://www.pnas.org/content/115/33/8252

86 "Um aumento inesperado do metano atmosférico global ameaça apagar os ganhos previstos do Acordo Climático de Paris. Os níveis globais de metano, anteriormente estáveis, aumentaram inesperadamente nos últimos anos." Benjamin Hmiel *et al. Preindustrial 14CH$_4$ indicates greater anthropogenic fossil CH$_4$ emissions.* Nature, 19 de fevereiro de 2020. https://www.nature.com/articles/s41586-020-1991-8. Este estudo mostra que cientistas e governos têm subestimado em demasia as emissões do metano, poderoso causador do efeito estufa, nas operações de petróleo e gás.

Nisbet *et al. Very Strong Atmospheric Methane Growth in the 4 Years 2014– 2017: Implications for the Paris Agreement.* Global Biogeochemical Cycles, março de 2019. https://doi.org/10.1029/2018GB006009. Veja o resumo do artigo na Climate Nexus: https://climatenexus.org/climate-change-news/methane-surge/

87 Wannes Hubau *et al. Asynchronous carbon sink saturation in African and Amazonian tropical forests.* Nature, 04 de março de 2020. https://www.nature.com/articles/s41586-020-2035-0

Fiona Harvey. *Tropical forests losing their ability to absorb carbon, study finds..* The Guardian, 04 de março de 2020. https://www.theguardian.com/environment/2020/mar/04/tropical-forests-losing-their-ability-to-absorb-carbon-study-finds

88 Stewart M. Patrick. *The Coming Global Water Crisis.* The Atlantic, 09 de maio de 2012. https://www.theatlantic.com/international/archive/2012/05/the-coming-global-water-crisis/256896/

William Wheeler. *Global water crisis: too little, too much, or lack of a plan?.* Christian Science Monitor, 02 de dezembro de 2012. https://www.csmonitor.com/World/Global-Issues/2012/1202/Global-water-crisis-too-little-too-much-or-lack-of-a-plan

89 Gilbert Houngbo. *The United Nations world water development report 2018: nature-based solutions for water.* UNESCO, 2018. https://unesdoc.unesco.org/ark:/48223/pf0000261424

90 Stephen Leahy. *From Not Enough to Too Much, the World's Water Crisis Explained",* National Geographic, 22 de março de 2018. https://www.nationalgeographic.com/news/2018/03/world-water-day-water-crisis-explained/

91 Paul Salopek. *Historic water crisis threatens 600 million people in India.* National Geographic, 19 de outubro de 2018. https://www.nationalgeographic.com/culture/water-crisis-india-out-of-eden/?cmpid=org=ngp::mc=crm-email::src=ngp::cmp=editorial::add=Science_20200129&rid=51139F7FFEE4083137CDD6D1FF5C57FF

92 Dan Charles. *5 Major Crops In The Crosshairs Of Climate Change.* NPR, 25 de outubro de 2018. https://www.npr.org/sections/

thesalt/2018/10/25/658588158/5-major-crops-in-the-crosshairs-of-
-climate-change

Sean Illing. *The climate crisis and the end of the golden
era of food choice*. Vox.com, 24 de junho de 2019. https://
www.vox.com/the-highlight/2019/6/17/18634198/
food-diet-climate-change-amanda-little

Rachel Nuwer. *Here's how climate change will affect what you
eat*. BBC, 28 de dezembro de 2015. https://www.bbc.com/future/
article/20151228-heres-how-climate-change-will-affect-what-you-eat

Nicholas Thompson. *The Most Delicious Foods
Will Fall Victim to Climate Change*", Wired.com, 13
de junho de 2019. https://www.wired.com/story/
the-most-delicious-foods-will-fall-victim-to-climate-change/

Ian Burke. *29 of Your Favorite Foods That Are Threatened by Climate
Change*. Saveur.com, 07 de junho de 2017. https://www.saveur.com/
climate-change-ingredients/

Daisy Simmons. *A brief guide to the impacts of climate change on
food production*. Yale Climate Connections, 18 de setembro de 2019.
https://www.yaleclimateconnections.org/2019/09/a-brief-guide-to-
-the-impacts-of-climate-change-on-food-production/

Ilima Loomis. *Get ready to eat differently in a warmer world*", Science
News for Students, 23 de maio de 2019. https://www.sciencenewsfors-
tudents.org/article/climate-change-global-warming-food-eating

Peter Schwartzstein. *Indigenous farming practices failing as climate change disrupts seasons*", National Geographic, 14 de outubro
de 2019. https://www.nationalgeographic.com/science/2019/10/
climate-change-killing-thousands-of-years-indigenous-wisdom/

Kay Vandette. *Climate change could make leafy greens, veggies less avai-
lable*. Earth, 11 de junho de 2018. https://www.earth.com/news/
climate-change-could-make-leafy-greens-veggies-less-available/

93   População mundial atual (planetômetro). https://www.worldometers.
info/world-population/

94   *Nature's Dangerous Decline 'Unprecedented'; Species Extinction
Rates 'Accelerating'*. Intergovernmental Science-Policy Platform on
Biodiversity and Ecosystem Services (IPBES), *06 de maio de 2019.*
https://www.ipbes.net/news/Media-Release-Global-Assessment

95   *Ocean Deoxygenation*. International Union for Conservation of
Nature, 08 de dezembro de 2019. A vida marinha e pesca estão cada
vez mais ameaçadas, à medida que os oceanos perdem oxigênio.
Mesmo a menor queda nos níveis de oxigênio, quando próxima aos
limites já existentes, pode criar problemas significativos, com implicações biológicas e biogeoquímicas complexas e de longo prazo. https://
www.iucn.org/resources/issues-brief/ocean-deoxygenation

96   Adaptado de: John Fullerton. *Regenerative Capitalism How Universal
Principles And Patterns Will Shape Our New Economy*. Capital
Institute, abril de 2015. https://capitalinstitute.org/wp-content/

uploads/2015/04/2015-Regenerative-Capitalism-4-20-15-final.
pdf?mc_cid=236080d2f0&mc_eid=2f41fb9d8d

97   Michael Savage. *Richest 1% on target to own two-thirds of all wealth by 2030*. The Guardian, 07 de abril de 2018. https://www.theguardian.com/business/2018/apr/07/global-inequality-tipping-point-2030

98   Duane Elgin. *Limits to Complexity: Are Bureaucracies Becoming Unmanageable*. The Futurist, dezembro de 1977. https://duaneelgin.com/wp-content/uploads/2014/11/Limits-to-Large-Complex-Systems.pdf

99   *Transitions and Tipping Points in Complex Environmental Systems.* National Science Foundation Advisory Committee for Environmental Research and Education, 2009. https://www.nsf.gov/attach-ments/123079/public/nsf6895_ere_report_090809.pdf. Não é um aviso direcionado, mas generalizado: "O mundo está em uma encruzilhada. O rastro global dos seres humanos é tal que estamos tensionando os sistemas naturais e sociais além de suas capacidades. Precisamos enfrentar estes desafios complexos e mitigar as mudanças ambientais globais, ou aceitar as prováveis perturbações generalizadas. A mudança ambiental está ultrapassando a capacidade das instituições e governos de responderem de forma eficaz."

100   T. Schuur. *Arctic Report Card: Permafrost and the Global Carbon Cycle*. NOAA, 2019. https://arctic.noaa.gov/Report-Card/Report-Card-2019/ArtMID/7916/ArticleID/844/Permafrost-and-the-Global-Carbon-Cycle

101   *Fighting Wildfires Around the World*. Frontline, Wildfire Defense Systems, 2019. https://www.frontlinewildfire.com/fighting-wildfires-around-world/

102   Estimativa da capacidade de sustentabilidade, op. cit.

103   Iliana Paul. *Climate Change and Social Justice*. WEDO, 2014. https://www.wedo.org/wp-content/uploads/wedo-climate-change-social-justice.pdf?utm_source=newsletter&utm_medium=email&utm_content=http%3A//d31hzlhk6di2h5.cloudfront.net/20161107/ce/11/85/a8/5d76d1fbe015e871ef155f93_386x486.png&utm_campaign=Emma%20Newslett

104   Dmtry Orlov. *Reinventing Collapse: The Soviet Example and American Prospects*, New Society Publishers, 2008. Tainter: *The Collapse of Complex Societies*, op. cit.

105   Estimativa da capacidade de sustentabilidade, op. citt

106   Op. cit.: *Nature's Dangerous Decline 'Unprecedented'; Species Extinction Rates 'Accelerating'*. Intergovernmental Science-Policy Platform on Biodiversity and Ecosystem Services (IPBES), 06 de maio de 2019. https://www.ipbes.net/news/Media-Release-Global-Assessment

107   É provável que as plantas também sofram o estresse e trauma da grande mortalidade. Veja: Nicoletta Lanese. *Plants 'Scream' in the Face of Stress*. Live Science, 06 de dezembro de 2019. https://www.livescience.com/plants-squeal-when-stressed.html

108   Minha avaliação de que bilhões de pessoas podem morrer no final desse cenário (sem o uso de combustíveis fósseis) foi descrita como muito otimista. Jason Brent (http://www.jgbrent.com/about-the--author.html) considera provável que muitos mais morrerão. Veja a sua reposta para meu artigo: Geoffrey Holland. *Existential threats, Earth Voice and the Great Transition*. MAHB: Millennium Alliance for Humanity and the Biosphere, 21 de janeiro de 2020. https://mahb.stanford.edu/blog/mahb-dialogue-author-humanist-duane-elgin/. Brent escreve: "O colapso da civilização ocorrerá porque a humanidade está ultrapassando o limite, utilizando os recursos como se vivêssemos em quase duas (1,7) Terras, e continua a fazê-lo, com uma população em ascensão (crescimento esperado de 3,2 bilhões, atingindo 10,9 bilhões antes do ano 2100 — um crescimento de 41,5% em 80 anos) e um consumo per capita de recursos também em elevação. A matemática simples mostra que, para não atingir o limite, a população humana teria que ser reduzida em 4,47 bilhões. Se a população estimada é de 10,9 bilhões, isto exigiria uma redução na população de 6,43 bilhões (10,9-4,47=6,43), sem considerar qualquer redução devido ao aumento de consumo per capita de recursos, para não ultrapassar o limite. Declaração simples: não há chance de que o controle voluntário da população alcance essa redução (de 6,3 bilhões) antes do colapso da civilização e da morte de bilhões."

109   A Grande Queima iniciou-se em 2019. Veja: Laura Paddison. *2019 Was The Year The World Burned*. HuffPost, 27 de dezembro de 2019. https://www.huffpost.com/entry/wildfires-california-amazon-indonesia-climate-change_n_5dcd3f4ee4b0d43931d01baf

Estima-se que, pelo menos, um bilhão de animais tenham morrido até 2020 em incêndios florestais na Austrália. Lisa Cox. *A billion animals: some of the species most at risk from Australia's bushfire crisis*. The Guardian, 13 de janeiro de 2020. Estima-se que, pelo menos, um bilhão de animais tenham morrido até 2020 em incêndios florestais na Austrália. O ecologista Chris Dickman estimou que mais de um bilhão de animais morreram em todo o país — um número que exclui peixes, sapos, morcegos e insetos. "Isto é apenas a ponta do iceberg", disse James Trezise, analista de política da Australian Conservation Foundation. "O número de espécies e ecossistemas que foram severamente afetados é, quase certamente, muito maior, especialmente quando se leva em conta espécies menos conhecidas de répteis, anfíbios e invertebrados." https://www.theguardian.com/australia-news/2020/jan/14/a-billion-animals-the-australian-species--most-at-risk-from-the-bushfire-crisis

A grande quema que está por vir é resumida de modo impactante no vídeo a seguir, que mostra uma mulher resgatando um coala gravemente queimado e em sofrimento, durante um incêndio na Austrália. O animal foi visto atravessando uma estrada, em meio às chamas. Uma mulher correu para ajudá-lo, envolvendo o animal em sua camisa e cobertor, jogando água sobre ele. Ela levou o animal ferido para um hospital de coalas próximo. É realmente de partir o coração ver inocentes sofrerem por motivos alheios a eles, e perceber que esse é o nosso futuro, a menos que façamos algo rapidamente. https://www.youtube.com/watch?v=3x8JXQ6RTIUf

110 "Os incêndios florestais na Amazônia devem piorar, dobrando a área afetada de uma parte importante da floresta até 2050. O resultado pode ser a transformação da Amazônia de uma redutora de carbono em uma emissora de dióxido de carbono." veja: *Burning of Amazon may get a lot worse*. New Scientist, 18 de janeiro de 2020.

Herton Escobar. *Brazil's deforestation is exploding — and 2020 will be worse*,""Science Magazine, 22 de novembro de 2019. https://www.sciencemag.org/news/2019/11/brazil-s-deforestation-exploding-and-2020-will-be-worse?utm_campaign=news_daily_2019-11-22&et_rid=510705016&et_cid=3086753

111 Stephen Pyne. *California wildfires signal the arrival of a planetary fire age*", The Conversation, 01º de novembro de 2019. https://theconversation.com/california-wildfires-signal-the-arrival-of-a-planetary-fire-age-125972

112 John Pickrell. *Massive Australian blazes will 'reframe our understanding of bushfire'*. Science Magazine, 20 de novembro de 2019. https://www.sciencemag.org/news/2019/11/massive-australian-blazes-will-reframe-our-understanding-bushfire?utm_campaign=news_daily_2019-11-20&et_rid=510705016&et_cid=3083308

Damien Cave. *Australia Burns Again, and Now Its Biggest City Is Choking*", The New York Times, 06 de dezembro de 2019. https://www.nytimes.com/2019/12/06/world/australia/sydney-fires.html

113 Stephen Pyne. *The Planet is Burning*. Aeon, 20 de novembro de 2019. https://aeon.co/essays/the-planet-is-burning-around-us-is-it-time-to-declare-the-pyrocene

Stephen Pyne. *Fire: A Brief History* (2019).

David Wallace-Wells. *In California, Climate Change Has Turned Rainy Season Into Fire Season*. New York Magazine, 12 de novembro de 2018. https://nymag.com/intelligencer/2018/11/the-california-fires-and-the-threat-of-climate-change.html

Edward Helmore. *'Unprecedented': more than 100 Arctic wildfires burn in worst-ever season*. The Guardian, 26 de julho de 2019. O artigo descreve como "enormes queimadas na Groenlândia, Sibéria e Alasca estão produzindo colunas de fumaça, que podem ser vistas do espaço". https://www.theguardian.com/world/2019/jul/26/unprecedented-more-than-100-wildfires-burning-in-the-arctic-in-worst-ever-season

114 Hans Seyle foi um endocrinologista altamente conceituado, conhecido por seus estudos dos efeitos do estresse sobre o corpo humano. https://www.azquotes.com/author/13308-Hans_Selye

115 Francis Weller. *The Wild Edge of Sorrow*, North Atlantic Books, 2015. https://www.amazon.com/Wild-Edge-Sorrow-Rituals-Renewal/dp/1583949763

116 Weller, ibid. https://www.amazon.com/Wild-Edge-Sorrow-Rituals-Renewal/ dp/1583949763

117 Naomi Shihab Nye. *Words Under the Words: Selected Poems*, 1995. https://poets.org/poem/kindness

118 *Global Cities at Risk from Sea-Level Rise: Google Earth Video.* Climate Central, 2019. https://sealevel.climatecentral.org/maps/ google-earth-video-global-cities-at-risk-from-sea-level-rise

Scott Kulp e Benjamin Strauss. *New elevation data triple estimates of global vulnerability to sea-level rise and coastal flooding.* Nature Communications, 29 de outubro de 2019. Algumas das projeções prévias de deslocamento populacional devido ao aumento do nível do mar são, provavelmente, muito conservadores. Em todo o mundo, os oceanos provavelmente subirão mais do que o previsto, e, ao contrário de 50 milhões de pessoas serem forçadas a se mudar para áreas mais elevadas nos próximos 30 anos, a fuga das áreas costeiras será, pelo menos, três vezes maior — em 2100, o número de refugiados climáticos poderá ultrapassar os 300 milhões. https://www.nature.com/articles/ s41467-019-12808-z. Outras estimativas calculam o número de refugiados climáticos em até 2 bilhões, em 2100.

Charles Geisler e Ben Currens. *Impediments to inland resettlement under conditions of accelerated sea-level rise.* Land Use Policy, julho de 2017. Os autores extrapolam a partir de 2060, para concluir que, no ano 2100, 2 bilhões de pessoas (aproximadamente 20% da população mundial, de 11 bilhões) podem se tornar refugiados climáticos devido ao aumento do nível dos oceanos. https://doi.org/10.1016/j. landusepol.2017.03.029

Blaine Friedlander. *Rising seas could result in 2 billion refugees by 2100*", Cornell Chronicle, 19 de junho de 2017. http://news.cornell. edu/stories/2017/06/rising-seas-could-result-2-billion-refugees-2100

119 Jennifer Welwood. *The Dakini Speaks.* http://jenniferwelwood.com/ poetry/the-dakini-speaks/

120 Todd May. *Would Human Extinction Be a Tragedy?* The New York Times, 17 de dezembo de 2018. https://www.nytimes. com/2018/12/17/opinion/human-extinction-climate-change.html

121 Wallace Stevens. Goodreads. https://www.goodreads.com/ quotes/565035-after-the-final-no-there-comes-a-yes-and

122 Joanna Macy e Chris Johnstone. Active Hope: How to Face the Mess We're in Without Going Crazy, New World Library, nova edição 2022.

123 Para ilustrar a dificuldade de atingir meta zero de emissão de CO_2 até 2050, veja *World Energy Outlook 2019,* que conclui que as emissões mundiais de CO_2 devem continuar se elevando por décadas, a menos que haja maiores esforços em relação às mudanças climáticas, apesar das "mudanças profundas" já em andamento no sistema global de energia. Esta é uma das mensagens principais da Agência de Energia Internacional (IEA). https://www.iea.org/reports/ world-energy-outlook-2019

124 É preocupante quando as emissões globais acumuladas de CO_2 excedem o limiar de 1 trilhão de toneladas de carbono, o que, conforme o IPCC elevará a temperatura da superfície da Terra em 2 °C acima do mínimo pré-industrial, provocando uma "interferência perigosa" no sistema climático da Terra. Quando o limiar de 1 trilhão de toneladas será ultrapassado? As estimativas são entre 2050 e 2055, independentemente do cenário de crescimento populacional estimado. Roger Andrews. *Global CO_2 emissions forecast to 2100. Blog by Euan Mearns*, 07 de março de 2018. http://euanmearns.com/global-co2-emissions-forecast-to-2100/

125 *Impacts of a 4-degree Celsius Global Warming*. Green Facts. https://www.greenfacts.org/en/impacts-global-warming/l-2/index.htm

Existe um amplo consenso de que um aumento de 4 °C acontecerá até ao final do século, ou mesmo antes, se não forem tomadas medidas importantes. "As mudanças climática pode estar aumentando tão rapidamente que podemos estar perto do fim, alertam os cientistas." Uma variação climática entre4,8 °C e 7,4 °C em 2100 é mencionado, como estimativas previstas, na revista Science Advances. https://advances.sciencemag.org/content/2/11/e1501923

Ian Johnston. *Climate change may be escalating so fast it could be 'game over', scientists warn*. Independent, 09 de novembro de 2016. https://www.independent.co.uk/news/science/climate-change-game-over-global-warming-climate-sensitivity-seven-degrees-a7407881.html

David Wallace-Wells. *U.N. says climate genocide is coming*", New York Magazine, 10 de outubro de 2018. Ele afirma que o planeta está em uma trajetória que "nos leva ao aumento de quatro graus Celsius até o final do século". http://nymag.com/intelligencer/2018/10/un-says-climate-genocide-coming-but-its-worse-than-that.html

Roger Andrews. *Global CO_2 emissions forecast to 2100*. Blog by *Euan Mearns,* 07 de março de 2018. http://euanmearns.com/global-CO2-emissions-forecast-to-2100/

4 Degrees Hotter, a Climate Action Centre Primer. Climate Action Centre, fevereiro de 2011. Melbourne, Austrália. https://www.scribd.com/fullscreen/78620189. O estudo cita o professor Kevin Anderson, diretor do *Tyndall Centre for Climate Change*, que "acredita que aproximadamente 10% da população do planeta (500 milhões de pessoas) sobreviverá se as temperaturas globais subirem em 4 °C. Ele disse que as consequências foram 'aterrorizantes'". Suas palavras: "Para a humanidade, é uma questão de vida ou morte(...) Nem todos os seres humanos serão extintos, pois algumas poucas pessoas, com recursos adequados, podem se deslocar para os melhores locais e sobreviverem. Mas acho extremamente improvável que não tenhamos mortalidade em larga escala a 4 °C". Em 2009, o professor Hans Joachim Schellhuber, diretor do *Instituto Potsdam*, e um dos cientistas climáticos mais eminentes da Europa, disse a sua audiência que, a 4 °C, "(...) a estimativa da capacidade de sustentabilidade está abaixo de 1 bilhão de pessoas".

Outra estimativa da capacidade de sustentabilidade da Terra é encontrada em *New Scientist,* 01° de novembro de 2014, p. 9. Corey Bradshaw e Barry Brook, (op. cit.), sugerem que uma população humana sustentável, tendo em conta os atuais padrões de consumo e tecnologias ocidentais, estaria entre 1 e 2 bilhões de pessoas.

126 Os pesquisadores usaram o MIT Integrated Global System Model Water Resource System (IGSM-WRS) para avaliar os recursos hídricos e necessidades mundiais. *Water Stress to Affect 52% of World's Population by 2050.* Water Footprint Network, Os pesquisadores usaram o MIT Integrated Global System Model Water Resource System (IGSM-WRS) para avaliar os recursos hídricos e necessidades mundiais. https://news.mit.edu/2014/predicting-the-future-of-global-water-stress#:~:text=The%20researchers%20expect%205%20billion,demand%20exceeds%20surface%2Dwater%20supply

127 Op. cit. *The United Nations world water development report 2018: nature-based solutions for water.*

Claire Bernish. *Water Scarcity Will Make Life Miserable for Nearly 6 Billion People by 2050.* The mind unleashed, 23 de março de 2018. https://themindunleashed.com/2018/03/water-scarcity--6-billion-2050.html. Mais de 5 bilhões de pessoas poderão sofrer de escassez de água até 2050 devido às alterações climáticas, aumento da demanda e suprimentos contaminados, de acordo com um relatório da ONU sobre o estado da água no mundo. Sem mudanças drásticas, focadas em soluções naturais, quase seis bilhões de pessoas estarão sob risco de uma escassez hídrica punitiva até 2050.

128 Joseph Hinks. *The World Is Headed for a Food Security Crisis.* TIME Magazine, 28 de março de 2018. https://time.com/5216532/global-food-security-richard-deverell/

129 Rebecca Chaplin-Kramer *et al. Global modeling of nature's contributions to people.* Science, vol. 366, artigo 6462, 11 de outubro de 2019. https://science.sciencemag.org/content/366/6462/255

Myio McGinn. *New study pinpoints the places most at risk on a warming planet.* Grist, 17 de outubro de 2019. https://grist.org/article/new-study-pinpoints-the-places-most-at-risk-on-a-warming-planet/

130 Francoise Gemenne. *Why the numbers don't add up: A review of estimates and predictions of people displaced by environmental changes.* Global Environmental Change, dezembro de 2011. https://www.sciencedirect.com/science/article/abs/pii/S0959378011001403?via%3Dihub

131 População mundial atual (planetômetro). https://www.worldometers.info/world-population/

132 Veja, como exemplo, op. cit., Ishar Daftardar. *Why Bee Extinction Would Mean the End of Humanity.* Science ABC, 03 de julho de 2015. https://www.scienceabc.com/nature/bee-extinction-means-end--humanity.html

133 *Russia 'meddled in all big social media' around U.S. election.* BBC, 17 de dezembro de 2018. https://www.bbc.com/news/technology-46590890

134 Charles Geisler e Ben Currens. *Impediments to inland resettlement under conditions of accelerated sea-level rise.* Land Use Policy, julho de 2017. Os autores extrapolam a partir de 2060, para concluir que, no ano 2100, 2 bilhões de pessoas (aproximadamente 20% da população mundial de 11 bilhões) podem se tornar refugiados climáticos devido ao aumento do nível dos oceanos. https://doi.org/10.1016/j.landusepol.2017.03.029

135 Martin Luther King Jr., citado em Stephen B. Oates: *Let the Trumpets Sound: The Life of Martin Luther King, Jr.*, New American Library, 1982.

136 T. S. Eliot. *Four Quartets, Little Gidding.* Brainy Quote, 1943. https://www.brainyquote.com/quotes/t_s_eliot_109032

137 Drew Dellinger. *Hieroglyphic Stairway* (poema), 2008. https://www.youtube.com/watch?v=XW63UUthwSg

138 Malcolm Margolin. *The Ohlone Way: Indian Life in the San Francisco-Monterey Bay Area.* Berkeley: Heyday Books, 1978.

139 Veja o maravilhoso vídeo de Louie Schwartzberg: *Gratitude.* https://movingart.com/portfolio/gratitude/. Narração do monge David Steindl-Rast. www.MovingArt.com

140 Joseph Campbell *et al. Changing Images of Man.* Center for the Study of Social Policy, Stanford Research Institute, Menlo Park, Califórnia. O estudo foi preparado pela Kettering Foundation, de Dayton, Ohio. Contato: URH (489)-2150, maio de 1974; posteriormente republicado com o mesmo título pela editora Pergamon, em 1982.

141 Joseph Campbell e Bill Moyers. *The Power of Myth*, Archer, 1988. https://www.goodreads.com/quotes/10442-people-say-that-what-we-re-all-seeking-is-a-meaning

142 Sean D. Kelly. *Waking Up to the Gift of 'Aliveness'.* The New York Times, 25 de dezembro de 2017. https://www.nytimes.com/2017/12/25/opinion/aliveness-waking-up-holidays.html

143 Howard Thurman. Goodreads. https://www.goodreads.com/quotes/6273-don-t-as k-what-the-world-needs-ask-what-makes-you

144 Joanna Macy, citada em Jem Bendell: *Don't police our emotions — climate despair is inviting people back to life*, publicado no blog sobre Deep Adaptation, 12 de julho de 2019. https://jembendell.com/2019/07/12/dont-police-our-emotions-climate-despair-is-inviting-people-back-to-life/

145 Anne Baring, op. cit., p. 83.

146 Anne Baring, op. cit., p. 421.

147 Simone de Beauvoir. Brainy Quote. https://www.brainyquote.com/quotes/simone_de_beauvoir_392724

148 Exemplos: https://www.goodreads.com/quotes/tag/mysticism e http://www.gardendigest.com/myst1.htm

149 Henry Thoreau. Goodreads. https://www.goodreads.com/quotes/32955-heaven-is-under-our-feet-as-well-as-over-our.

150 Predrag Cicovacki. *Albert Schweitzer's Ethical Vision A Sourcebook.* Editora da Universidade de Oxford, 02 de fevereiro de 2009

151 John Muir. Goodreads. https://www.goodreads.com/quotes/7796963-and-into-th e-forest-i-go-to-lose-my-mind

152 Haruki Murakami. Goodreads. https://www.goodreads.com/quotes/448426-not-just-beautiful-though-the-stars-are-like-the

153 Joseph Campbell. Brainy Quote. https://www.brainyquote.com/quotes/joseph_campbell_387298

Existe uma diferença sutil, e extremamente importante, entre "consciência" e "conscientização". Estes dois termos são frequentemente utilizados de forma intercambiável, tendo, contudo, significados muito diferentes. Simplificando:

A consciência contempla: há sempre um objeto de atenção consciente.

A conscientização existe: não há objeto de atenção, uma presença está consciente de si.

Consciência refere-se à capacidade de se afastar dos pensamentos e testemunhar, ou observar, aspectos ou elementos da vida. Ela envolve dois aspectos: um conhecedor e aquilo que é conhecido, um observador e aquilo que é observado ou um espectador e aquilo que é assistido. Percebe-se uma distância entre a consciência e o objeto de atenção.

Conscientização pode ser descrita como saber sem um objeto. *A conscientização está ciente de si mesma, por sua própria natureza: ela simplesmente "existe".* Conscientização é uma presença sábia, cuja natureza é a própria conscientização, e apenas ela. Conscientização é uma presença percebida, uma experiência direta da própria vitalidade. Não é observar a vitalidade, mas sim experimentá-la diretamente. Não há distância nem separação, pois é uma presença percebida e única.

Como pode haver uma experiência direta de vitalidade que se estende para além do nosso corpo físico? Tanto a física quanto as tradições de sabedoria reconhecem que todo o universo está sendo melhorado na existência, a cada momento, em um extraordinário processo de criação contínua. A força vital regeneradora, que sustenta e melhora o universo inteiro a cada momento, é, por sua própria natureza, vitalidade e conscientização. *Quando nos tornamos um com a experiência direta da existência no presente, nos tornamos um com a força vital que dá origem à totalidade da existência.* Reconhecemos a nós mesmos como essa força vital, uma presença viva e ilimitada. A força da vitalidade cósmica é a força regenerativa que sustenta todo o universo, a cada momento, podendo ser conhecida como uma experiência percebida, como a própria vitalidade. Quando nossa sabedoria consciente se aprimora progressivamente, em direção ao local em que não há mais separação entre sabedoria e o que é conhecido, então lá está a conscientização.

Se *considerarmos* que a conscientização é essencialmente uma capacidade de sabedoria que surge no cérebro, como produto de interações biomateriais intensamente complexas, então criamos uma imagem do processo de sabedoria, que nos deixa separados da experiência direta da vitalidade e da percepção da força vital da conscientização, as quais sustentam o universo a cada momento. A vitalidade, como conscientização simples e direta, é o lar que procuramos. *Quando estamos cientes de termos conscientização de nós mesmos, estamos em casa! No âmago de nosso ser está a simplicidade da experiência direta de estar vivo, e essa experiência é a própria conscientização, nada mais do que a força vital da criação cósmica, ou "conscientização cósmica".*

É importante que a meditação permita o acesso à conscientização básica, na qual liberamos o esforço e luta de retornar atenção a um objeto, e simplesmente ficamos no fluxo da percepção do que somente "existe". Quando navegamos na experiência direta de conscientização de nós mesmos, estamos surfando na onda de criação contínua da existência. Se persistirmos na presença da conscientização, ela se revelará como sendo a força vital na dança cósmica de regeneração contínua. Sabemos, como experiência direta, que "nós somos". Somos a força vital indivisível da Totalidade, tornando-se ela mesma e sendo conhecida como a experiência direta de estar vivo.

154 Buda. https://www.spiritualityandpractice.com/quotes/quotations/view/198/spiritual-quotation

155 Frank Lloyd Wright. Brainy Quote. https://www.brainyquote.com/quotes/frank_lloyd_wright_107515

156 Florida Scott-Maxwell. *The Measure of My Days*. Penguin Books, 1979. https://www.goodreads.com/author/quotes/550910.Florida_Scott_Maxwell

157 Para aprender sobre nosso tempo de grande transição e além dele, minha companheira Coleen e eu organizamos uma comunidade de educacional, de várias dezenas de pessoas, no ano passado. Nossas explorações coletivas foram muito valiosas para fundamentar o trabalho descrito neste livro.

158 Richard Nelson. *Make Prayers to the Raven*. Chicago: Editora da Universidade de Chicago, 1983.

159 Luther Standing Bear, citado em Brown, JE: *Modes of contemplation through actions: North American Indians*. Main Currents in Modern Thought, New York, novembro-dezembro de 1973.

160 Mathew Fox. *Meditations with Meister Eckhart*. Santa Fé, NM: Bear & Co., 1983.

161 Exemplo: Coleman Barks. *The Essential Rumi*. São Francisco: Harper San Francisco, 1995.

162 D. T. Suzuki. *Zen and Japanese Culture*, Princeton, NJ: Editora da Universidade de Princeton, 1970.

163 S. N. Maharaj. *I Am That*. Part I (tradução: Maurice Frydman), Bombaim, Índia: Chetana, 1973

164 Lao Tzu. *Tao Te Ching* (tradução: Gia-Fu Feng e Jane English), Nova Iorque: Vintage Books, 1972.

165 E. C. Roehlkepartain *et al. With their own voices: A global exploration of how today's young people experience and think about spiritual development*. Search Institute, 2008. www.spiritualdevelopmentcenter.org

166 *Many Americans Mix Multiple Faiths*. Pew Research Center, 09 de dezembro de 2009. Experiências místicas relatadas, em alusão a pesquisa relatada pelo Gallup em 1962, apresentada na Newsweek, abril de 2006. https://www.pewforum.org/2009/12/09/many-americans-mix-multiple-faiths/

Andrew Greeley e William McCready. *Are We a Nation of Mystics*. The New York Times Magazine,26 de janeiro de 1975. Veja também este artigo: https://www.nytimes.com/1975/01/26/archives/the-mystical--experience.htm

167 *U.S. public becoming less religious*. Pew Research Center, 03 de novembro de 2015. Resultados de pesquisa sobre experiências regulares de "paz e admiração". https://www.pewforum.org/2015/11/03/u-s-public-becoming-less-religious/

168 T. Clarke *et al. Use of Yoga, Meditation, and Chiropractors Among U.S. Adults Aged 18 and Over*. National Center for Health Statistics, novembro de 2018. https://www.ncbi.nlm.nih.gov/pubmed/30475686

169 Com a ideia de plena divulgação, minha compreensão pessoal de uma ecologia da consciência que permeia o universo, foi desenvolvida e documentada em uma ampla série de experimentos científicos, ao longo de um período de quase três anos (1972 a 1975), no Stanford Research Institute (agora SRI International), em Menlo Park, Califórnia. Embora meu trabalho principal, na época, era como cientista social sênior no grupo de pesquisa sobre cenários futuros, no SRI, por quase três anos fui consultor da NASA para explorar uma ampla gama de experimentos em relação às capacidades intuitivas no laboratório de engenharia — em geral, três dias por semana, por duas ou três horas, dependendo dos experimentos na época, todos com várias formas de respostas. As experiências incluíram: "visualização remota" de diversos locais e tecnologias; clarividência com números aleatórios; influência no movimento de relógio de pêndulo, mensurado com um feixe de laser; interação com um magnetômetro, cuja sonda sensível foi imersa num recipiente cheio de hélio líquido; permanência do lado de fora de uma sala trancada e pressionar uma balança de dois pratos trancada em seu interior; influência sobre o crescimento das plantas, realizando comparações com grupo de controle. Abandonei estas experiências fascinantes em 1975, quando elas foram assumidos pela CIA e declaradas secretas (aparentemente elas continuaram por mais 20 anos, conforme o Ato de Liberdade de Informação e Hal Puthoff (*CIA-Initiated Remote Viewing Program at Stanford Research Institute*. Journal of Scientific Exploration, vol. 10, n. 1, 1996). Com base na minha participação nessas experiências científicas, aprendi que:

Primeiro: todos temos uma conexão básica com o universo. Uma ligação empática com o cosmos não se restringe a uns poucos dotados, é uma parte comum do funcionamento do universo, sendo acessível a todos.

Segundo: nosso ser não termina em nossa pele, mas estende-se ao universo, sendo inseparável deste. Estamos todos conectados à ecologia profunda do universo, e cada um de nós tem a capacidade de estender a nossa consciência muito além do alcance dos nossos sentidos físicos.

Terceiro: nossa ligação intuitiva com o cosmos é fácil de ser ignorada. Pequenas pontadas de intuição aparecem e desaparecem rapidamente. Eu presumi que eles eram simplesmente parte da minha experiência corporal. Somente de forma gradual cheguei a apreciar até que ponto estava experimentando a minha participação em um "campo" mais amplo de vitalidade.

Quarto: aprendi que o funcionamento do psíquico não é sobre alcançar o domínio sobre algo (mente sobre matéria), mas sim aprender a participar com algo, em uma dança de troca e transformação mútuas. É um via de mão dupla, em que ambas as partes são alteradas pela interação. Em uma frase: a dominação não funciona, mas a dança sim.

Quinto: enquanto estas experiências estavam me mostrando como a consciência é uma propriedade intrínseca do universo, elas também me fizeram muito mais cético sobre a necessidade de canalização, cristais, pêndulos, pirâmides e outros intermediários para acessarmos nossa intuição. É importante trazer uma ciência crítica e perspicaz para esta investigação.

Sexto: a evidência científica da existência do funcionamento psíquico tem aumentado há décadas, sendo agora tão avassaladora que o ônus da prova passou para aqueles que pretendem rejeitar a sua existência. É hora de ir além da visão estreita e baseada no cérebro da consciência, porque ela não explica evidências científicas importantes, além de limitar severamente nosso pensamento sobre a extensão e profundidade de nossa conexão com o universo.

Sétimo: por mais interessante que seja o funcionamento psíquico ou intuitivo, a questão muito mais importante é o que ele diz sobre a natureza do universo — que ele está conectado consigo mesmo, através do tecido da consciência de maneiras não locais, que transcendem as diferenças relativísticas.

Estas experiências deixaram claro que *nós mal começamos a desenvolver uma educação da consciência, utilizando tecnologias sofisticadas para fornecer respostas*(semelhante ao aprendizado com biofeedback, mas em um nível biocósmico). Esses experimentos demonstraram que nosso ser não para no limite de nossa pele, mas se estende e é inseparável do universo unificado. Uma descrição de determinados experimentos do SRI pode ser encontrada em:

Russel Targ, Phyllis Cole e Harold Puthoff. *Development of Techniques to Enhance Man/Machine Communication*. Stanford Research Institute, Menlo Park, Califórnia, elaborado pela NASA, contrato 953653 em NAS7-100, junho de 1974.

Harold Puthoff e Russel Targ. *A Perceptual Channel for Information Transfer Over Kilometer Distances.* Proceedings of the I.E.E.E. (Institute of Electrical and Electronics Engineers), vol. 64, n. 3, março de 1976.

Russel Targ e Harold Puthoff. *Mind-Reach: Scientists Look at Psychic Ability.* Delacorte Press/Eleaonor Friede, 1977.

170 Duane Elgin, *The Living Universe*, op., cit. Outra maneira de considerar a questão da vitalidade é explorar as características operacionais dos sistemas biológicos, e verificar se o universo apresenta capacidades semelhantes. Em geral, um sistema deve incluir pelo menos quatro habilidades essenciais para ser considerado vivo:

1) Metabolismo: capacidade de decompor e sintetizar de forma autônoma. Desde sua formação, o universo vem sintetizando matéria simples (hélio e hidrogênio) e convertendo-as, por meio de supernovas, em carbono, nitrogênio, oxigênio e enxofre, constituintes essenciais dos quais somos feitos.

2) Autorregulação: capacidade de manter a estabilidade em suas operações. O universo perdurou e evoluiu ao longo de bilhões de anos como um sistema unificado, que produz sistemas organizados em todas as escalas, da atômica à galáctica, que podem persistir por bilhões de anos.

3) Reprodução: capacidade de criar cópias. Vários cosmólogos teorizam que, do outro lado dos buracos negros, há buracos brancos, que dão origem a novos sistemas cósmicos.

4) Adaptação: capacidade de evoluir e se adaptar a ambientes em constante mudança. O universo evoluiu ao longo de bilhões de anos para produzir sistemas de complexidade e coerência crescentes, entrelaçados em um todo consistente. Como estes quatro critérios são encontrados não apenas em plantas e animais, mas também no funcionamento do universo, parece válido descrever o universo como um tipo único de sistema vivo.

171 A famosa citação de Albert Einstein foi escrita em 1950, em uma carta para Robert S. Marcus, que estava devastado pela morte de seu jovem filho devido à poliomielite. Originalmente escrita em alemão, ela foi traduzido para o inglês, e esta versão tem sido amplamente distribuída. No entanto, a versão original revela com mais precisão o significado pretendido por Einstein. https://www.thymindoman.com/einsteins--misquote-on-the-illusion-of-feeling-separate-from-the-whole/

172 Clara Moskowitz. *What's 96 Percent of the Universe Made Of? Astronomers Don't Know.* Space, 12 de maio de 2011. https://www.space.com/11642-dark-matter-dark-energy-4-percent-univer-se-panek.html

173 Brian Swimme. *The Hidden Heart of the Cosmos.* Orbis Books, maio de 1996. https://www.amazon.com/Hidden-Heart-Cosmos-Humanity-Ecology/ dp/1626983437

174 Phillip Goff. *Is the Universe a Conscious Mind?* Aeon, 2019. https://aeon.co/essays/

cosmopsychism-explains-why-the-universe-is-fine-tuned-for-life. O físico e cosmólogo Freeman Dyson escreveu: "Parece que a mente, manifestada pela capacidade de fazer escolhas, é, até certo ponto, inerente em cada elétron."

175 Como exemplo, o livro clássico de Richard Bucke. Cosmic Consciousness, 1901. ISBN 978-0-486-47190-7. https://www.penguinrandomhouse.ca/books/321631/cosmic-consciousness-by-richard-maurice-bucke/9780140193374

176 Entrevista de Max Planck no The Observer, 25 de janeiro de 1931. https://en.wikiquote.org/wiki/Max_Planck

177 John Gribbin. *In the Beginning: The Birth of the Living Universe*. New York: Little Brown, 1993.

David Shiga. *Could black holes be portals to other universes?* New Scientist, 27 de abril de 2007

178 Thomas Berry. *The Dream of the Earth*. Sierra Club Books, 1988.

179 Robert Bly (traduzido). *The Kabir Book*. Boston: Beacon Press, 1977, p. 11.

180 Cynthia Bourgeault. *The Wisdom Way of Knowing*. Jossey-Bass, 2003, p. 49. https://inwardoutward.org/aliveness-sep-22-2021/

181 Santa Teresa de Ávila. Brainy Quote. https://www.brainyquote.com/quotes/saint_teresa_of_avila_105360

182 Página de Dziuban. www.PeterDziuban.com

183 Peter Dziuban. *The Meaning of Life Is Alive*. Excellence Reporter, 26 de novembro de 2017. https://excellencereporter.com/2017/11/26/peter-dziuban-the-meaning-of-life-is-alive/

184 Depoimento de Carl Sagan. https://www.youtube.com/watch?v=Wp-WiNXH6hII

185 Henri Nouwen. *The Way of the Heart: Connecting with God through Prayer, Wisdom, and Silence*. Harper Collins, 1981.8

186 Ted MacDonald e Lisa Hymas. *How broadcast TV networks covered climate change in 2018*. Media Matters, 11 de março de 2019. https://www.mediamatters.org/donald-trump/how-broadcast-tv-networks-covered-climate-change-2018

187 Ted MacDonald. *How broadcast TV networks covered climate change in 2020*. Media Matters, 10 de março de 2021. https://www.mediamatters.org/broadcast-networks/how-broadcast-tv-networks-covered-climate-change-2020.

188 Gene Youngblood. *The Mass Media and the Future of Desire*. The CoEvolution Quarterly Sausalito, CA:Winter 1977/78..

189 Martin Luther King Jr., citado em Stephen B. Oates: *Let the Trumpets Sound: The Life of Martin Luther King, Jr.*, New American Library, 1982.

190 Nos EUA, os direitos do público são fundamentais quando se trata da utilização das ondas de comunicação para rádio e televisão. Eles estão

estabelecidos na Declaração de Direitos e no Direito Constitucional. A Primeira Emenda da Declaração de Direitos afirma: *"O Congresso não fará nenhuma lei(...) abreviando a liberdade de expressão(...) ou o direito das pessoas de se reunirem pacificamente, e de pedirem ao governo uma reparação de injustiças."* Em outras palavras, nenhuma lei será aprovada que limite o direito dos cidadãos de se reunirem pacificamente, falarem livremente e pedirem ao governo a reparação de injustiças. É exatamente o que ocorre em uma reunião eletrônica de cidade na era moderna: os cidadãos reúnem-se pacificamente. Falam livremente. E, se houver um consenso na decisão, eles podem solicitar diretamente ao governo retificações, sejam para corrigir direitos ou para estabelecer soluções apropriadas.

Passando do Direito Constitucional para a lei da mídia nos EUA, verificamos que **o público em "nível local" é proprietário das ondas de comunicação utilizadas pelas emissoras de televisão. O nível local é o alcance da área de cobertura de mídia das emissoras, que geralmente são áreas metropolitanas.** Mesmo que as emissoras usem a internet para fornecer sua programação, se elas utilizam ondas de comunicação, existe uma obrigação legal absoluta "de servir o interesse, conveniência e necessidade públicos".

Há quase um século, a Lei do Rádio, de 1927, estabeleceu as regras básicas para operação com ondas de comunicação, declarando que: *"As estações de transmissão não recebem estes grandes privilégios do governo dos Estados Unidos para o benefício primário dos anunciantes. O benefício obtido pelos anunciantes deve ser incidental, e inteiramente secundário em relação ao interesse do público."* A Comissão afirmou ainda: *"A ênfase deve ser, em primeiro lugar, no interesse, conveniência e necessidade do público ouvinte, e não no interesse, conveniência ou necessidade da emissora ou anunciante."*

Um Tribunal Federal de Apelações esclareceu o papel dos cidadãos em 1966: *"Sob o nosso sistema, os interesses do público são dominantes(...) Portanto, cidadãos individuais e comunidades dos mesmos têm o dever, em relação a si e a seus pares, de se interessar ativamente pelo alcance e qualidade do serviço de televisão oferecido pelas emissoras e redes. Não existe necessidade do* público achar que, ao assumir o controle sobre as transmissões, estão interferindo indevidamente nos negócios privados de terceiros. Pelo contrário, o seu interesse na programação da televisão é *direto, e suas responsabilidades são importantes. Eles são os proprietários dos canais de televisão — na verdade, de todas as transmissões"* (ênfase acrescentada).

Em 1969,uma decisão da Suprema Corte ampliou o esclarecimento sobre as responsabilidades das emissoras. O Tribunal decidiu: "É o direito dos telespectadores e ouvintes, e não o direito das emissoras, que é primordial" (ênfase acrescentada). A Lei de Comunicações, de 1934, foi atualizado pelo Congresso dos EUA em 1996. A *Lei das Telecomunicações* possui mais de 300 páginas, afirmando o princípio de que as ondas de comunicação devem ser utilizadas *"para servir o interesse, conveniência e necessidade públicos".* As emissoras de televisão não têm direitos de propriedade no que diz respeito à utilização das ondas de comunicação; eles têm o privilégio de utilizá-las, apenas enquanto servirem ao interesse, conveniência e necessidade públicos (ênfase acrescentada).

É importante ressaltar que ultrapassamos um período de serviço ao "interesse público". Uma vez que as comunidades locais estão ameaçadas pelas alterações climáticas e pela viabilidade de todo o planeta, *passamos a adotar um padrão muito mais elevado para as emissoras, ou seja, que elas atendam ao "interesse público" e à "necessidade pública"* (ênfase acrescentada).

Isto significa que, se o público local (a área metropolitana de cobertura da emissora) solicitar que uma quantidade razoável de tempo de antena seja dedicada ao desafio climático (que ameaça uma comunidade local, bem como toda a Terra), então o público deve esperar o apoio do governo (a Comissão Federal de Comunicações) para defender tais pedidos, que servem claramente o interesse e necessidade públicos.

Da mesma forma, *se o público solicitar tempo de transmissão para reuniões eletrônicas da cidade, para considerar ameaças como a mudança climática, essas solicitações de uso das ondas de comunicação (que nós, cidadãos, possuímos) são inteiramente legítimas, e baseiam-se tanto no Direito Constitucional como em quase um século de leis federais.*

191 Duane Elgin e Peter Russell. *Take Back the Airwaves part 2*. Pete and Duane's Window, 19 de janeiro de 2011. https://www.youtube.com/watch?v=a53hL5Z1WHE&feature=youtu.be

192 *Olympic Summer Games total global TV audience in 2008 and 2020 (in billions)*. Statista, 2022. https://www.statista.com/statistics/287966/olympic-games-tv-viewership-worldwide/

193 Sobre acesso à televisão: "Pela primeira vez, mais da metade da população mundial com aparelhos de TV está ao alcance de um sinal de TV digital. A quantidade é de, aproximadamente, 55% partir de 2012, em comparação com apenas 30% em 2008, conforme o relatório anual da União Internacional de Telecomnunicações: 'Measuring the Information Society, 2013'".

Tom Butts. *The State of Television, Worldwide*. TV Technology, 06 de dezembro de 2013. Com relação às residências com TV: a presença digital subiu de 40,4 %, no final de 2010, para 74,6 % no final de 2015, conforme a última edição do Digital TV World Databook. Cerca de 584 milhões de casas com TV digital foram adicionadas em 138 países, entre 2010 e 2015. Isso dobrou o total de casas com TV digital para 1,17 bilhão. https://www.tvtechnology.com/miscellaneous/the-state-of-television-worldwide

Three Quarters of global TV households are now digital. Digital TV Research, 12 de maio de 2016. https://www.digitaltvnews.net/?p=27448

Prevê-se que o número de residências com televisão em todo o mundo aumente para 1,74 bilhão em 2023, partindo de 1,63 bilhão em 2017.

Number of TV households worldwide from 2010 to 2026. Statista, 04 de dezembro de 2019. https://www.statista.com/statistics/268695/number-of-tv-households-worldwide/

Para contextualização adicional: em julho de 2012, o mundo tinha 7 bilhões de pessoas, que viviam em 1,9 bilhão de residências, com uma média de 3,68 pessoas em cada uma. Destas 1,9 bilhão de residências, somente 1,4 bilhão possuem uma TV, e, certamente, uma quantidade menor possui internet. https://www.theguardian.com/media/blog/2012/jul/27/4-billion-olympic-opening-ceremony/

194 Usuários mundiais de internet. https://www.statista.com/statistics/617136/digital-population-worldwide/

195 A. W. Geiger. *Key Findings about the online news landscape in America*", Pew Research Center, 11 de setembro de 2019. https://www.pewresearch.org/fact-tank/2019/09/11/key-findings-about-the-online-news-landscape-in-america/. Perspectiva sobre a experiência dos EUA: um estudo do Pew Research evidenciou que, em 2019, 49% dos norte-americanos receberam suas notícias frequentemente da televisão, 33% de páginas on-line, 26% de rádio, 20% de redes sociais e 16% de jornais impressos.

196 Maya Angelou. *Letter to My Daughter*. Random House, 2008

197 Toni Morrison. *2004 Wellesley College commencement address.* Publicado em Take This Advice: The Best Graduation Speeches Ever Given, Simon & Schuster, 2005.

198 Christopher Bache. *Dark Night, Early Dawn: Steps to a Deep Ecology of Mind*, New York: SUNY Press, 2000.

199 Exemplo: Joseph V. Montville. *Psychoanalytic Enlightenment and the Greening of Diplomacy*. Journal of the American Psychoanalytic Association, vol. 37, n. 2, 1989

Roger Walsh. *Staying Alive: The Psychology of Human Survival*, Boulder Colorado: New Science Library, 1984.

200 Martin Luther King, Jr. Brainy Quote. https://www.brainyquote.com/quotes/martin_luther_king_jr_101309

201 Alan Paton. AZ Quotes. https://www.azquotes.com/author/11383-Alan_Paton

202 Exemplo: Donella Meadows, Dennis Meadows e Jorgen Randers. *Beyond the Limits*. Chelsea Green Publishing Co., 1992.

203 Tatiana Schlossberg. *Taking a Different Approach to Fighting Climate Change* (entrevista com Narasimha Rao, professor em Yale). The New York Times, 07 de novembro de 2019. https://www.nytimes.com/2019/11/07/climate/narasimha-rao-climate-change.html

Environmental and Climate Justice. NAACP. https://www.naacp.org/environmental-climate-justice-about/

Climate justice. Wikipedia. "Uma premissa fundamental da justiça climática é que os menos responsáveis pela mudança climática sofrem as piores consequências." https://en.wikipedia.org/wiki/Climate_justice

204   *Human Development Report 2019: Beyond income, beyond ave-rages, beyond today: Inequalities in human development in the 21st century.* UNDP, 2019 https://hdr.undp.org/content/human-development-report-2019

205   *Forced from Home: Climate-fueled displacement.* Oxfam Media Briefing, 02 de dezembro de 2019. https://oxfamilibrary.openrepository.com/bitstream/handle/10546/620914/mb-climate--displacement-cop25-021219-en.pdf. "Os países que menos contribuem para as emissões de gases causadores de efeito estufa provavelmente continuarão a sofrer as piores consequências, devido às alterações climáticas. O maior impacto das alterações climáticas ocorrerá nos países pobres."

Barry S. Levy, Victor W. Sidel e Jonathan A. Patz. *Climate Change and Collective Violence.* Annual Review of Public Health, 11 de janeiro de 2017. doi: https://www.annualreviews.org/doi/10.1146/annurev-publhealth-031816-044232

Environmental & Climate Justice. NAACP. https://naacp.org/know-issues/environmental-climate-justice

206   A alma do universo, a partir da perspectiva de um arquétipo feminino, foi maravilhosamente desenvolvida pela estudiosa Anne Baring. Veja seu magnífico livro: *The Dream of the Cosmos.* Archive Publishing, 2013. https://www.amazon.com/Dream-Cosmos-Anne-Baring/dp/1906289247

207   A evolução de uma perspectiva de "Deusa da Terra", passando pelo "Deus do Céu" e a ascensão de uma "Deusa Cósmica", é explorada no meu livro *Awakening Earth*, op. cit, 1993. https://duaneelgin.com/wp-content/uploads/2016/03/AWAKENING-EARTH-e-book-2.0.pdf

208   Desmond Tutu, citado em Terry Tempest Williams: *Two Words.* Orion, Great Barrington, MA, Winter 1999.

209   Esses exemplos foram, em parte, extraídos de Emily Mitchell: *The Decade of Atonement.* Index on Censorship, maio-junho de 1998, Londres (e reimpresso na Utne Reader, março-abril de 1999).

210   John Bond. *Aussie Apology.* Yes! A Journal of Positive Futures, Bainbridge Island: WA, Fall 1998.

211   Ibid.

212   Eric Yamamoto. *Interracial Justice: Conflict and Reconciliation in Post-Civil Rights America.* Editora da Universidade de Nova Iorque, 1999.

213   Christopher Alexander. *The Timeless Way of Building.* Editora da Universidade de Oxford, 1979, ISBN 978-0-19-502402-9. https://en.wikipedia.org/wiki/The_Timeless_Way_of_Building

214   Vilas ecológicas. https://en.wikipedia.org/wiki/Ecovillage

Global Ecovillage Network. https://ecovillage.org/ e https://www.ic.org/directory/ecovillages/

Nos Estados Unidos. https://www.transitionus.org/

Distritos ecológicos. https://ecodistricts.org/. "Dentro de cada bairro (ou distrito) está a oportunidade de projetar soluções verdadeiramente inovadoras e progressivas para alguns dos maiores desafios atualmente enfrentados pelas cidades: disparidades de renda, educação e saúde; pragas e degradação ecológica; crescente ameaça das mudanças climáticas; rápido crescimento urbano. Distritos ecológicos promovem um novo modelo de desenvolvimento urbano, para capacitar bairros justos, sustentáveis e resilientes. [Distritos ecológicos são uma](...) abordagem colaborativa, holística e de abrangência adequada para o projeto de uma comunidade possa apresentar resultados sérios e significativos, que sejam importantes para as pessoas e o planeta."

215 Cidades de transição são projetos populares que visam aumentar sua autossustentabilidade, para reduzir os possíveis efeitos do uso de petróleo, destruição climática e instabilidade econômica. https://en.wikipedia.org/wiki/Transition_town

Lista de "centros" de transição em todo o mundo. https://transition-groups.org/hub-list/

216 Como as cidades sustentáveis se adéquam aos "objetivos de desenvolvimento sustentável" das Nações Unidas. https://en.wikipedia.org/wiki/Sustainable_city e https://www.un.org/sustainabledevelopment/cities/

Cidades europeias sustentáveis. http://www.sustainablecities.eu/

217 Civilizações ecológicas. https://en.wikipedia.org/wiki/Ecological_civilization. A pressão está aumentando para a adoção de medidas radicais de redução do uso de carbono na economia, devido à janela reduzida para essa ação. É necessária uma redução substancial das emissões antes de 2030 para manter o aquecimento global abaixo de 2 °C. Vários países começaram a mudar suas políticas e estão prestes a fazer a transição para civilizações ecológicas, em mudanças com benefícios que vão além da atenuação das mudanças climáticas (por exemplo, para a saúde). A China é uma líder mundial.

Zeung Chun. *China´s New Blueprint for an 'Ecological Civilization'*. The Diplomat, 30 de setembro de 2015. https://thediplomat.com/2015/09/chinas-new-blueprint-for-an-ecological-civilization/

218 Alan AtKisson. *Life Beyond Growth*. AtKisson Group, Estocolmo, Suécia, 08 de outubro de 2012. Mesmo estas estimativas podem subestimar o custo das mudanças climáticas. https://wachstumimwandel.at/wp-content/uploads/presentations/AtKisson_GrowthinTransition_Vienna_Oct2012_v1.pdf

Naomi Oreskes e Nicholas Stern. *Climate Change Will Cost Us Even More Than We Think*. The New York Times, 23 de outubro de 2019. https://www.nytimes.com/2019/10/23/opinion/climate-change-costs.html

219 A palavra sueca *"lagom"* significa "a quantidade certa", "em equilíbrio" ou "simples perfeito". https://en.wikipedia.org/wiki/Lagom

220 Arnold Toynbee. *A Study of History*, (resumo dos vol. I-VI, por D.C. Somervell), Nova Iorque: Editora da Universidade de Oxford, 1947, p. 198.

221 Robert McNamara, ex-presidente do Banco Mundial, definiu "pobreza absoluta" como "uma condição de vida caracterizada por desnutrição, analfabetismo, doenças, alta mortalidade infantil e baixa expectativa de vida, que está abaixo de qualquer definição razoável de decência humana".

222 Para várias definições: Duane Elgin. *Voluntary Simplicity*, op. cit., (first edition, 1981), p. 29. https://www.amazon.com/Voluntary-Simplicit y-Toward-Outwardly-Inwardly/dp/0061779261

223 Buckminster Fuller descreve esse processo como "efemeralização". Entretanto, ao contrário de Toynbee, Fuller enfatizou o desenvolvimento de sistemas materiais para fazer mais com menos, em vez da evolução concomitante da matéria e consciência. Veja seu livro: *Critical Path*. Nova Iorque: St. Martin's Press, 1981.

224 Matthew Fox *Creation Spirituality*. São Francisco: Harper San Francisco, 1991.

225 Francis J Flynn. *Where Americans Find Meaning in Life*. Pew Research Center, 20 de novembro de 2018. https://www.pewforum. org/2018/11/20/where-americans-find-meaning-in-life/

Francis J Flynn. *Research: Can Money Buy Happiness?* Stanford Business, 25 de setembro de 2013. https://www.gsb.stanford.edu/ insights/research-can-money-buy-happiness

Andrew Blackman. *Can Money Buy You Happiness?* Wall Street Journal, 10 de novembro de 2014. Pesquisa que mostra como as experiências de vida nos proporcionam um prazer mais duradouro do que as coisas materiais. https://www.wsj.com/articles/ can-money-buy-happiness-heres-what-science-has-to-say-1415569538

Sean D. Kelly. *Waking Up to the Gift of 'Aliveness'*. New York Times, 25 de dezembro de 2017. https://www.nytimes.com/2017/12/25/opinion/ aliveness-waking-up-holidays.html

226 Op. cit., *Can Money Buy You Happiness?*

227 Ronald Inglehart *et at. Development, Freedom, and Rising Happiness: A Global Perspective (1981–2007)*. *Perspect Psychol Sci*, vol. 3, n. 4, julho de 2008. https://doi.org/10.1111/j.1745-6924.2008.00078.x

Ronald Inglehart. *Changing Values among Western Publics from 1970 to 2006*. West European Politics, 05 de junho de 2008. https://www. tandfonline.com/doi/abs/10.1080/01402380701834747

228 Ralph Waldo Emerson. Philosiblog. https://philosiblog. com/2013/06/10/the-only-true-gift-is-a-portion-of-yourself/

229 Roger Walsh. *Contributing Effectively In Times of Crisis*", 16 de novembro de 2020. https://www.whatisemerging.com/opinions/ contributing-effectively-in-times-of-crisis

www.ingramcontent.com/pod-product-compliance
Lightning Source LLC
Chambersburg PA
CBHW062123020426
42335CB00013B/1074